南京航空航天大学可持续发展研究丛书
教育部人文社会科学研究规划基金资助出版

中国系统性金融风险的防控：驱动因素、责任分担与政策协同

徐菱涓　著

科 学 出 版 社
北　京

内 容 简 介

面对中国金融业高质量发展的内在需求，本书以宏观审慎政策和风险管理理论为基础，运用三维结构分析方法，从驱动因素维度解析系统性金融风险形成的内在根源，从责任分担维度探讨系统性金融风险防控的有效手段，从政策协同维度分析系统性金融风险防控的保障体系，并通过对历年金融危机事件防控失效成因的国际比较，为我国系统性金融风险的防控提供理论依据和实践经验。在此基础上，构建了我国系统性金融风险防控的框架体系，为我国金融风险防控提供新的视角、方法和政策层面的借鉴。

本书适合国家与地方金融监督管理部门及金融机构的经营管理人员学习与阅读，对于高等院校金融及相关专业的师生、金融风险研究机构的研究人员，也有很好的实践指导意义。

图书在版编目（CIP）数据

中国系统性金融风险的防控：驱动因素、责任分担与政策协同 / 徐菱涓著. —北京：科学出版社，2023.12

（南京航空航天大学可持续发展研究丛书）

ISBN 978-7-03-074998-7

Ⅰ. ①中…　Ⅱ. ①徐…　Ⅲ. ①金融风险防范–研究–中国　Ⅳ. ①F832.1

中国国家版本馆 CIP 数据核字（2023）第 037039 号

责任编辑：陶　璇 / 责任校对：姜丽策

责任印制：张　伟 / 封面设计：无极书装

科学出版社 出版

北京东黄城根北街 16 号

邮政编码：100717

http://www.sciencep.com

北京富资园科技发展有限公司印刷

科学出版社发行　各地新华书店经销

*

2023 年 12 月第　一　版　开本：720×1000　B5

2023 年 12 月第一次印刷　印张：14 3/4

字数：293 000

定价：168.00 元

（如有印装质量问题，我社负责调换）

作 者 简 介

徐菱涓，南京航空航天大学经济与管理学院副教授、硕士生导师，经济系支部书记、系副主任，曾任南京航空航天大学金融学科负责人、金融专业硕士项目负责人，主要研究方向为绿色金融与低碳经济、产业金融与风险管理；主持包括国家社会科学基金、教育部人文社会科学研究规划基金在内的各级各类科研项目20余项，在国内外期刊发表论文40多篇，获批软件著作权1项；主持各级各类教学和教育改革项目近20项，撰写的多篇案例被中国管理案例共享中心案例库和全国金融专业学位研究生教育指导委员会金融专硕案例库收录，先后两次获得全国金融专硕优秀教学案例奖；目前兼任工业和信息化部财经专家库专家、教育部学位中心论文评审专家、教育部科研发展中心专家库专家、江苏省金融学会理事、江苏省国际金融学会理事、南京市发展和改革委员会国民经济专家库评审专家、南京市科技局项目评审财务专家以及江西省、成都市等多地的科技项目评审专家。

前　言

2022 年党的二十大报告明确提出，“加强和完善现代金融监管，强化金融稳定保障体系，依法将各类金融活动全部纳入监管，守住不发生系统性风险底线”①。金融机构必须按照党中央决策部署，深化金融体制改革，持续强化金融风险防控能力。可见，科学防控系统性金融风险已成为党的十九大以来经济政策持续推进的重要目标之一。在此背景下，对我国系统性金融风险的现状及防控形势进行分析，从三维结构视角对系统性金融风险的驱动因素、防控责任分担和防控政策协同问题进行深入研究，探寻我国系统性金融风险防控的制度安排及对策建议，对于有效控制宏观杠杆率，提高金融结构适应性，增强金融服务实体经济的能力，提升我国系统性金融风险的抵御能力，实现金融稳定具有重要理论和实践意义。

防范和化解系统性金融风险，避免全局性金融危机的发生，是金融治理首要且根本的任务。2023 年 3 月，美国银行业危机频现，包括硅谷银行、签名银行、银门银行在内的十多家银行面临流动性危机，系统性金融风险防控和宏微观审慎监管再次成为焦点，金融风险防控再次成为当今经济学研究的热点领域。

本书立足我国系统性金融风险防控的压力和现实困境，基于三维结构的分析框架，从系统性金融风险防控的驱动因素本质维度、责任分担手段维度、政策协同保障维度构建相关计量经济学模型，对系统性金融风险防控问题进行深入研究。研究发现：系统性金融风险是诸多因素共同作用的结果，涉及宏观经济、金融体系、政府债务及资本市场多个领域，尤其是近年来随着金融创新的不断发展，衍生出来的金融风险更需关注。因此，把握金融创新的潜在风险是采取防控措施的重要前提。系统性金融风险的本质成因往往存在时空差异性，其防控的责任分担应在驱动因素及其差异性的基础上把握公平和效率。责任分担是金融风险防控的重要手段，国家总体目标的实现需要在区域层面得以分解和落实，但区域固有属性和发展阶段的差异、驱动因素的不同给防控责任分担带来了困难。针对系统性金融风险驱动因素和防控责任分担的政策体系涉及多个方面，是一个复杂的系统

---

① 习近平：高举中国特色社会主义伟大旗帜 为全面建设社会主义现代化国家而团结奋斗——在中国共产党第二十次全国代表大会上的报告. https://www.gov.cn/xinwen/2022-10/25/content_5721685.htm，2022-10-25。

概念，需要加强政策要素之间、政策子系统之间的相互配合和相互协作，确保这些政策在目标、内容、运行、效果等各个环节具有协同有效性，更好地支撑防治目标的达成。驱动因素、责任分担和政策协同是有机联系的统一整体，系统的金融风险防控需要将其一并考虑和分析。概括而言，驱动因素是本质，责任分担是手段，政策协同是保障。这也是本书从软科学视角开展系统性金融风险防控研究的基本框架。

2023 年以前，中国的金融监管体系一直属于分业监管模式，然而随着近些年来金融工具不断地创新与发展，金融业务日益复杂，即便是在分业经营的法律框架下，依然存在混业经营的状况，金融机构通过业务或资本的纽带相互渗透，这时分业监管带来的监管真空就会越来越多，综合金融监管的需求就越来越强烈。2023 年 2 月，党的二十届二中全会通过《党和国家机构改革方案》，该方案提出组建国家金融监督管理总局，统一负责除证券业之外的金融业监管，中国证券监督管理委员会调整为国务院直属机构。在中国当前这种新的金融监管体系下，可以很好地从顶层制度设计的层面防范和化解系统性金融风险。

我国的宏观审慎政策理念可以说是源远流长，早在春秋战国时期，政府就开始了对商品及货币流通的调控和监督。到了西汉，“均输平准”成为当时促进经济发展和金融稳定的制度安排。然而，当代市场经济中，一国货币超发、政府过度举债、房地产价格泡沫、金融产品过度创新、国际收支严重失衡等一系列问题引发的金融危机反复地发生，却极少有国家能够做到防患于未然。由此可见，防范系统性金融风险的发生，将是我国经济政策和金融治理的一项长期而艰巨的任务。如何有效守住不发生系统性风险底线，切实做到并维护金融稳定，也将是我国金融监管的重中之重。

本书由徐菱涓进行总体的设计、组织和统稿。感谢我的研究生吴芳腾、周宇航、张潇予、张缤丹、陈思航、倪婉清等在审校、修改及统稿过程中做出的辅助性工作。本书的出版得到了教育部人文社会科学研究规划基金项目：“基于三维结构分析的我国系统性金融风险防控研究”（19YJA790098）资助及南京航空航天大学优势学科建设经费的支持。特别感谢南京航空航天大学王群伟教授、孙涛教授、耿成轩教授、王建立教授及南京审计大学王家华教授、孙清教授在本书写作过程中给予的帮助和指导，本书思想的来源、结构的安排、数据的采集及结果的分析也都得益于大家宝贵的意见和建议。

受限于笔者的知识修养和学术水平，本书难免存在一些疏漏之处，恳请广大读者批评指正。

徐菱涓
2023 年 10 月 30 日

目　录

第一篇　系统性金融风险：理论进展

第二篇　系统性金融风险：中国特征

第三篇 系统性金融风险防控：手段与保障

第四篇 系统性金融风险防控：全球比较与借鉴

第一篇　系统性金融风险：理论进展

第1章 绪　论

金融稳则经济稳，防范和化解系统性金融风险是金融工作的永恒主题。2021年12月31日，为贯彻落实党的十九大关于“健全货币政策和宏观审慎政策双支柱调控框架”①的重大决策部署，完善宏观审慎政策治理机制，提高防范化解系统性金融风险的能力，中国人民银行发布《宏观审慎政策指引（试行）》。其中明确了宏观审慎政策目标，即防范系统性金融风险。中共中央政治局2022年4月29日下午就依法规范和引导我国资本健康发展进行第三十八次集体学习，习近平指出，“必须深化对新的时代条件下我国各类资本及其作用的认识，规范和引导资本健康发展，发挥其作为重要生产要素的积极作用”，“要精准把握可能带来系统性风险的重点领域和重点对象，增强治理的预见性和敏捷度，发现风险早处置、早化解”②。由此可见，对我国的系统性金融风险防控问题进行深入系统研究是一项长期的研究课题。

1.1 研究背景

自2008年国际金融危机发生以来，“系统性金融风险”“宏观审慎”已成为经济学领域的热词。运用宏观审慎政策管理系统性金融风险，同时减少金融机构系统性金融风险的负面溢出效应，也已成为各国金融监管改革的设想和努力方向。然而，到目前为止，业界和理论界对于系统性金融风险的本质及其构成要素等问题，仍然不十分明晰，而更困扰国际监管界的是各方对宏观审慎政策如何有效地施行尚未达成共识。

2016年以来，我国的金融政策以供给侧结构性改革和系统性金融风险防控为

① 习近平：决胜全面建成小康社会 夺取新时代中国特色社会主义伟大胜利——在中国共产党第十九次全国代表大会上的报告. https://www.gov.cn/zhuanti/2017-10/27/content_5234876.htm，2017-10-27。

② 资料来源：《习近平在中共中央政治局第三十八次集体学习时强调依法规范和引导我国资本健康发展发挥资本作为重要生产要素的积极作用》. http://politics.people.com.cn/n1/2022/0501/c1024-32412763.html。

主线，部分实体企业由于“去杠杆”及“防风险”工作，大都面临融资难问题。此后的两年多，国内金融业面临脱实向虚的倾向，房地产泡沫、影子银行、地方政府债务逾期及企业债爆雷等突出问题导致金融违约事件频发，这也直接导致我国的系统性金融风险的驱动因素不断地积聚和扩散。2017 年召开的中央经济工作会议和全国金融工作会议都明确指出：今后三年要以防范和控制系统性金融风险为工作重点，做好防范和化解重大风险工作。2018 年三大监管机构联合发文，将加大金融业违法违规事件的处罚与监管力度。2020 年新冠疫情突然暴发，疫情的叠加导致金融发展与实体经济增长出现明显的脱节，当实体经济仍处于缓慢修复中时，国内的多种资产价格已经屡创新高，金融业面临脱实向虚倾向。尤其是近两年来美国又一轮持续大幅度地加息，不仅对全球资本流动带来较大影响，也对我国的资本市场造成了较大冲击。

近几年来，国内的 A 股市场以结构性行情为主，虽然未出现非理性繁荣，但 A 股市场的个人投资者数量占比较高，其极易波动的情绪成了影响资本市场的重要因素，而 A 股市场自身存在的问题和弊端，如减持套现乱象、IPO（initial public offering，首次公开募股）规模增长过快、量化交易急剧膨胀、破发破净[①]频发等，也导致 A 股指数常年在 3 000 点附近震荡徘徊。个人投资者大面积的投资亏损以及基金业绩的大幅度回撤都极大地伤害了投资者对于资本市场的信心。在此背景下，如果境外的股票市场出现异常波动，对 A 股市场短期内的影响和冲击也会比较大，A 股也很难独善其身。

2020 年，永煤债事件的暴发对信用债市场也造成了较大的冲击，并波及了信贷市场。债市的恐慌情绪传染，信用风险与流动性风险的相互叠加并共振，这些都进一步增加了系统性金融风险发生的概率。面对债券市场的较大幅度波动，监管部门及时出手，对恶意逃废债行为加以严惩，这才使得债券市场的信用基础得以重塑。但此后，债券市场波动一直处于低位运行的状态。

在外汇市场方面，未来中美的经济与贸易摩擦尤其是高科技行业与领域的竞争仍将持续相当长的时间，这必然会对跨境资本流动产生长期的影响。此外，美国联邦储备系统（简称美联储）货币政策的转向以及为了应对通胀而持续大幅加息也导致资本外流压力加大，外汇市场仍有大幅波动的风险。

由此可见，金融风险无处不在，防范化解系统性金融风险是一项长期而艰巨的任务，已被决策层写入党的十九大报告和党的二十大报告，科学防范和控制系统性金融风险已成为当前国内经济政策的重要目标之一。基于以上分析，加强我国系统性金融风险防控的深层次原因和背景主要有以下四点。

---

① 破发，股价跌破发行价；破净，股价跌破每股净资产值。

1. 金融风险不断积聚，防控系统性金融风险任重道远，已经成为必须重视的“灰犀牛”

早在2017年7月，习近平总书记就在全国金融工作会议上明确指出，“防止发生系统性金融风险是金融工作的永恒主题”①。2017年底召开的中央经济工作会议强调，“打好防范化解重大风险攻坚战，重点是防控金融风险”②。相关防控政策的出台是基于中国当时正处在两个特殊时期：一是经济转型带来的过剩产能导致僵尸企业在经济层面上的风险不断累积和表现；二是金融体系因为监管体制机制的因素，资金在近些年存在脱实向虚、杠杆率过高的现象。在此背景下，防范化解重大风险尤其是金融风险尤为重要，早识别、早预警、早发现、早处置，金融风险防范工作势在必行。

2. 系统性金融风险影响因素多元复杂，驱动因素的精确解析是防控工作的重要前提

系统性金融风险是经济金融环境、金融体制与机制、金融创新、房地产泡沫、影子银行、地方政府债务、房企债务危机、资本市场持续做空等多项宏微观因素综合影响的结果。近年来随着国内外金融市场的不断扩大，金融创新展现出蓬勃发展的势头。一方面，金融风险的防范管理推动了金融创新的不断发展；另一方面，金融创新也带来了新的金融风险，因此尤其需要从金融创新驱动力的角度解析出宏观环境、金融制度、金融监管、金融产品、互联网技术进步等因素对金融风险的影响与作用。此外，来自宏观经济、金融体系内部、资本市场、国际金融环境等领域的风险也时刻发生着变化，对于这些领域风险因素的识别有助于把握系统性金融风险产生的本质原因，也有助于采取更有针对性的防控手段和防治措施。

3. 系统性金融风险防控措施需要分区分时落实，责任的合理分担是重要手段

为了实现系统性金融风险的有效防控，总体目标除了需要在区域层面进行分解，还需要考虑某区域内防控责任的有效分担。但中国各区域在人口、面积、经济发展、技术条件、产业结构等方面的异质性特征明显，不同区域系统性金融风险的驱动因素也往往存在不同。因此，责任的分担需要在充分考虑上述因素的基础上，尽可能符合区域当前实际，也满足未来情景；既体现责任分担的公平性，也体现责任分担的经济性。把“共同但有区别的责任”原则落实到系统性金融风险防控之中，通过差别化的空间与时序责任分担增强系统性金融风险防控的主动性和积极性。

---

① 资料来源：《全国金融工作会议在京召开》. http://www.gov.cn/xinwen/2017-07/15/content_5210774.htm。

② 资料来源：《中央经济工作会议在北京举行》. http://www.gov.cn/xinwen/2017-12/20/content_5248899.htm。

4. 系统性金融风险防控措施密集出台，政策的协同有效是目标达成的重要保障

近年来，中央及地方各级政府加大了系统性金融风险防控的力度，也加快了政策出台的频率。政策是完成系统性金融风险防控目标的有效支撑，但政策运行环境的复杂性、不确定性和无序性增加了政策落实的难度。在诸多系统性金融风险防控的治理政策中，有可能出现不同政策的隐性目标冲突、政策之间的措施冲突、多部门的运行管理冲突等，进而抵消政策效能。因此，十分有必要探讨与系统性金融风险防控相关的政策协同问题，这有助于汇集和发挥政策的协同作用、提高系统性金融风险防控工作的有效性。当前，如何有效实施系统性金融风险的防控来实现我国金融的健康发展是亟须关注的焦点和难点问题。

1.2 研究意义

2008年金融危机以来，国内外专家和学者开始聚焦于系统性金融风险的防控及宏观审慎监管问题并进行研究，以期有针对性和科学地寻找本国系统性金融风险防控的有效途径。近些年来，金融业脱实向虚的倾向导致系统性金融风险的驱动因素加速积聚。房企债务危机、地方政府负债、影子银行及资产管理乱象等突出问题也导致金融违约事件频发，金融业风险不断积聚和扩散。党的十九大报告明确指出守住不发生系统性金融风险的底线，党的二十大报告明确指出守住不发生系统性风险底线，可见中央决策层对于系统性金融风险防控工作的高度重视。正确认识中国金融机构及金融体系的发展历程和监管现状，科学分析中国系统性金融风险的驱动因素是预防潜在金融危机，防范和化解金融风险的重要基础，也是中国金融业可持续发展的重要保障。

为此本书主要研究以下几个问题：中国系统性金融风险的总体状况及风险特征如何；中国系统性金融风险总体水平测度及变迁趋势，具体到银行业，不同性质的银行其系统性金融风险处于何种水平；研究系统性金融风险产生的关键驱动因素，从关键驱动因素角度把主要金融风险进行时序分解，明晰不同阶段系统性金融风险产生的关键动因；对不同区域系统性金融风险的贡献度进行测算，并基于贡献度对不同区域的防控责任进行合理分担；现有系统性金融风险防控政策的协同度如何，如何确保政策的协同和有效。对以上有关系统性金融风险的防控问题进行深入分析与研究，对于有效控制宏观杠杆率，提高金融结构适应性，增强金融服务实体经济的能力，提升国内经济的良性循环水平具有重要的理论和实践意义。

1.2.1 理论意义

从理论方面来看，风险管理理论及风险管理技术在金融市场与金融体系的风险管理与金融监管中得到了广泛的运用。现有研究在理论和实践中已经形成了用系统性金融风险综合指数、“风险地势图”方法和动态因子进行系统性金融风险度量和管理的研究方法，但以上方法大多忽略了系统性金融风险的形成过程。另外，对于系统性金融风险形成规律的把握，大多是基于经验的质性研究，由于不同主体、不同区域系统性金融风险产生和形成过程存在较大的差异，因此研究者对于系统性金融风险防控目标能否实现等问题认知模糊。此外，现有文献对系统性金融风险防控的研究往往囿于某一侧面，基于系统观点的综合集成偏少，研究视角相对单一。综上所述，本书的理论意义表现在以下几方面。

第一，本书提出系统性金融风险防控的“三维”分析思路，丰富系统分析框架体系。对于如何思考和着手系统性金融风险防控，可从金融机构、金融产品、金融业务、互联网技术、宏观经济、国际金融环境等多种角度考虑，研究侧重也有所差异。本书聚焦软科学的研究视角，提出从驱动因素本质维度、责任分担手段维度、政策协同保障维度这三个维度系统分析系统性金融风险防控的关键科学问题。这有助于克服单一地从硬科学视角分析金融风险的不足，也有助于丰富和集成软科学的系统分析框架。

第二，本书采用分解方式解释系统性金融风险的动因，揭示防治的理论依据。防治措施、防治手段和相应政策的针对性与有效性依赖于对系统性金融风险的金融创新驱动成因的掌握，也依赖于对中国区域性子系统金融风险特殊性和异质性的了解。本书通过系统性金融风险驱动因素的精确解析和系统性金融风险的历史、现状及区域差异性的分析，对构建兼顾效率与公平、时间与空间的区域责任分担方案给出理论依据。这有助于探寻经济与金融环境的双赢之路，也有利于不同区域的共同发展、协调发展与可持续发展。

第三，本书构建系统性金融风险防控相关的系列模型，促进相应分析工具的进步。针对金融风险，特别是信贷风险、流动性风险的研究在近几年进展迅速，已形成一系列较为成熟的方法论体系和政策分析工具。本书在借鉴相应思路的基础上，对系统性金融风险防控进行系统分析和解构，提出系列驱动因素分解模型、责任分担测算模型和政策协同评价模型，加快其方法论和分析工具的进步。

1.2.2 实践意义

从实践方面看，系统性金融风险防控目标的实现实际上是金融体系内部各个金融机构金融风险防控目标的达成。本书以我国系统性金融风险防控现状的严峻性和防控政策的迫切性为现实基础，围绕系统性金融风险防控这个中心，从驱动因素本质维度、责任分担手段维度和政策协同保障维度这三个维度展开系统集成研究，测度我国系统性金融风险的总体水平，定量描述系统性金融风险的特征，并对其驱动因素进行时序分解分析，发现我国系统性金融风险防控在不同时段的差异和特殊性，通过防控责任的有效分担和防控政策协同度研究，在结合我国防控现状与典型国家危机事件防控失效启示的基础上，提出了我国系统性金融风险防控政策体系。具体来看主要有以下几点。

第一，强调系统性金融风险防控的针对性，为提高防控政策的有效性提供依据。通过在国家和区域层面建立指数分解模型和结构分解模型，对系统性金融风险的主要驱动因素从宏微观维度进行定量刻画和深度解析，这是后续区域系统性金融风险防控责任的分担及政策制定考虑的重要依据。

第二，强调驱动因素的多维度系统结构和时空差异，为责任分担的效率与公平提供保障。不同的发展阶段、难以改变的区域属性，导致系统性金融风险在不同时间和不同区域可能差异巨大。考虑上述因素，结合发展实际和未来情景的金融风险防控责任分担可以更好地体现效率与公平。

第三，强调治理政策的协同有效性，为实现政策功能的最大化提供导向。包括责任分担在内的系统性金融风险防控的各种手段和措施，都需要政策支持和配合。基于协同理论考虑不同政策在目标、运行、管理等方面的协同有效性，必然有助于更好地发挥政策的综合防治功能。

1.3　研究思路与内容

1.3.1　研究思路

本书拟在三维结构分析框架下研究系统性金融风险防控的驱动因素、责任分担和政策协同等相关问题，对项目具体研究内容的安排与设计源于对如下问题的认识。

（1）系统性金融风险是多种因素共同作用的结果，尤其是近年来随着金融创新的不断发展，所衍生出来的金融风险更需关注。因此把握金融创新的潜在风险是采取防控措施的重要前提。系统性金融风险的形成与否、波及的区域范围、危害的严重程度与经济发展水平、技术水平、监管制度、机构自身风险防控水平等存在多方面的联系，很大程度上都与金融创新的发展紧密相关。因此系统性金融风险防控需要在众多影响因素中把握本质动因，这是后续一切工作的首要前提。

（2）系统性金融风险的本质成因往往存在时空差异性，防控责任分担应在驱动因素及其差异性的基础上把握公平和效率。责任分担是金融风险防控的重要手段，国家总体目标的实现需要在区域层面得以分解和落实，但区域固有属性和发展阶段的差异、驱动因素的不同给责任分担带来了困难。因此，系统性金融风险防控的措施和手段应力争分区域施策和落实，确保公平和效率。

（3）针对系统性金融风险成因与防控责任分担的政策各有侧重，加强政策的协同有效性是目标达成的重要保障。针对系统性金融风险驱动因素和防控责任分担的政策体系涉及多个方面，是一个复杂的系统概念，需要加强政策要素之间、政策子系统之间的相互配合和相互协作，确保这些政策在目标、内容、运行、效果等各个环节具有协同有效性，更好地支撑防治目标的达成。

（4）驱动因素、责任分担和政策协同是有机联系的统一整体，系统的金融风险防控需要将其一并考虑和分析。金融风险防控是项系统工程，驱动因素、责任分担和政策协同是三个不同的维度，但这三个维度又具有逐层递进、相互交织、彼此配合等关系，应从系统角度进行整体分析和整体优化。概括而言，驱动因素是本质、责任分担是手段、政策协同是保障。这也是本书从软科学视角开展系统性金融风险防控研究的基本框架，如图 1.1 所示。

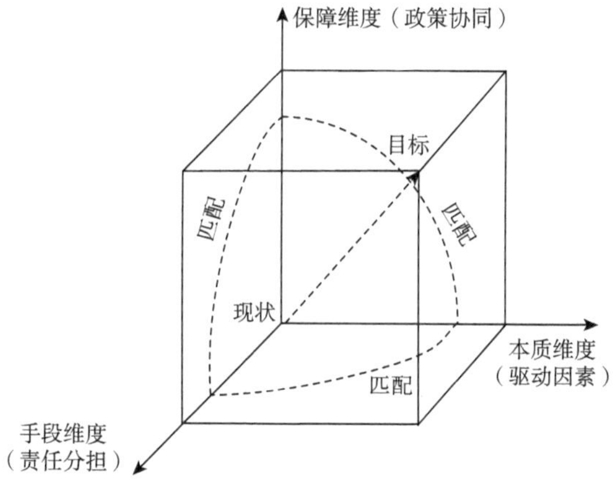

图 1.1　金融风险防控的“三维”分析框架

1.3.2　研究内容

本书立足我国系统性金融风险的现状，围绕如何有效防控系统性金融风险这一中心命题展开。研究的总体框架可以概括为：立足一个现状——我国系统性金融风险的防控形势和困境；基于三个维度——系统性金融风险防控的驱动因素（本质维度）、责任分担（手段维度）、政策协同（保障维度）构建三个模型；实现一个目的——完善新形势下我国系统性金融风险防控的政策体系。为此，围绕系统性金融风险防控三个维度（图 1.2），从六个方面展开相关研究。

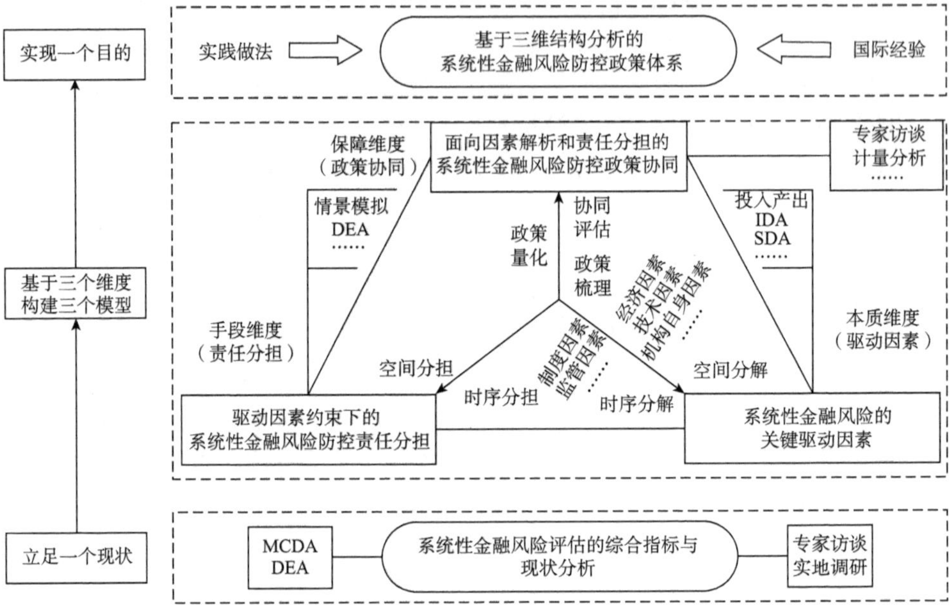

图 1.2　研究内容

DEA，data envelopment analysis，数据包络分析；IDA，index decomposition analysis，指数分解分析；SDA，structural decomposition analysis，结构分解分析；MCDA，multiple criteria decision analysis，多准则决策分析

1. 系统性金融风险评估的综合指标与现状分析

本部分主要对我国系统性金融风险防控的现状做总体性把握，为后续研究内容提供事实性依据。首先，通过文献综述、实地调研、专家访谈等方式介绍我国系统性金融风险的总体情况，包括系统性金融风险的演化机理及我国系统性金融风险积累的重点领域，如房地产泡沫、地方债务危机、非金融企业高杠杆及金融企业如银行业的信贷风险等。其次，介绍分析我国系统性金融风险总体水平的测度，介绍其中几个测度模型。最后，选取系统性金融风险综合指标，选择主成分分析法对我国系统性金融风险关键驱动因素进行实证研究分析，技术路线可用图 1.3 表示。

1）系统性金融风险现状

自中国经济进入新常态后，经济高速增长，宏观经济的变化加大了金融风险的积累，房地产和地方债务这两个领域的金融性风险持续累积，金融体系内部的风险也是不断汇集，银行业的不良贷款逐渐增加，导致银行的资产体系风险加剧，可能会导致流动性资产不足等情况。此外，当前正处于百年未有之大变局，国际金融体系风险也在影响国内的金融体系。

当前，易触发系统性金融风险的领域主要集中在地方债、银行业、网络借贷

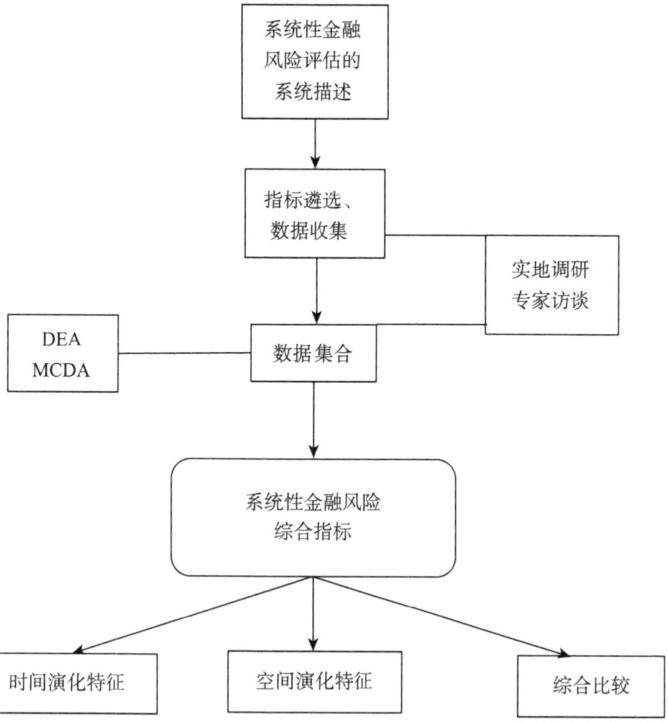

图 1.3 系统性金融风险现状分析技术路线

市场及金融科技等方面。地方债的数额较大，并且存在一定的隐性债务。

近年来我国的地方政府隐性债务和债务存量问题并没有得到有效解决，对于经济健康发展存在一定的阻碍；银行业主要包括调控背景下房地产下行带来的银行业系统风险；政策影响下影子银行风险的转移以及高杠杆状态下的地方债风险淤积；网络借贷市场的爆雷不断及金融科技的不成熟。通过实地调研、文献综述，初步分析、归纳出我国系统性金融风险防控存在的主要问题和产生的根源，为后续系统性金融风险评估综合指标的构建、区域责任分担和政策制定与优化提供事实依据。

2）系统性金融风险测度方法

由于金融风险是一个系统性问题，涉及的因素多而复杂，系统性金融风险的测度方法也有多种。其中常用的模型法包括指标法、网络模型法、VaR（value at risk，在险风险价值）及相关违约法。指标法包括早期预警法和综合指标法。早期预警法有金融比率法（financial ratios，FR）、信号传导值法（signal transmission value，STV）、最近邻学习法（K-nearest neighbor learning rule，KLR）和概率模型法（Probit/ Logit）。综合指标法有金融稳健指数法（financial soundness indicators，FSIs）和金融压力指数法（financial stress index，FSI）。网络模型法主要是利用图论和网络分析的原理来研究金融市场中的相关性和传染效应。VaR 是常用的金融风险管理方法，用于评估金融资产或投资组合在给定置信水平下的最大可能损失，其衍生出的方法有条件在险价值法（conditional value at risk，CoVaR）、风险共测度法（co-measure of risk，CoRisk）及预期损失法（expected shortfall，ES），边际预期损失（marginal expected shortfall，MES）是基于 ES 方法的扩展，以上形成广义自回归条件异方差（generalized autoregressive conditional heteroskedasticity，GARCH）模型族类模型和方法。相关违约法的主要思想是基于 Copula 函数通过对单个机构违约概率的分析估计总体违约概率。其中 SCCA（systemic contingent claims analysis，系统或有权益分析）方法、CCA（canonical correlation analysis，典型相关分析）方法和 JPoD（joint probability of default，联合违约概率）方法是运用最普遍的几种。图 1.4 是对系统性金融风险测度方法的详细梳理。

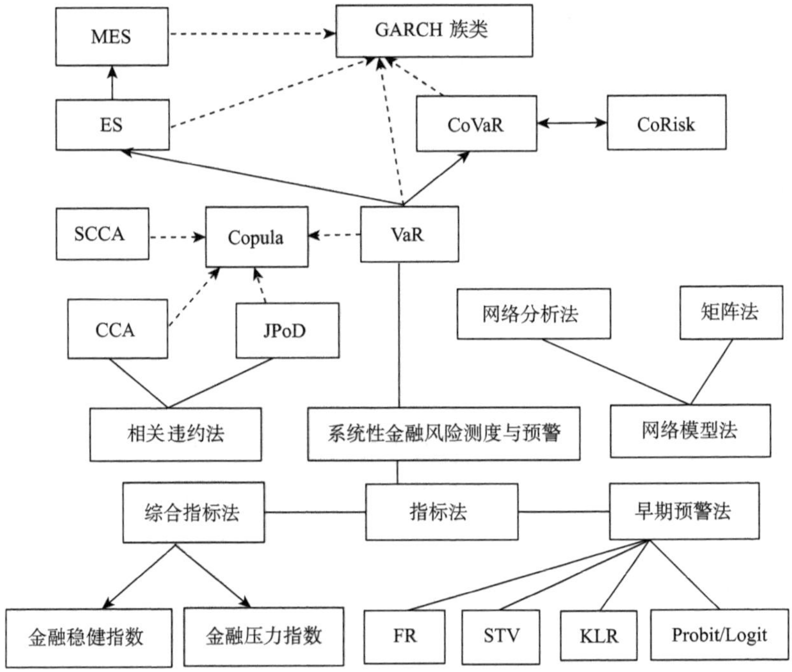

图 1.4　系统性金融风险测度方法的梳理

3）系统性金融风险指数实证

本书通过选取合适指标，运用主成分分析法对我国系统性金融风险进行测度研究。对测度指标集的指标数据进行拟合，建立反映我国系统性金融风险形势和宏观金融压力状况的金融压力指数，以此进行我国系统性金融风险的测度和衡量。本书测度指标体系的构建的一个进步在于系统性维度的建立，金融体系是一个相互联系的有机体，其联系性既表现为金融体系内部各个组成部分的联系性，又表现为金融体系与宏观经济的联系性。

4）系统性金融风险变迁趋势

从宏观层面、微观层面及对潜在风险的再评估来分析我国系统性金融风险的变迁趋势，宏观层面我国目前所面对的系统性金融风险比较严重，微观层面银行业仍是关注重点，国内农村商业银行的风险覆盖能力相对较弱。潜在的系统性金融风险主要表现在金融市场异常波动、非上市中小银行资产质量劣变、融资需求分化持续加剧等。

5）我国金融业系统性风险测度——以银行业为例

作为全球第二大经济体，我国的金融体系以商业银行为主导。近年来，我国银行业的系统性风险上升趋势较为明显，多项风险指标处于和接近历史峰值，因而，对银行业系统性风险进行测度研究显得尤为迫切。选取K银行作为研究的主要对象，使用SRISK（systemic risk indicator，系统性风险指数）方法对其2008年至2020年二季度的系统性金融风险水平进行测度，并对规模、关联度、复杂性、可替代性等相关影响因素进行回归分析，同时为了便于比较，还对另外15家上市商业银行的系统性风险水平进行了测度研究，探究商业银行系统性金融风险的影响因素及防控策略。

2. 系统性金融风险的金融驱动因素解析

本部分主要研究系统性金融风险产生的内在驱动因素，这些因素既是后续防控责任分担考虑的重要约束，也是制定政策措施的重要导向。首先根据现有文献从宏观经济环境、金融体系内部风险积累及利益相关群体非理性行为三个维度对系统性金融风险的驱动因素进行总结，在这三个维度下选取风险来源的各个市场，进而选取市场下的具体指标对系统性金融风险进行衡量，具体指标如图1.5所示。

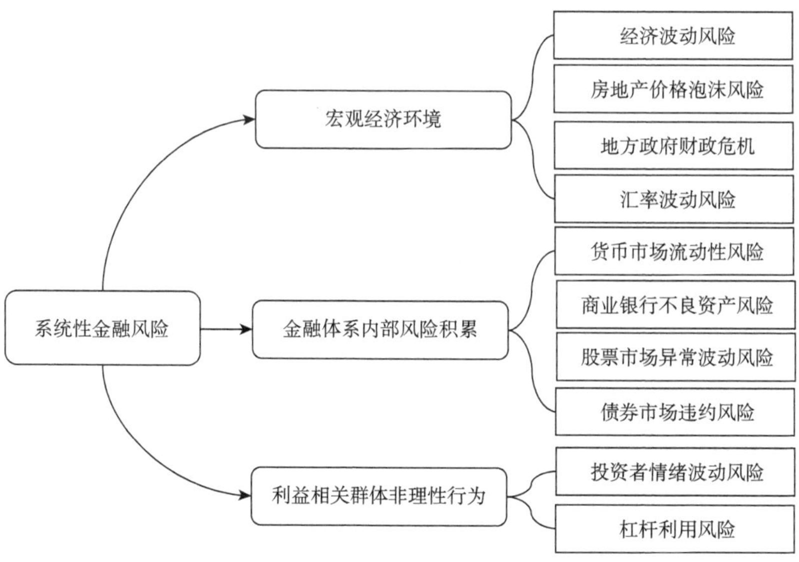

图1.5 系统性金融风险驱动因素分析图

1）系统性金融风险驱动因素影响机理分析

通过对现有文献的学习和总结，分析驱动因素对系统性金融风险的影响机理，主要从驱动因素对宏观经济环境、金融体系内部风险积累及利益相关群体非理性行为三个维度十个市场的影响机理进行分析，详细说明其如何影响系统性金融风险的积累与发生，为后续的系统性金融风险合成及驱动因素分析提出理论依据。

2）系统性金融风险合成

基于众多学者的指标选取方法，利用主成分分析法将三级指标进行合成，通过正交变换将一组可能存在相关性的变量转换为一组线性不相关的变量，根据累计方差贡献率选取少数主成分代替多数指标所包含的信息。从上述三个维度对指标进行合成，再利用相同方法对合成后三个维度的指标进行再次合成，计算出我国系统性金融风险的综合得分，代表我国的系统性金融风险大小，如图 1.6 所示。

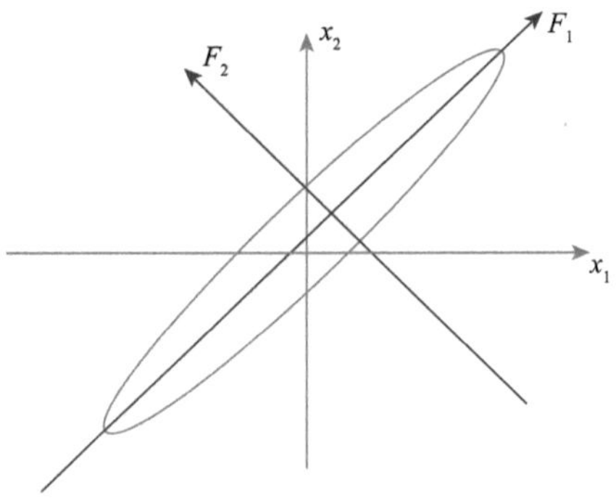

图 1.6 主成分分析分解图

3）从驱动因素角度分析系统性金融风险波动峰值

在得出我国系统性金融风险的时间序列图基础上，将近年来我国发生的金融风险事件与系统性金融风险的波动情况进行匹配分析，判断测算系统性金融风险的准确性。在准确性良好的基础上分析系统性金融风险的波动情况，对每个峰值出现的原因进行分析。

3. 驱动因素约束下的系统性金融风险防控责任分担分析

当前我国面临着复杂多变的国际政治和经济环境，叠加新冠疫情的影响，我国的系统性金融风险又有明显的抬升。区域性金融风险是系统性金融风险的中观表达，具有明显的空间扩散性，并最终以全局性金融风险的形式对经济社会产生巨大的破坏力。在经济步入新常态背景下，区域间经济联系越来越紧密，但近年来随着经济增速降低、地方政府债务扩张及各种金融新兴业态的发展，监管部门建设多维度多层次现代金融市场的理念、方法和经验尚显不足，行业性系统性金融风险不断积累并逐渐暴露出来。

结合我国现阶段经济金融运行的实际情况，往往是区域性金融风险演化为系统性金融风险或多地的区域性金融风险同时引爆系统性金融风险的可能较大，因此，在对系统性金融风险防控责任分担分析时需要关注区域性、系统性金融风险的生成机理及二者之间的演化机制，进而根据不同区域的风险程度及演化渠道将系统性金融风险的防范分担至各个区域。该部分的技术路线如图1.7所示。

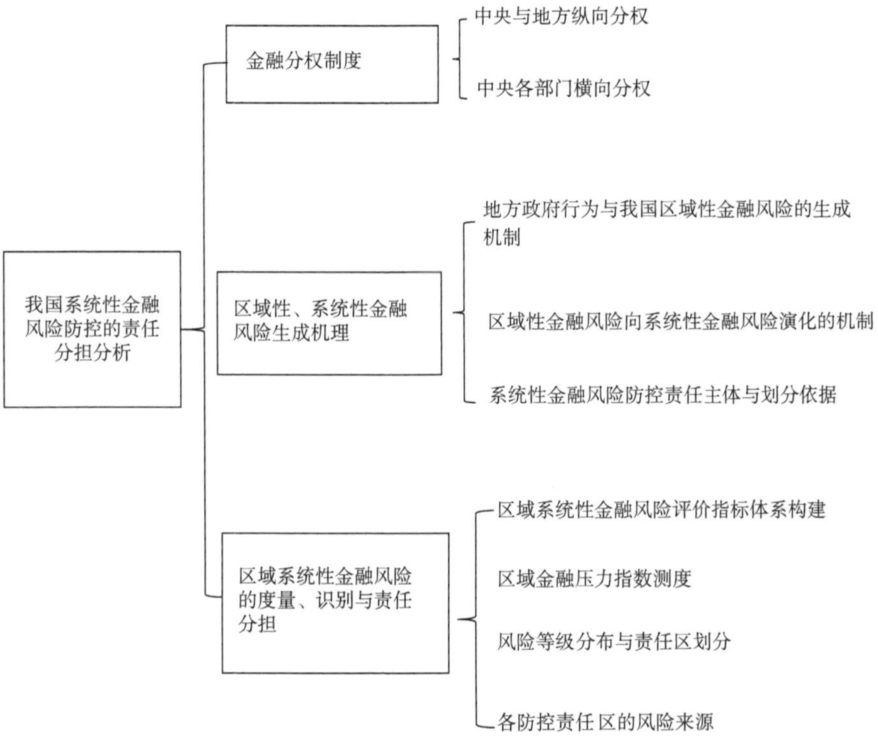

图1.7　系统性金融风险防控的责任分担分析技术路线

1）区域性、系统性金融风险生成机理

在金融分权制度的背景下，我国地方政府行为是导致区域性金融风险生成的重要因素，特别表现在地方政府债务的累积、地方房地产膨胀、非正规金融混乱等方面。因此，首先要建立基于地方政府行为研究区域性金融风险生成机制的基本分析框架，即从地方政府债务累积、房地产膨胀、非正规金融等维度来分析地方政府行为与区域性金融风险之间的关系。

区域性金融风险是系统性金融风险在地域上的具体表现，其可能通过空间扩散蔓延成全局风险，亦有可能通过空间聚集不断累积，在局部突破控制的情况下引爆成全局风险。因此在区域性金融风险向系统性金融风险演化的路径研究上，首先，要根据我国银行主导型金融体系的特点，主要将区域性金融风险的传染渠道分为流动性冲击、资产负债表关联、跨区域投资、政治影响、影子银行；其次，分析区域性金融风险向系统性金融风险演化的条件；最后，从三个层级阐述系统性金融风险防控责任主体与划分依据，分别是微观主体自身约束和行业自律、外部政府监管、宏观审慎工具及危机救助机制。

2）区域系统性金融风险的度量

就我国而言，由于不同地区的经济社会发展等各方面的差异较大，区域性金融风险也可能存在地区差异，在了解系统性、区域性金融风险的生成机制及演变路径后，正确区分并测算不同地区系统性金融风险，识别多因素对区域性金融风险的影响作用，对于有效防治区域性金融风险具有重要的现实意义。

根据关于系统性金融风险驱动因素的理论分析，结合其他学者的研究成果，从银行业、资产泡沫、宏观经济、政府债务和家庭部门选取指标，采用 CRITIC（criteria importance through intercriteria correlation，基于指标相关性的指标权重确定）赋权法为各指标赋予权重，合成金融压力指数来度量系统性金融风险的大小，为风险防控责任在各省（区、市）的分配提供科学的依据。

3）系统性金融风险的识别与责任分担

以上述金融压力指数为基础，构建系统性金融风险识别指数（systemic financial risk identification index，SFRII）来判断各省（区、市）历年所处的风险等级（安全、低风险、中风险、高风险），并分析风险等级在时间上的变化、在空间上的分布。进一步利用系统性金融风险识别指数将 30 个省（区、市）划分为四个责任区，不同的责任区要承担不同程度的系统性金融风险防控责任。最后，通过计算贡献率的方法来判断各责任区的主要风险来源。

4. 面向因素解析和责任分担的系统性金融风险防控政策协同评价

高针对性、高有效性的系统性金融风险防控政策需要以其本质驱动因素为“镖靶”，也需要有相应政策促进金融风险防控责任分担的落实，这些政策的协同有效性是系统性金融风险防控的重要保障。首先，围绕驱动因素和责任分担对我国系统性金融风险防控的主要政策进行梳理；其次，对相应政策进行量化测量；最后，定量刻画和评估系统性金融风险防控政策的协同程度，明确改善方向。该部分的技术路线如图 1.8 所示。

1）系统性金融风险防控相关政策的系统梳理

系统性金融风险防控相关政策面广、量大，涉及不同时间、不同部门、不同类型，有单独颁布，也有联合颁布。在专家访谈的基础上，初步明确系统性金融风险防控政策的定义和范围，并特别明确与驱动因素和责任分担相关的政策。通过粗读、细读和精读等多个阶段筛选整理出高度相关的政策，并对其按照部门、类型等进行统计分析。

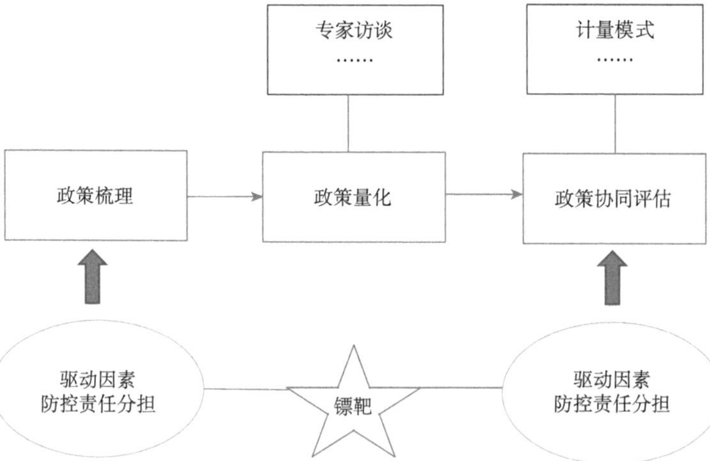

图 1.8 系统性金融风险防控政策协同分析技术路线

2016 年，为提高规划工作的前瞻性和科学性，加强与《中华人民共和国国民经济和社会发展第十三个五年规划纲要》的有机衔接，中国人民银行颁发了《“十三五”现代金融体系规划》。2017 年，随着党的十九大召开，防范化解金融风险作为三大攻坚战之一成为全国金融系统的重要工作规划，完善健全金融监管体系，严守不发生系统性风险底线的相关政策规划和措施实施也受到广泛重视。2018 年，引起全国、全行业广泛关注和高度重视的《关于规范金融机构资产管理业务的指导意见》，由四部委［中国人民银行、中国银行保险监督管理委员会（简称银保监会）、中国证券监督管理委员会（简称证监会）、国家外汇管理局（简称外汇局）］联合发布，对金融机构的资产管理业务进行指导和规范，是迄今为止“强监管”下最为重量级的监管政策。2020 年作为“十三五”规划的收官之年，也是防范化解金融风险攻坚战的决战之年。可以看出我国近年来在经济金融系统宏观稳定上颇有成效，但仍存在结构性问题。

2008 年之后，由于世界性经济危机带来的教训和警示，我国也开始加强对系统性金融风险的防范和控制，因此，在搜集政策的过程中，本书将样本期定位在 2011~2021 年，主要搜集该时间段内国家制定发布的，适用现行有效的政策文件。就我国的情况而言，目前需要防范的系统性经济金融风险主要来自经济体系内部。正如中国人民银行在《宏观审慎政策指引（试行）》第五条指出的，“宏观审慎政策的目标是防范系统性金融风险，尤其是防止系统性金融风险顺周期累积以及跨机构、跨行业、跨市场和跨境传染，提高金融体系韧性和稳健性，降低金融危机发生的可能性和破坏性，促进金融体系的整体健康与稳定”。只有切实提高金融体系的韧性和稳健性，才能增强抵御金融危机的能力。随着中国金融资产规模的不断扩大，风险向银行部门集中、向债务融资集中的趋势愈发明显。众所周知，宏观杠杆率是关乎金融稳定的第一问题。从国际比较的视角来看，我国的总体宏观杠杆率水平尽管低于发达经济体的平均水平，但仍需将防控系统性金融风险的着力点放在国内经济体系上，密切关注国内金融风险的敞口。

由于系统性金融风险防控政策整体以宏微观审慎和金融监管为主导，为此，本书在系统性金融风险防控政策范围定义的基础上，选择并确定了相关政策制定主体作为政策搜集参考的来源。

2）系统性金融风险防控政策量化标准的建立

为能够全面有效地反映系统性金融风险防控政策的内容效度，从而更精确地分析政策变量本身，考虑从政策力度、政策措施与政策目标等维度将政策细化。通过向实际工作部门咨询、向专家请教、课题组讨论等方式确定系统性金融风险防控各政策维度的赋值标准和划分刻度，表 1.1 初步给出了政策力度的赋值标准。在标准确立的前提下，逐一对遴选政策的政策力度进行打分。类似地，可以对具体的政策措施和政策目标进行打分。

表 1.1　系统性金融风险防控政策力度量化标准

政策力度得分	评分标准
5	全国人大及其常务委员会颁布的法律
4	国务院颁布的条例、各个部委的部令
3	国务院颁布的暂行条例，各个部委的条例、规定
2	各个部委的意见、办法、暂行规定
1	通知、规划、公告

3）政策量化数据的收集评估

依据已经确定好的政策类目和量化标准，邀请 16 位研究人员（包括金融从业人员、相关金融风险研究小组成员等）进行多轮量化评估。为确保不同的研究人员能对同一政策给出相近的分数，我们对 16 位研究人员分组进行了系统的培训。在充分学习理解量化标准的基础上，组内评分人员能够对标准表格中未提及的相关细节达成统一，以此确保量化数据的真实性和量化结果的合理性。

在得到 16 位研究人员最终的某三角洲地区系统性金融风险防控政策的评分结果后，为确保量化结果的内部一致性，对政策力度和政策内容两个量化指标的数据进行了同质性信度检验。

5. 国外系统性金融风险防控案例分析

为了研究现代金融危机的生成机理和传导体制，分别选取 1997 年亚洲金融危机、2008 年次贷危机和 2009 年欧债危机三个案例，用真实事件说明危机产生的根源、危机触发的前提、危机传导途径及危机扩散后的影响。从危机根源来看，货币超发、监管缺失、金融过度自由、制度缺陷、信贷过于繁荣都会导致经济泡沫化，加剧经济体的脆弱性；导火索主要表现为政策收紧、监管收严而产生的债务成本上升、流动性收缩，进而引爆金融危机；在传导机制方面，危机发生国的国内危机主要从公共债务部门转移至银行层面，银行资产负债表恶化，信贷萎缩，商品市场也受到冲击，国际传导链主要体现在外贸商品交易、金融产品投资交易、外汇供需等，危机沿着多个交易链条由内到外向国际蔓延。最后在危机治理阶段，先通过缓解流动性紧缩，刺激市场投资消费，恢复偿债能力，稳定市场信心，再制定相关政策，调整治理结构，从危机根源解决问题。

6. 监管视角下系统性金融风险防控的制度安排与对策建议

以我国系统性金融风险防控的驱动因素分析、责任分担分析和政策协同分析为基础，全面、有效、深刻地了解我国金融风险的本质成因、防控手段和政策保障。结合我国系统性金融风险的防控现状与典型国家系统性金融风险防控的有效经验，面向系统性金融风险驱动因素的本质维度和责任分担的手段维度，完善或提出具有政策协同特性的系统性金融风险防控政策体系框架，使该体系既反映驱动因素时序分解、空间分解、综合分解的内在逻辑和结果差异，提高经济、技术、产业等相关政策的针对性，也能有效体现区域空间责任分担和时序责任分担的公平性与经济性。在此基础上，提出落实金融风险防控政策相关主体（如职能部门、区域政府）的协同机制和监督、考评方式，并在已有的实践框架下提出进一步完善的政策建议。

1.4　研究方法与技术路线

1.4.1　研究方案

本书以我国系统性金融风险防控现状的严峻性和防控政策的迫切性为现实基础，以区域经济学、金融学、协同学、计量经济学等多学科的理论方法为指导，围绕系统性金融风险防控的金融创新驱动因素、责任分担和政策协同开展系统集成研究。一是通过调研和综合指标对系统性金融风险的累积程度及空间分布和时间演化特征进行分析；二是利用分解分析对系统性金融的驱动因素进行时序和空间分解，以便明晰约束、提高政策的针对性；三是对系统性金融风险防控目标进行空间和时序分配；四是面向因素解析和责任分担对政策进行梳理、量化和协同评估，明确协同程度的改善方向；五是基于上述分析提出反映三维结构特色的促进政策，技术路线图如图 1.9 所示。

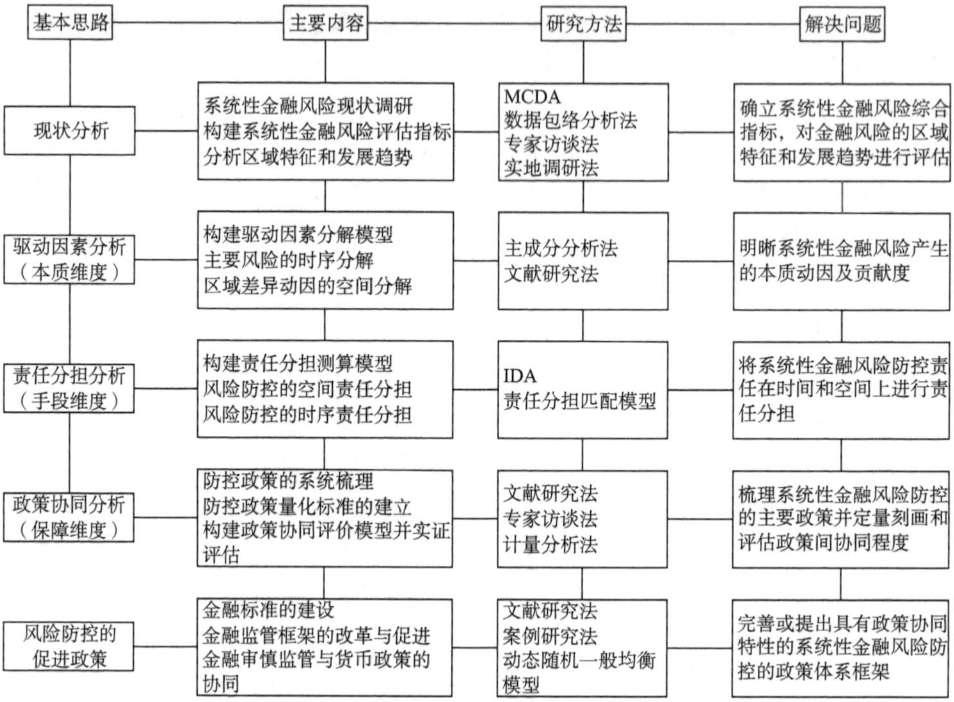

图 1.9　技术路线图

1.4.2　主要研究方法

本书在三维结构分析的基本框架下，以风险管理理论和金融监管理论为主要理论基础，围绕我国的系统性金融风险防控问题展开探讨和研究。根据研究思路和主要研究内容，本书主要涉及以下几种研究方法。

第一，文献研究法。通过对现有文献的梳理和分析，掌握系统性金融风险防控问题研究的一些特点，通过对现有防控问题研究不足的挖掘，形成以风险管理和金融监管理论为基础的三维结构分析框架，归纳出现有文献对系统性金融风险防控的驱动因素的分析，并对系统性金融风险防控的相关政策进行系统梳理。

第二，实地调研和专家访谈法。通过实地调研、专家访谈等方式调查和了解我国系统性金融风险的总体情况，包括系统性金融风险的演化机理及我国系统性金融风险积累的重点领域，并请专家对系统性金融风险程度进行时空差异性的判断和评分。

第三，主成分分析法和相关系数法。利用主成分分析法将三级指标进行合成，通过正交变换将一组可能存在相关性的变量转换为一组线性不相关的变量，根据累计方差贡献率选取少数主成分代替多数指标所包含的信息。从上述三个维度对指标进行合成，再利用相同方法对合成后三个维度的指标进行再次合成，计算出我国系统性金融风险的综合得分，代表我国的系统性金融风险大小。

第四，定性与定量相结合的分析方法。综合运用内容分析法和复合系统协同度模型，基于定性分析，对政策文件内容进行量化的打分计数统计分析，再运用计量模型计算政策系统的有序度和协同度，定量分析政策的协同效应。

第五，CRITIC 赋权法。从宏观经济、银行部门、房地产市场等方面选取指标，对各指标合理赋权，在金融压力指数的计算中，本书使用 CRITIC 赋权法对各指标进行合理的赋权。相比层次分析法、专家打分法等主观方法来说，CRITIC 赋权法、熵权法、主成分分析法等客观赋权法更加科学合理，且操作较简便，CRITIC 赋权法同时考虑了指标之间的差异性和冲突性。

1.5 本章小结

本章在系统性金融风险防控三个维度研究背景与研究意义阐述的基础上，就全书的研究思路、研究内容和研究方法进行了介绍，以期为读者提供一个全面的概述，使其对全书内容有一个基本的了解，同时也为后文的撰写提供较为全面的理论指导和支撑。

第 2 章　理论基础与文献综述

与个别金融风险管理相比，系统性金融风险的防控艰巨而复杂。在进入我国系统性金融风险防控这个研究主题之前，有必要对目前现有的理论研究工作进行归纳总结，归纳现有研究的主要成果并总结现有研究工作的一些不足，以期以新的研究视角为后续的研究工作打下基础。

2.1　理论基础

2.1.1　系统性金融风险的内涵

1. 系统性金融风险界定

系统性风险是一种宏观性、全局性的风险，具有不可挽回的特性。这种系统性风险在爆发之前，往往表现为一个局部或单个领域的危机，在一定的催化条件下，经过一系列节点的风险传递和相互传染迅速转换成全面危机，将对一国的宏观经济总量，如国内生产总值（GDP）、总需求、总投资、就业率等一系列宏观经济指标形成巨大的冲击。系统性金融风险是以金融体系为风险载体的风险，这是金融体系本身受到严重破坏的客观不确定状态[1]。2008 年的国际金融危机揭示了系统性金融风险的新内涵，主要指建立在高财务杠杆和脱实向虚基础上的金融交易，通过资产–债务联动机制和扩散传染机制，在金融市场价格持续下降的条件下所引发的有毒资产的多米诺骨牌效应和金融危机。相比一般时期的金融风险，新常态时期的金融风险显得更为复杂，不仅包括泡沫化、过度扩张的宏观风险，还包括应对泡沫破灭及产能过剩造成的宏观冲击风险等。现实社会中金融危机会产生的关键原因在于系统性金融风险的存在，由此可见，系统性金融风险破坏性极强，其影响力不容忽视，所以，一旦一国的系统性金融风险累积到一定程度将引发区域性的金融危机，甚至会对一个国家的经济与金融安全造成严重威胁。

2. 系统性金融风险的特征

系统性金融风险防范的基础是金融风险的识别。金融风险的识别方法有两种：一是特征识别，即根据金融风险的特征对个人或系统性金融风险进行评估。二是过程分析，主要考察金融风险的发生过程，分析金融风险的传染性及其各种传染渠道，并对风险特征进行详细分析[2]。因此，认识系统性金融风险的特征是识别系统性金融风险的关键。一些学者认为，系统性金融风险的特征可以概括为风险与收益的不对称性、传染性、对实体经济的危害性和投资者缺乏信心。此外，系统性金融风险还具有其他特征。例如，金融体系的风险程度取决于金融体系的结构。系统性金融风险的特征由于思考的角度不一样，会有不同的表述。从系统性金融风险防范的角度思考，本书认为，系统性金融风险最显著的特征主要包括以下几个方面。

第一，累积性特征。该特征在单个金融机构和整个金融体系两个方面得以体现。从单个金融机构方面看，系统性金融风险的累积性特征体现在其他金融机构或市场的风险外溢能够通过各种途径累积到该金融机构，直到该金融机构倒闭。从银行体系来看，每一轮银行破产的风险外溢都将累积到其他相关银行。从整个金融体系方面看，系统性金融风险的累积性体现在系统崩溃之前，系统性金融风险随着单个金融机构风险暴露的增加及金融结构的变化而累积，当风险到达一个值后即发生系统性金融危机。

第二，传染性特征。该特征是指金融系统的风险能够从一个金融机构转移到另一个金融机构并且可以通过不同的渠道进行传染。传染性也可以是从一个金融系统转移到另一个金融系统，这种传染性是系统性金融风险转移的外部特征。系统性金融风险的传染性特征在金融系统和经济系统中极具破坏性并且有着至关重要的作用。关闭传导渠道是防范系统性金融风险的第一要务。

第三，结构性特征。该特征与金融体系的结构相关。金融体系的结构包括金融业市场结构、业务结构和监管体制等。有实证研究表明，混业经营相对于分业经营的金融体系，其系统性金融风险更大；完全市场结构的银行体系系统性风险发生的概率比起非完全市场结构的银行体系系统性风险发生的概率小。

第四，关联性特征。该特征与投资者信心有关。系统性金融风险的传染与投资者信心在某些情况下存在关联。例如，存款者在银行挤兑造成的系统性危机中缺乏信心，银行出现支付困难会使得其他资金流动性良好的银行客户提前支取存款，从而导致所有银行出现兑付困难。金融市场系统性风险扩散的主要原因之一也是投资者信心丧失使投资者集中抛售手中的资产，致使资产价格暴跌，市场流动性不足。所以，防范系统性金融风险的关键之一是稳定投资者信心。

3. 系统性金融风险的分类

系统性金融风险是一种全局性风险，从其产生和影响的范围角度可以将其分为几种不同的金融子系统性风险。银行和金融市场是两个互补性的金融子系统，银行属于间接金融体系，金融市场属于直接金融体系。所以，系统性金融风险可分为银行系统性风险和金融市场系统性风险。具体而言，银行系统性风险是指由于外部冲击引起一家银行的破产，进而导致一连串银行倒闭的可能性。金融市场系统性风险是指金融市场的某一个或某些参与者因为金融的冲击导致了破产，引起金融市场上资产价格急剧下降，各种金融工具的流动性突然“枯竭”，资本成本大幅上涨，金融市场的融资功能遭到破坏的可能性。

4. 系统性金融风险的积累与危机调整

从系统性金融风险累积爆发的结果即金融危机的角度来看，系统性金融风险可分为银行系统性危机、货币危机、股市与房地产市场危机、债务危机四大类[3]。针对以上危机，其调整大体可以分为三个阶段：第一阶段也称为抑制阶段，危机尚未显露，政府部门以恢复公众信心为目的，最小化存款人和金融体系其他投资者丧失信心对实际部门的长久影响；第二阶段包括对金融机构和企业的实际财务调整及较小程度的经营性调整；第三阶段主要是结构性改革，包括法律法规的改变、其他制度性改革及任何国有金融机构和企业的私有化等。

第一，早期的抑制阶段。

系统性危机发生之初，判断危机是否为系统性金融风险是首要前提。监管当局会采取包括官方流动性救助、国有化、关闭金融机构并清算等一系列举措。在任何金融危机的早期阶段，即危机尚未扩散的时候，政府典型的做法是迅速采取一系列措施来恢复公众对金融系统的信心，减少对实体部门的冲击。政府部门在试图控制危机的过程中，需要解决两个关键性的战略问题：一是是否向所有金融机构提供开放式流动性支持；二是情急时是否需要向金融机构的存款人和贷款人提供全面担保来恢复公众信心。

关于流动性支持，国际货币基金组织认为，中央银行作为最后贷款人，首先，应向银行体系提供充分的流动性，以保护支付体系，并使当局有时间制定对策。其次，在流动性急剧增加的情况下，常需中央银行运用公开市场操作等货币政策工具来冲销由流动性支持产生的货币供应的增加，货币政策配合进行调节。并且流动性支持应限于某些具有清偿能力的银行。最后，一旦危机得到控制和解决，政府必须对中央银行重新进行资本充实。

对政府是否应该向存款人和贷款人提供明确的全面担保而言，支持的观点认为，首先，如果全面担保是可信的，则能够恢复投资者的信心，稳定金融机构的负债；其次，全面担保给予了政府一定时间去制定全面的重组策略；最后，在全面担保条件下，关闭一些问题严重的银行造成存款人的恐慌的可能性不大，因而一定程度上避免了由关闭几家银行诱发和加剧危机所造成的更高的财政和经济成本。此外，政府还可以采取一系列行政性强制措施。因为稳定性的市场化措施如果始终无法控制危机，这时候必须借助行政措施。行政措施包括存款冻结、强制性债务展期等。然而，这些行政性强制措施虽然短时间内作用会很大，长远来看则会严重扰乱经济秩序，所以要在其他措施都使用过的情况下慎重考虑。

第二，中期的恢复和重组阶段。

在这一阶段，恢复金融机构的资金头寸和处置银行不良资产问题往往得到广泛关注，恢复金融机构的营利能力和偿付能力为其目标。

一般来讲，监管机构在摸清金融机构亏损规模和分布情况的前提下，会将金融机构分为三类：有生存能力并符合监管规定的、没有生存能力且不具备清偿能力的、有生存能力但资本不足的。在此，判断金融机构是否具有生存能力至关重要。因为危机期间的财务报表和资产价格往往是被扭曲的，生存能力主要依据金融机构提供的中期业务计划、现金流预测、营利能力预测，以及对今后宏观经济趋势的看法来做出判断。

对于有生存能力但资本不足的金融机构，由其提出可接受的结构调整计划，并逐步重新充实资本。对于资不抵债的金融机构，需对其应该倒闭还是继续营业进行决策。如果倒闭，金融机构应对不良资产、良好资产和存款提出明确的管理方案。在重组策略中，危机造成的成本如何在股东、债权人及纳税人之间分担尤为重要。

第三，后期的强化监管阶段。

在资产正常重组和处置后，应采取相应措施加强金融监管并且提高透明度，此外，风险管理中需要恢复和加强市场纪律，对危机期间采取的保护措施予以避免，同时加强立法和司法框架建设，以恢复或建立一个有效和有竞争力的金融体系。

2.1.2　金融风险管理理论

金融风险管理理论是管理理论的一个重要分支，它是以金融机构和金融体系为研究对象，研究其运行中的各种类型风险的形成机理、测度方法、处理流程和决策措施的科学[4]。随着全球金融业的发展壮大，金融风险管理已成为各国银行、证券公司及各类金融机构管理中极其重要的一环。金融风险是各种风险的集合，金融风险管理就是以各种手段和工具，对包括信用风险、市场风险、流动性风险、操作风险、汇率风险、利率风险等在内的多种不同类型的风险进行管理和监控，谋求盈利最大化的同时，避免潜在的损失，从中获取风险收益的一种系统性操作。

金融风险管理随着金融理论与实践的发展而发展。20 世纪 70 年代以前的金融风险管理主要包括负债业务管理、资产业务管理、资产负债综合管理和缺口管理等。定量化的金融风险管理技术是在衍生工具定价模型等金融技术获得突破后发展起来的。1973 年 Black、Scholes、Merton 提出的期权定价模型为金融风险管理奠定了理论和技术基础。人们可以运用衍生金融工具，如期权、期货、远期、互换等金融交易技术来防范风险并进行套期保值。如今，金融风险管理技术越来越多，目前在西方金融机构和工商企业中运用最为广泛的是风险定价方法 VaR，它是指在正常的市场条件和给定的置信度内，单一金融资产或证券投资组合在给定时期内所面临的市场风险大小以及可能的最大价值损失。VaR 对市场风险进行了总括性评价，考虑了金融资产对某一风险来源的敞口和市场逆向变化的可能性。与传统的金融风险测评技术相比，VaR 在到期时间、持续期及缺口分析等方面更为科学，适应性也更强，所以，VaR 在金融风险管控、公司业绩评估及金融监管等领域被广泛运用[5]。

21 世纪以来，随着金融风险监管的逐步加强和金融市场的不断变革，金融风险管理被高度重视和不断发展，相关理论和方法也呈现出日新月异的趋势，成为金融体系的重要组成部分。随着信息技术的不断革新和推广，金融风险管理将日趋多样化和智能化。人工智能、大数据、区块链等各种科技因素将会对金融风险管理的技术手段产生深远影响。

2.1.3 金融监管理论

系统性金融风险是一种综合性的宏观风险。金融监管的基本目标是金融体系的稳定，即减少系统性金融风险，那么基于系统性金融风险的金融监管概念应该同时考虑宏观审慎监管和微观审慎监管。宏观审慎监管与微观审慎监管的区别主要在于影响经济绩效的监管目标和机制不同。

1）宏观审慎监管目标

从宏观审慎监管角度而言，每个金融机构追求自身安全并不能保证整个系统的安全，反而可能造成整个金融体系的内生风险。对于任何一项监管措施，金融机构都有可能采取集体性的应对，从而引发系统性危机。宏观审慎监管的目标是控制金融危机带来的经济损失，并对实现这一目标可能产生的道德风险成本进行控制，就是控制金融体系危机及其相应的损失，即控制系统性金融风险。

2）微观审慎监管目标

从微观审慎监管角度来看，其主要目的是控制个别金融机构失败的风险，也就是控制“特定的风险”，确保每个金融机构处于安全状态从而保护投资者的利益。

目前，国内外对金融监管机构系统性金融风险的监管策略仍处于探索阶段。普遍认为，一个全面的宏观审慎监管体系需要从两个层面建立：第一，跨部门监管。金融市场投资概念和监管标准的同质化和趋同往往导致不同金融市场的机构承担相同的风险，而资产负债表的高度相关性导致整个金融体系的脆弱性。因此，建立涵盖不同金融机构、金融和经济研究部门的两个专业协调和监督机构，已成为应对金融市场冲击和经济周期风险积累和扩散的必要措施。第二，动态监控。目前，关于系统性金融风险的新观点是：系统性金融风险的累积过程远比引发危机的导火索和危机本身更重要。因为系统性金融风险不仅随时间推进而不断累积，而且风险累积也会成为一次正向的冲击事件，并造成巨大伤害。在经济波动的情况下，监管者应注意隐性风险的形成过程。定期和全面的系统风险评估和压力测试是促进动态监管的关键工具。

2.1.4 信息不对称理论

信息不对称理论在 20 世纪 70 年代由美国的三位经济学家提出。该理论认为，在市场经济活动中，各类人员对相关信息的了解往往会存在偏差，信息掌握相对充分的人群一般都处于比较有利的地位，而信息匮乏的人群则往往处于相对不利的地位[6]。

信息不对称理论为市场经济的研究提供了一个崭新的视角，该理论指出了信息对市场经济发展的重要影响。随着大数据时代的来临，信息在市场经济中的作用越发不可估量。信息不对称理论还揭示了市场经济体系存在的缺陷，认为完全的市场经济并非天然合理，市场经济完全靠自由市场机制并不一定能带来最佳效果，特别是在引导投资、解决就业、环境保护及国民福利等方面。因此，信息不对称理论还特别强调了政府在市场经济运行中的主导作用，呼吁政府对市场经济运行加强监督，强化信息披露，提高信息的透明度，由此减少由市场经济机制造成的负面影响[7]。

2.1.5 利益相关者理论

利益相关者是指可以影响、被影响或者觉得自己会被决策或者活动影响的个人或组织。Charkham 认为利益相关者为了获取利益，会向企业投入物质、人力和金融资本，并和企业共担风险[8]。Charkham 的定义体现了利益相关者在投资行为活动中的参与性，其活动也许会影响其他群体活动并改变最终实现目标。这也强调了利益相关群体与经济环境之间的互动关系。

根据利益相关者理论概念以及目前的研究成果可以将该理论表述为：在整个社会环境中，任何组织机构为实现其组织目标所采取的行为决策和管理活动，都需要充分考虑能够影响其组织目标实现或被其组织目标所影响的群体或个体的利益，从而完成对资源的整合及优化，进而实现组织效用和组织利益的最大化。Freeman 在早期提出利益相关者理论时主要是基于企业战略发展的视角展开的，他认为在企业发展过程中外部环境是复杂多变的，企业与利益相关者应长期保持互动才能灵活地对外部环境变化做出反应并确保企业的稳定发展[9]。也就是说，企业的发展不仅仅是处于一个经济网络中，更重要的是它作为一个有着特定目标的组织而存在于整个公共环境体系中。但他本人也对利益相关者理论的发展提出了若干问题，其中最主要的是“如何为利益相关者创造价值”。

在金融监管实践中，很多时候地方金融监管会陷入困境，其实这与其背后所蕴含的“利益链条”相关[10]。为此，可以将地方金融监管面临的现实困境视为“利益困境”。基于利益相关者理论，我国地方金融监管过程中参与的利益主体可划分为四类：地方金融监管机构、被纳入监管框架的金融机构、未被纳入监管框架的金融机构及社会公众。这四类利益相关主体各自有着不同的利益诉求，因而导致彼此之间产生利益冲突。现有研究发现，地方金融监管中的四类利益相关主体既彼此独立又密切联系，从而构成了地方金融监管中的“相关利益群体”。每一利益相关主体尽管都以其自身利益的最大化作为行为决策前提，但并不能排除其他利益主体的约束和牵制。同时，地方金融监管“利益困境”的解决之道并非局限于确保某一利益相关主体实现全部利益或避免利益受损，而是在于在这四类利益相关主体间寻求一个利益的均衡点，从而实现区域整体利益最大。

2.2 文献综述

关于系统性金融风险的驱动因素及防控问题的研究，很多学者从国家宏观环境层面、互联网背景层面、金融机构内部层面等角度对金融风险防范问题进行了研究。根据本书研究范围，从系统性金融风险的内涵及风险成因、风险防控目标及责任分担和风险防控政策三个方面对有关成果进行简要回顾和总结。

2.2.1 系统性金融风险的内涵及风险成因的研究进展

系统性金融风险并不是一个新提出的概念，但是国际上还没有正式统一其定义，这说明对系统性金融风险的研究欠完善。Tufano 认为 Miller 等学者关于金融产品创新可促进整个金融体系趋于平稳运行的论断太过乐观，金融产品创新可能会给金融安全带来不利的影响[11]。目前研究学者提出的相对权威的定义有以下几类：从危害的波及范围角度，美国联邦储备委员会前主席 Bernanke 认为，系统性金融风险是不仅只威胁到当前发生风险的金融机构、金融部门或整个金融体系，甚至会打破宏观经济稳定性的事件。从风险的传染性角度，以 Kaufman 和 Scott 为代表的学者认为由于金融体系的脆弱性和制度相关性，系统性金融风险会使一个单独的风险事件从自己所处的机构传染到其他更多的机构和市场，引起连锁反应并扩大损失程度[12]。从金融功能的角度，Minsky 认为，系统性金融风险造成的突发事件会使整个金融市场停止运行、发生混乱，无法发挥其金融功能，进而影响社会资源的正常配置[13]。金融稳定理事会（Financial Stability Board，FSB）等将系统性金融风险定义为经济周期、宏观经济政策变动及外部金融冲击可能引发的金融体系巨大震动，并对世界经济和国际金融体系产生严重的负面影响[14]。根据以上提到的定义，我们可以将系统性金融风险的特征概括为波及范围广、风险传染能力强、突发性高、危害严重与隐蔽性强等。

导致系统性金融风险的原因是复杂和深层次的，随着金融市场的不断发展和完善，金融创新与系统性金融风险间有着愈发紧密的联系。从 20 世纪 70 年代开始，金融领域不断涌现出新型的金融产品和金融服务，金融制度也不断更新，金融创新也催生了潜在的金融风险。大多数学者认为金融创新尽管可以化解部分风险，但同时也导致了金融体系的不稳定，从而加大了国民经济的波动程度。贾清显和陈妍深入剖析了雷曼兄弟在次贷危机下风险的形成和破产的原因，从他们的角度来看，商业银行在经营创新产品业务时，应加强风险防范意识，完善风险内部控制机制[15]。Benoit 等认为，系统性金融风险是引致众多市场参与者同时遭受重大损失，并且迅速扩散到整个经济系统中的风险[16]。

金融创新带来的风险主要有系统性风险、信用风险、操作风险、市场风险、流动性风险、制度风险等，很多学者对系统性风险、信用风险、操作风险、市场风险、流动性风险和制度风险等进行了不同研究。Minsky 认为金融创新有时导致金融杠杆比例过高从而导致信用过度扩张，最后导致整个金融系统崩溃，引发系统性金融风险[13]。Oet 等另辟蹊径，在经典模型的基础上对系统性金融风险进行压力测试，以金融系统的风险大小和脆弱性测度金融危机的可能性[17]。系统性预期损失值（system expected shortfall，SES）是由 Acharya 等提出的，其核心思想是测度单一金融机构在系统性危机条件下的预期资本损失值，指标值越大表示金融机构对系统性危机的贡献值越高，即该机构的系统性金融风险越大。Acharya 等还证明了系统性预期损失值与边际预期损失和财务杠杆率呈线性相关性[18]。张宗新对 2008 年金融风险的成因进行分析，认为金融创新导致的金融体系系统性风险产生主要体现在几个关键环节：SPV（special purpose vehicle，特殊目的载体）结构复杂，信息披露不充分[19]；杠杆交易使得风险敞口增大，致使流动性紧缺的情况下通过债务链条传导引起金融市场波动；此外，中介机构为追求利润最大化而不负责的行为以及道德风险的存在进一步加剧了系统性金融风险。陈映希对来自金融机构业务创新的信用风险和操作风险进行分析，认为设计的一系列金融创新与变革在操作模式、担保方式、授信品种、授信管理等方面都处于探索进程中，没有成熟的模式可照搬，所以在操作等方面会时刻受到挑战[20]。牛华勇和闵德寅从新实证产业组织视角验证金融创新下互联网金融对商业银行市场势力的影响，发现互联网支付通过降低商业银行的中间业务收入，进而降低商业银行的市场势力，进一步加大了风险[21]。

上述研究基本是采用具体案例分析定性地研究某些变量与金融风险之间的关系，再讨论其外部的影响。随着研究工具的发展，IDA 和 SDA 除了应用在温室气体和能源消费领域，也少量应用于经济、金融方面。陈飞跃认为准确度量系统性金融风险在对系统性金融风险进行有效监管中至关重要，并系统地介绍了系统性金融风险测度的方法且提出了系统性金融风险测度在金融保险业中的应用[22]。曹晓飞等运用 CoVaR 模型测度房地产风险[23]。李红权等利用 CoVaR、截面 VaR、吸收比率、格兰杰因果指数、信息溢出指数五个指标来衡量系统性金融风险[24]。但是，CoVaR 法是基于单个金融机构的微观加总，不能估计整个金融体系的风险水平。王策建立了时间序列模型度量我国银行业的流动性风险水平，这种金融压力指数法目前也被广泛用来测度发展中国家的经济金融风险水平[25]。仲文娜和朱保华构建了月度金融压力指数，测度银行、证券、房地产等市场的压力，并分析了风险溢出程度[26]。何青等构建了中国金融压力指数，并对宏观经济进行测度[27]。在金融压力指数的应用方面，徐国祥和王莹运用因子分析法构建了中国日度金融压力指数，并探讨了金融压力对宏观经济的传导作用[28]。梁斯认为金融压力指数实时反映金融体系所面临的整体压力，有效克服了时滞问题，具有普遍适用性[29]。李政等采用 CoES 方法分析系统性金融风险，构建了系统性风险的同期度量指标和前瞻预警指标，从而对我国金融部门之间的系统性风险溢出进行实时监测和有效预警，结果表明模型具有良好的实时性检测功能[30]；郭娜等用 SV-TVP-VAR 模型对中国系统性金融风险指数进行测度分析，得出国内外货币政策对系统性金融风险存在显著影响[31]；戴淑庚和余博利用 TVP-FAVAR 模型构建七个维度中国系统性金融风险指数，在理论分析的基础上实证分析出资本账户开放对系统性金融风险的时变影响特征，提出渐进推动资本账户开放，并加强对短期资本流动的审慎管理的防范系统性金融风险建议[32]。

2.2.2 系统性金融风险防控目标及责任分担的研究进展

系统性金融风险防控目标的达成需要不同主体的共同努力，其中的一个基本问题就是不同主体如何实现监管及责任的分担。对系统性金融风险监管和责任分担的研究中，按责任主体细分主要有上层监管、内部防控、资金需求者及投资者等。

Masciandaro 和 Passarelli 从监管层面探讨了系统性金融风险的传染机制，发现投机会导致过量的风险产品，并提出解决金融风险的方法包括金融监管和征税[33]。Iqbal 等从内部防控层面探讨了公司治理与金融机构系统性风险的关系，发现公司治理的好坏程度对防御系统性金融风险存在很大的影响[34]。Arnold 等探讨了金融稳定影响中的系统性风险和个人机构的贡献度，提出了预测金融不稳定的漏洞迹象和金融稳定应采取的政策[35]。王嵩青等从资金需求者角度出发，对我国的 P2P（peer to peer，点对点）平台进行了征信分析，发现 P2P 平台没有纳入金融信用信息基础数据库中，信用信息无法共享，容易发生信息不对称的信用风险，提高了借款人的违约率[36]。刘著和袁艺芮发现在微观审慎监管的局限性下，央行需以其发行的银行、银行的银行、政府的银行的职能角色发挥宏观审慎监管的功能，并且央行在有效防范系统性金融风险的措施上至关重要[37]。

同时由于中国各区域的异质性较为明显，因此在考虑金融风险防控时需要充分考虑空间因素，尽可能符合区域当前实际，也满足未来情景。姚星垣和郭福春从宏观、中观、微观三个角度阐述了区域金融风险的引发因素，并且对在这一角度下的区域金融风险进行了一定的分析[38]。纪阳从内部和外部因素两方面阐述了区域金融结构自身问题的成因，同时探讨了外部因素包括政策及经济方面的因素[39]。吴诗伟和朱业从互联网金融创新的角度分析区域金融风险的引发因素，并且探讨了互联网金融创新对区域金融风险的影响，着重突出了互联网金融加剧了区域金融风险的溢出效应[40]。石润和潘焕学在探讨我国区域金融风险成因的过程中，对如何化解这一风险进行了分析，提出了建立区域金融风险预警系统、存款保险制度、金融机构破产制度、突发事件应急预案、区域金融创新合作机制并加强区域金融机构的日常监管的措施方案[41]。

2.2.3　系统性金融风险防控政策的研究进展

由于系统性金融风险的防控涉及技术、管理等多个领域，不同学者的政策建议也各有侧重，但基本都是围绕政府加强监管、明确立法、机构自身加强风险控制、资金供给者及投资者的行为等方面展开。

WeiB 等从金融机构角度出发，发现金融危机严重期间国际银行对全球和地方系统性金融风险的贡献很大并且起到了决定性的作用，并且研究发现银行规模、杠杆率、非利息收入和信贷资产质量在决定系统性金融风险的持续性中并不是主要的因素，他们认为银行机构在关注这几个方面的同时，应该加强自身风险控制，以此来更好地降低金融风险[42]。Castiglionesi 和 Eboli 研究了三类网络，即完整网络、环形网络和星形网络，发现星形网络更能抵抗大冲击，环形网络表现得很脆弱，但是很有弹性；在小震动的情况下，环形网络更有抵御风险的能力[43]。Christophers 等以美国 2008 年次贷危机为研究样本，建立 MMIC（macroprudential monitoring indicator component，宏观审慎检测指标构成法）系统性金融风险预警模型进行了预警研究[44]。时璐发现相关法律法规僵硬滞后并且互联网金融存在混业经营的趋势，此外，分业监管在现实中也存在问题，这些都是我国互联网金融监管面临的挑战，并指出在借鉴美欧经验的基础上要加快健全法制，并由机构监管转向功能性监管[45]。封佩锋提出互联网是金融创新的重要依托，而我国目前关于互联网金融发展的法律法规几乎是空白，这就使得监管做不到有法可依，从而使得金融风险发生的可能性大大提高。所以，在加强相关法律法规建设的同时，互联网金融行业本身需要做出改变，建立起行业内的统一规范和制度，以此来促进互联网金融的健康蓬勃发展[46]。彭芳春和宋扬在研究中关于金融机构方面提到应该强化内部风险防控，尤其是某些金融产品存在盲目开发并且推广的问题[47]。在借款人行为方面，叶思晖和樊明太研究认为宏观审慎监管措施包括影子银行、价格型与数量型货币政策、最低资本充足率等，并且构建动态随机一般均衡（dynamic stochastic general equilibrium，DSGE）模型进行实证分析，结果表明"货币政策+宽口径的宏观审慎政策"对于防控系统性金融风险、维护金融稳定的作用至关重要[48]。杨祖艳等研究认为国际的合作需要以宏观审慎政策协调为主、货币政策为辅，并且在推进区域间协调的过程中，与金融周期相关度较高的国家应率先推进政策协调，而后再推动与其他各国建立多边协调机制[49]。吴婷婷和项如意研究发现加强宏观审慎监管的重要地位，需要持续性地建立健全系统性金融风险识别与监测机制，并且比较了中国、美国、欧盟、德国四者的监管框架与具体措施，最后提出了中国在强化央行监管职责方面的重要性，并且建议需要健全货币政策和宏观审慎政策"双支柱"调控框架，实现经济增长与金融稳定双重目标[50]。苗文龙和闫娟娟研究探讨出系统性金融风险的测度方法及其风险传染效应，并就监管工具的选择对系统性金融风险的影响进行了全面的分析[51]；何剑等提出要在厘清金融开放步骤与防范系统性金融风险相关性的同时积极疏通内部风险化解的渠道[52]。

由于系统性金融风险存在区域性的特点，对所有区域采取相同的防控措施难以取得良好的防控效果，因此近年来不少学者针对不同区域的经济发展特点建立了不同的综合度量体系，从而因地制宜地制定了相应的防控措施。王营和曹廷求研究了我国区域性金融风险的空间关联，描述了省际的高度相关的区域性金融风险，省级区域是否处于网络中心与其风险密切相关[53]。马天禄等的实证研究对象聚焦湖南省经济金融数据，在借鉴传统国内外金融风险研究成果的基础上，针对湖南省区域经济金融特色，建立符合区域特征的金融风险综合度量指标，实现了对湖南省区域金融风险状况的综合度量，并根据实证结果对湖南省区域金融发展方向提出了政策建议[54]。冶晓东以青海省玉树藏族自治州为例，基于偏远落后地区经济金融运行特性与系统性金融风险防范化解工作实际，客观分析系统性金融风险防范化解工作中存在的问题并有针对性地提出了政策建议[55]。

2.2.4 研究述评

目前，从软科学角度研究金融风险防控问题已经取得较为丰硕的成果，且成为近年来的热门话题。随着系统性金融风险越来越受到重视，国内外学者们对系统性金融风险进行了深入的研究、定性的分析及定量的测度，各方面都进行了大量的探索，更是产出了众多的研究成果。国外学者对系统性金融风险的关注程度较以往有所提高，特别是在风险度量方面，度量模型层出不穷。近几十年来，我国学者也对系统性金融风险进行了深入研究，特别是针对我国的实际情况。他们对系统性金融风险的内涵和度量、预防和控制目标、防控责任分担、预防和控制政策等方面都有系统的研究体系。然而，由于风险的预防和控制远不如国外科学家，国内的研究还不够充分，因此在风险的量化、度量和防范方面，应努力解决我国在识别和防范系统性金融风险上的不足问题。

总体来看，在如下几方面还可以做更多研究：一是多数研究集中在系统性金融风险与相关影响因素的关系上，缺乏从金融创新角度深挖系统性金融风险产生的理论根源及区域差异来源，这不利于把握防控政策的针对性；二是对系统性金融风险防控的责任分配的探讨虽然比较广泛，但往往忽视区域防控任务确定后仍然存在单一区域责任分担的时序选择问题；三是系统性金融风险防控政策的讨论多数偏于不足、困境和出路这一逻辑层面，对政策的复杂性、协同性、多部门性考察不足，特别是针对系统性金融风险防控政策协同性的定量研究亟须加强；四是对系统性金融风险防控的研究往往囿于某一个侧面，基于系统观点的综合集成研究偏少，研究视角相对单一。

2.3 本章小结

本章从系统性金融风险的内涵及风险成因、系统性金融风险防控目标及责任分担以及系统性金融风险防控政策三个方面对国内外研究现状进行了梳理研究。系统性金融风险存在于许多领域，但金融体系比其他经济部门更脆弱。系统性金融风险的原因错综复杂。与一般的个人金融风险相比，系统性金融风险具有许多独有的特征。了解这些特征对于识别系统性金融风险至关重要。我国系统性金融风险因素主要是内生因素，对系统性金融风险的监管更为困难和复杂。国际监管机构的要求和发达国家对金融风险的系统管理对我国金融风险的系统管理具有重要借鉴意义。

第二篇　系统性金融风险：中国特征

第3章　中国系统性金融风险的总体状况与变迁趋势

3.1　引　言

目前，防范系统性金融风险至关重要。那么，系统性金融风险的表现形式都有哪些呢？系统性金融风险的主要来源有哪些？其中的重点领域又有哪些呢？如何进行防范？这些是本章要探讨和解决的问题。

系统性金融风险是一种宏观经济的、全球性的、不可逆转的风险。在此类系统性金融风险发生之前，通常表现为局部危机。因为风险会发生转移，在某些催化条件下，风险会迅速转变为全球危机，并且风险的连锁反应会对GDP、总需求、总投资和就业率等宏观经济指标产生重大影响。

2008年，金融危机爆发并迅速在全球蔓延。这让许多人开始关注系统性金融风险。正是因为此前没有意识到此次危机的导火索——系统性金融风险，人们开始从宏观和系统的角度思考原有监管理念和模式的不足。美国、欧盟及英国分别设立金融稳定监督委员会、欧洲系统性风险委员会、央行金融政策委员会。各国通过相关法律和制度防范系统性金融风险，并提出了宏观审慎监管理念。

2016年以来，中国财政政策的重点转向供给侧结构性改革和系统性金融风险的防范和管理。由于“负债”和“风险防范”的影响，一些实体公司面临财务困难，经常出现信贷损失。与此同时，近年来，金融部门从实体向虚拟的倾向导致系统性金融风险加速积累。房地产泡沫、影子银行、地方政府债券和公司债券等重大问题导致违约事件频发，区域金融风险正在积累和蔓延。

清华大学国家金融研究院和中国社会科学院货币政策与金融稳定研究中心于2021年5月发布的《2021年上半年中国系统性金融风险报告》中也显示，近年来银行的系统性风险指标有着显著的上升趋势，多个估值指标达到创纪录水平。一直以来，商业银行都主导着我国的金融市场体系。商业银行的规模和重要性构成了整个金融体系的大部分。《巴塞尔协议Ⅲ》认为，在预防系统性经济风险方面，应特别注意对具有系统性重要性金融机构的监管[56]。

因此，在一定程度上，商业银行的系统性金融风险成了我国系统性金融风险防控的中心，研究评估商业银行的系统性金融风险已经成为重中之重。

3.2 中国系统性金融风险的总体状况

3.2.1 系统性金融风险的演化机理

因为经济活动存在不确定性，所以融资、使用过程中都会有资本损失的可能。风险包括系统性风险和非系统性风险，非系统性风险可以通过分散化来消除，系统性风险则不可以。

金融领域的系统性风险大多强调“不能消除的风险”，又称为“整体风险”或“全局风险”。一般来说，系统性金融风险具有两个特点：一是不可能将风险分散到整个投资组合中（以非系统性风险为基础）；二是金融体系可能无法持续有效运转（与宏观审慎政策相对应）。

学术界基本认可系统性金融风险是一个宏观概念，具有内生性、突发性、快速传染性的特点，一旦爆发，就会在时间和空间上扩散，进入资产价格损失和流动性枯竭的恶性循环，除了对金融机构、债务、货币等造成直接威胁，还会对实体经济产生影响，造成巨大的间接损失。

在时间维度层面，在经济周期波动中，金融体系与实体经济互相作用并反馈，从而产生风险，主要表现为顺周期性（或亲周期性）。当经济快速增长时，投资和借贷活动变得活跃，并逐渐超出可承受范围，金融体系因此承受过度负债；而当经济环境萎靡时，由于过度负债，金融机构内部资金流动出现问题，资产贬值，引起市场不信任和恐慌心理，进而引发恐慌性资产抛售甚至是过分挤兑，金融机构之间中断业务，风险蔓延，最终导致系统性风险爆发。

在空间维度层面，首先表现为在特定时间点，从一个机构到另一个机构，并且是从不同部门延伸到整个金融体系，包括风险的触发、蔓延和放大机制。在现代金融体系中，混业经营逐渐成为金融机构的主要经营方式，金融机构之间的业务交叉融合，极大地提高了贷款、外汇、债券、股票、房地产等子市场的连通性和关联性，一旦效果显现，在“羊群效应”下，它们很可能产生不合理的一致行为，导致系统的脆弱性增加。

3.2.2　中国系统性金融风险积累的重点领域

2012 年后，伴随着中国经济增长的放缓，调结构的阵痛期来临，与此同时，前期的刺激政策也还在消化中，宏观经济风险和金融风险同处于持续积累阶段。概括来说，以下三大因素的交互作用导致了中国系统性金融风险的积累。

第一，宏观经济变化加速了金融风险的积累。宏观经济与金融安全息息相关。我国经济已进入新常态，经济变为中高速发展，金融体系顺周期性正逐步或加速显现。在经济增长持续减速的背景下，微观企业的资产负债表危机现象呈现扩大趋势，市场需求的减少，以及企业投资回报的下降导致商业银行的企业债务违约风险和银行贷款不良率不断上升。

第二，金融体系内部的风险在逐渐累积。近年来，随着金融混业经营的发展，金融机构的传导性、交叉性和关联性急剧增强，金融体系中风险触发和风险传导的概率也在稳步上升。由于内外部金融风险的相互反馈和相关共振，单一风险点引发系统性风险并蔓延到实体经济的可能性增大。

第三，国际金融体系的影响与冲击。中国和世界之间的联系日趋紧密，中国的金融体系也在不停地汇入国际金融体系中。不可避免地，由于国际金融体系的不合理，中国金融市场也会受影响，目前，中国金融体系正在与全球经济不断深刻互动，某种意义上说，这也增加了中国金融体系承受外部冲击的可能性。

基于以上分析，中国系统性金融风险防控要紧紧围绕以下三个主要领域展开。从宏观经济领域来说，主要有房地产泡沫、地方债务危机、非金融企业高杠杆风险；从金融体系内部来说，主要有银行流动性危机、影子银行风险；从外部风险溢出及内外风险共振来看，主要有短期资本流动及人民币贬值风险、金融市场的国内外交叉传染。

1. 宏观经济领域

在宏观经济领域，房地产、地方债务两个领域系统性金融风险发生因素正在不断累积。尤其是随着经济进入新常态及供给侧结构性改革的深入推进，非金融机构高杠杆风险逐渐累积，成为诱发系统性金融风险的重要因素。

1）房地产泡沫

由于存在金融风险、金融问题频发及土地监管问题，我国房地产市场逐渐成为一个复杂的系统，一些地区出现了房地产泡沫。假若泡沫出现破裂，就代表支付问题会因为房价崩盘而出现，就会爆发一系列的系统性风险，对于整个金融市场也会造成危险。

央行统计显示，2022 年末，我国人民币房地产贷款余额 53.16 万亿元，同比增长 1.5%，比上年末增速低 6.5 个百分点①。尽管在房地产市场中，贷款占据份额并不大，但是在房地产行业对于融资的需求方面，影子银行体系采取了金融创新，这一措施满足了一定的融资需求。目前，房地产业已经是一个跨领域的经济、金融与环境生态系统，与商业银行、信托公司、证券公司、保险公司和市政当局等交织在一起。

从事实依据来看，大约 70%的贷款实际上与房地产和土地价格挂钩，甚至更高。当房地产市场涌入大量资本时，房产价格通常会呈现非理性的上升趋势，这样就会扩张房地产泡沫，系统性金融风险发生概率就会增加。国际货币基金组织 2018 年公布的《全球金融稳定报告》就曾预测，如果房价下跌 10%~15%，相应地，房地产投资和消费将导致 GDP 增长下降约 0.9%。如果房地产价格大幅下跌，将会传递出这样一个信号：大量银行贷款面临贬值风险，不良贷款可能增加，银行资产负债表随之恶化。这不仅会对实体经济发展产生负面影响，甚至还有可能引发国家系统性金融危机。

即使通过政策手段不断稳定房价，房地产产业的巨大“虹吸效应”也会对实体经济造成损害。产业资本不断分离，以多种方式进入房地产市场。与此同时，高水平的住房贷款导致中国居民负债率上升，导致其他行业消费疲软。例如，消费下降就会导致汽车市场降温。

2）地方债务危机

随着国内房地产企业债务违约事件的增多，引发系统性金融风险的可能性也不断增加，地方政府将目光聚焦到了金融市场，政府担保、债务置换等多重因素或将导致形成地方政府性债务危机，并有可能直接引发系统性金融风险。

根据财政部的统计，截至 2022 年底，我国地方政府债务余额为 350 618 亿元，其中，一般债务 143 896 亿元，专项债务 206 722 亿元②。加上 25.6 万亿元中央政府国债，我国政府债务余额合计超 60 万亿元。自 2017 年以来，地方政府债务余额以年均 16.3% 的速度快速增长，远高于同期名义经济增速的 7.8%③，导致负债率攀升、债务风险不断累积，总体呈现总量大、增速快、付息激增、期限拉长四大特征。随着债务水平上升，政府承担了更多的债务，这既增加了政府压力，又可能会削弱主权信用。信贷风险持续增加、融资成本持续上升，这都使政府压力倍增，进而可能引发政府持续负债的问题。具体表现在如下几个方面。

第一，由于地方政府存在变相的财政承诺和担保行为，系统性金融风险存在爆发的潜在可能。地方政府为企业担保的项目中，绝大部分是地方政府自身期望建设却未获得相应资金支持的项目。地方政府通过提供口头担保或出具书面承诺

---

① 资料来源：https://www.gov.cn/xinwen/2023-02/03/content_5739947.htm。

② 财政部官网. https://yss.mof.gov.cn/zhuantilanmu/dfzgl/sjtj/。

③ 资料来源：邓海清. 多渠道化解地方政府压力. 证券日报，2023-06-28。

给予公司，以此实现融资目的。为了取得政治成果，一些地方官员有时不会认真考虑债务偿还问题，如果出现债务问题，作为担保人，地方政府必须偿还债务，从而导致财务风险。

第二，较大规模债务置换可能引发系统性金融风险。从本质上看，债务置换仅是地方债务到期结构的一种变化，它并不能从根本上解决系统性问题，不能很好地解决地方政府债务的财政负担和潜在的债务风险问题。尽管目前中国地方政府债务风险总体安全可控，但受经济下行、财政收入下滑、举债规模增加、偿债进入高峰期等因素的影响，一些市县偿债能力较弱，债务风险仍然非常高。地方政府债务风险又主要集中于政府隐性债务。政府隐性债务是指地方政府在法定政府债务限额之外，通过直接举债、承诺以财政资金偿还或者以不合规担保等方式所形成的债务。因此，国内的金融机构和部门要全面统筹金融支持地方债务的风险化解工作，强化债务风险的监测、评估与防控，推动重点地区的风险处置，坚守不发生系统性风险底线。

第三，政府和社会资本合作（PPP）项目引发系统性金融风险。随着债务杠杆为支柱的经济发展模式疲态尽显，中央和地方政府显然需要盘活民间资本这一尚处于“场外状态”的社会资本。2013 年，随着多重政策的相继出台，PPP 模式走到台前。本质上来看，通过 PPP 模式，政府（尤其是地方政府）可以出让特许经营权的方式让民间资本进入政府基建等领域，而债务人则由政府或相关企业变为特殊目的实体（special purpose vehicle，SPV），在这一进一出之间达到减轻政府财政压力的目的。然而，由于 PPP 项目的建设和运营期较长，一般都在 10 年以上，在这个过程中存在四个问题。

一是部分 PPP 项目或多或少存在“造血功能障碍”。市政工程、大型基建项目本身就存在低毛利、长周期的弊端，且中国在此前的 20 年已经历过两轮的大规模基础设施建设及土地开发，目前项目的潜在盈利能力可想而知。

二是 PPP 模式并没有改变地方政府税源不足、财政乏力这一根本问题。PPP 项目自 2013 年开始实施后，相关企业一年期以上的应收账款无论是金额还是占比都出现大幅积累。

三是地方政府在与民营企业签订 SPV 协议时往往占据较大优势，而其受让的特许经营权又缺乏实质性的价值评估标准，进而导致民营企业需要承担特许经营权“资不抵债”或者“资不抵股”的风险。

四是国有企业往往能够获得较低的融资成本和较大的融资规模，进而以大幅提高杠杆比例的方式提高整体项目的收益。有业绩考核压力的一些地方政府和部分严控坏账率的商业银行会倾向于跟具有国资背景的大中型企业合作。相对而言，部分融资能力偏弱、信用风险稍大的民营企业进入 PPP 的门槛则被相对提高。

2017 年 11 月，财政部发布了《关于规范政府和社会资本合作（PPP）综合信息平台项目库管理的通知》，随着近几年来中央加大力度清库存，PPP 行业内部埋藏的一些隐患很可能提前“引爆”。一旦社会融资成本大幅抬升，大部分 PPP 项目会出现支付危机，进而会导致整个金融业动荡，引发系统性金融风险。

3）非金融企业高杠杆风险

对外贸易环境的变化增加了非金融企业未来的不确定性，降低了企业利润，增加了库存，并带来了产能过剩，导致企业债务与 GDP 的比率上升，预算弱化，目前固定资产投资甚至是未来的经济增长的最大隐患就来自这些变化。

我国金融市场结构中的直接融资比重偏低，目前还是以间接融资为主，直接融资发展相对落后，导致在相同的融资规模下，企业的杠杆率更高。同时地方政府出于地方经济和社会稳定的需要，不断地给产能过剩企业输血，使没有生产效率的僵尸企业无法在市场中被淘汰，信贷效率低，信贷资源错配严重，增加了系统性金融风险的可能性。

第一，我国企业杠杆率持续提高。自 2001 年以来，我国 GDP 保持稳定增长，M2（广义货币）的增长幅度更大。2001 年，M2 为 15.8 万亿元，M2 与 GDP 之比为 1.43，而 2016 年我国 M2 高达 155.01 万亿元，M2 与 GDP 之比上升为 2.08，截至 2022 年底，我国的宏观杠杆率由 2021 年末的 262.8%升至 273.2%，上升了 10.4 个百分点，超过了 2020 年末的水平。可见我国目前总体宏观杠杆率较高，已经接近发达经济体水平[①]。

2017 年，中国的非金融部门总杠杆率为 255.9%，2010 年为 177.8%，2008 年为 141.3%，增长非常迅速[②]。虽然 2022 年宏观杠杆率不断攀升，但从杠杆率结构上看，2022 年非金融企业部门的杠杆率上升幅度最大，从 2021 年末的 154.1%上升至 160.9%，上升了 6.8 个百分点；其次是政府部门，上升了 3.6 个百分点；而居民部门则基本没有发生变化[③]。从各个部门来看，宏观杠杆整体水平的快速增长主要与非金融企业有关。与其他经济体相比，我国整体宏观杠杆率和分部类的杠杆率都处于较高水平，若进一步增加举债，将面临杠杆率继续抬升的风险，这些不确定性会增加政策成本。因此，在不触发系统性金融风险的前提下，对于仍在占用金融资源的“僵尸债务”，要坚定地坚持市场出清原则，按照金融机构的商业可持续和服务实体的原则改善融资效率。

第二，国有企业的高杠杆效应急需解决。自 2007 年以来，国有企业的杠杆率增加，私营企业负债减少。国有企业成为非金融企业部门的主要举债者。因此，想要解决财政问题，化解相关风险，目前的关键就是实现国有企业去杠杆化。

---

① 资料来源：笔者根据国家统计局的历年统计数据计算得出。

② 资料来源：熊湘怡. 防范我国系统性金融风险的重点领域及主要路径研究. https://www.lwinst.com/Liems/web/getViewpointDetail.htm?pointNo=1513341029070143488，2022-04-11。

③ 资料来源：第一财经. https://baijiahao.baidu.com/s?id=1757713262114347426&wfr=spider&for=pc。

2020 年新冠疫情后，国内企业部门的杠杆率阶段性上升至 161.7%，2021 年有序恢复至 153.7%，基本稳定下来[①]。

总的来说，当前国内经济运行的主要矛盾是国内需求不足，产能过剩的矛盾也较突出，因此，在扩内需的过程中必然存在一定程度上的内部结构性对冲，即去产能要求削减无效的投资需求。为此，在制定增速目标与实现预期目标时，要充分考虑扩内需和去产能的叠加影响，逐步使宏微观经济风险降到历史平均水平。

2. 金融体系内部风险

金融体系内部存在的系统性金融风险隐患有两方面：一是银行系统面临的资产风险及流动性危机，二是影子银行风险。

1）银行系统面临的资产风险及流动性危机

根据新的经济态势，银行面临的问题包括不良贷款增加和产能过剩行业的信贷风险敞口。银行信贷风险持续增加，远期利差管理困难，资产和负债对账困难，这些风险导致银行资产流动性管理困难，给银行系统甚至是整个银行间市场带来流动性风险，具体表现为以下两个方面。

第一，银行的资本风险。房地产泡沫、地方政府债务和企业高杠杆最终反映在银行的资本风险上。首先，不良贷款比例增加。随着债务削减、产能削减和存量削减步伐的加快，纠正过去的非常规和创新融资意味着需要释放和披露一些风险。一些公司破产及非法集资者曝光，银行表外业务形成的银行不良债务不断增加。近年来，银行贷款质量恶化，减值资产比率上升。根据银保监会网站公布的数据，2022 年末，银行业金融机构不良贷款余额 3.8 万亿元，较年初增加 1 699 亿元，不良贷款率（non-performing loan ratio，NPL Ratio）为 1.71%。商业银行逾期 90 天以上贷款与不良贷款的比例为 78%，保持较低水平。2022 年，银行业金融机构累计处置不良资产 3.1 万亿元，其中不良贷款处置 2.7 万亿元。这似乎并不高，但截至 2022 年末，本外币工业中长期贷款余额 17.06 万亿元，同比增长 26.5%，增速比各项贷款高出 16.1%。这些贷款很有可能转化为不良贷款，总额超过 5 万亿元，规模上属于较大的程度[②]。

第二，流动性风险。在我国，流动性风险主要集中在银行间市场。银行发生系统性风险的典型例子是其没有能力满足存款者由恐慌引起的取款需求而导致破产，进而传染并引发其他银行破产。这种多米诺效应的发生是因为银行间经常通过银行清算系统互相拆借资金，当大量存款者企图将存款转换为现金时，银行因为无法应对存款者的需求而产生违约，出现流动性危机并最终宣告破产。

---

① 央行：企业部门杠杆率保持基本稳定，2021 年有序恢复至 153.7%. https://baijiahao.baidu.com/s?id=1726731111843886992&wfr=spider&for=pc，2022-03-08。

② 资料来源：中国银行保险监督管理委员会统计数据。

近年来，由于审慎分权、金融机构之间的跨界合作，银行间市场严重依赖流动性。由于不断增长的银行信用风险，难以管理到期日差异和资产负债平衡，银行业的流动性管理上存在很大的困难，并对银行系统和整个银行间市场构成流动性风险。

2）影子银行风险

影子银行是指游离于银行监管体系之外的，可能引发系统性金融风险和监管套利等问题的信用中介体系。由于影子银行游离于金融监管之外，其风险更加隐蔽，金融机构间的交叉传染更强，它也是2008年金融危机的罪魁祸首之一。

我国影子银行不同于国外影子银行，我国的影子银行比较复杂，并且存在的风险较大，因为在国内商业银行和影子银行间的关系比较紧密，影子银行往往开展的是商业银行的影子活动，从而形成了非常规的表外信贷体系。其中，信托是我国影子银行风险的一大来源。我国影子银行逐渐暴露出多方面的风险。

第一，风险的不可预测性，这是规模的迅速扩大和信息的不明确导致的。中国的影子银行体系实质上还处于初级阶段，不同于美国这种已经拥有发达影子银行体系的国家，但中国的影子银行体系发展非常迅速。与此同时，不一致的统计规则和不对称的数据使得难以在准确的尺度上获得准确一致的数据。任泽平在《中国影子银行报告：银行的影子和监管博弈》中指出，中国的影子银行发展非常迅速，2010年前，我国的影子银行规模不到8万亿元，但2010年后，就踏上了高速发展的道路，到2016年底，就已经有近96万亿元的广义影子银行规模，相当于2016年GDP的1.28倍。由于影子银行的背景难以确定，并且增长速度又如此之快，很难评估风险或采取有针对性的预防和监督措施。随着近年来监管的趋严，国内影子银行的规模有所下降。2017年后，影子银行的规模持续走低，到2021年，广义的影子银行规模下降到57万亿元，风险得到了很好的控制。

第二，部门之间的风险转移和部门与金融监管分离。影子银行和正规金融系统的活动联系紧密，不仅包括资金来源，还包括业务，涉及银行、证券、保险等许多部门。在目前独立活动和监管的情况下，任何监管机构都无法对其进行全面监管。如果没有有效的防火墙，部门和市场之间的风险会发生转移。例如，在影子银行系统中，银行的表外活动占据重要部分。当出现问题时，风险会扩散到银行的资产负债表中，公司账户会受其影响，个人储户也是，从而会引发一系列反应，金融市场的子市场也会受到传染，造成系统性金融风险。

第三，数据失真导致的欺骗性宏观监管政策。大多数影子银行不受监管，也无法达到与商业银行相同的资本水平，大量影子银行在运营中使用杠杆，导致负债过高。

针对以上弊端，近年来，金融监管部门将影子银行乱象整治作为银行业市场乱象整治的重要内容。到 2021 年，广义的影子银行规模下降到 57 万亿元[①]。穆迪发布的 2022 年四季度《中国影子银行监测报告》显示，截至 2022 年末，中国影子银行规模持续收缩，占名义 GDP 比重降至 41.6%，为 2013 年以来的最低水平，影子银行风险基本得到控制[②]。

3. 外部风险溢出及内外风险共振

1）短期资本流动及人民币贬值可能引发风险

高收益高风险的投资领域往往受到短期资本的青睐。如果没有有效的监管，股票、房地产及其他部门就会有许多短期国际资本涌入，这样就会增大资产泡沫，当利润被大规模消除时，不仅人民币贬值带来的压力会变大，并且还会带来经济衰退，增加银行不良贷款，对股市、外汇市场等产生影响，并导致整个金融市场的动荡。

在 2014~2016 年，美国处于相对强势的状态，而人民币处于相对弱势的情况，在中国国内保持经济基本面不变且没有显著推进经济体制改革的情况下，中国长期资本流动的形势发生逆转，国外的发达经济体已放慢了直接投资的步伐，对于某些经济体来说，更是产生了长期资本回报模型。随着金融市场发展的加剧，资本外流可能成为中国产生系统性金融风险的重要因素。

此外，人民币汇率存在许多不确定性。2017 年底，美国进行了税收改革，公司税从 35%降至 21%，走向了相对稳定的经济复苏，政府降低了税收，而这也使美联储加快了加息步伐。自 2022 年 3 月，为应对高通胀，美联储开启了本轮加息周期，截至 2023 年 7 月底美联储已 11 次加息，累计加息幅度达 525 个基点[③]。这对人民币汇率的稳定造成了极大的冲击。如果中国的汇率制度不够灵活，面临着巨大的资本外流压力，央行就会采取措施干预外汇市场，那么就会给外汇储备带来安全性上的压力，也会陷入恶性循环中，给中国的经济体系与制度带来很大的不确定性。

2）加剧金融市场的国内外交叉传染

在当今金融市场全球化的背景下，中国经济面临的最大风险有时不仅来自国内市场，还来自国际市场上发生的众多“黑天鹅”事件。在开放条件下，全球经济复苏的速度、国际大宗商品价格的涨跌、各种国际争端及其他大国的货币政策影响着中国的金融市场。

---

① 资料来源：澎湃新闻. 穆迪：2021 年末中国广义影子银行资产降至 57 万亿元. https://baijiahao.baidu.com/s?id=1729994037429003558&wfr=spider&for=pc。

② 资料来源：21 世纪经济报道. 中国影子银行规模持续收缩：理财呈可持续发展态势，信托业开辟新增长点. https://baijiahao.baidu.com/s?id=1764417593806282920&wfr=spider&for=pc。

③ 资料来源：经济参考报. 经济不确定性上升 美联储称将谨慎对待加息. http://www.jjckb.cn/2023-10/12/c_1310745031.htm。

3.2.3 当前易触发系统性金融风险的领域

1. 地方债隐性风险突出，防范其向金融机构传染

地方债作为地方财政的有力补充，支持了地方政府的重要基础设施建设。与此同时，在金融系统中必须重视地方政府的隐性债务，这是因为地方债务会有违规担保、变相举债的问题。随着近几年 PPP 这一地方政府项目融资方式的成熟，地方债的存在形式逐渐多样化、合规化和透明化。2022 年 7 月开始，中央对地方债务去杠杆的节奏出现边际放松的现象，地方债又出现了一轮新的变化。

1）"以新还旧"在地方债治理中并不鲜见

2014 年，置换债券登上舞台，同年《国务院关于加强地方政府性债务管理的意见》发布，文件中明确规定对甄别后纳入预算管理的地方政府存量债务，各地区可申请发行地方政府债券置换。从 2015 年到 2017 年，凭借置换债券，我国偿还了 10.9 万亿元的政府债务。

2）地方债风险隐忧不容忽视，易引发区域性金融风险

在我国地方债中，有一部分债务是地方隐性债务。地方政府在工程建设中购买服务，一旦有资金紧张、违约风险高企、政府财政收入锐减等事件发生，地方政府隐性债务风险就可能爆发，这不仅会导致区域性金融风险有扩大的趋势，还可能进一步引发系统性金融风险。地方债务问题一旦爆发，连带银行业为主导的整个金融系统的风险串联不容忽视。

企业债券市场也存在问题。企业债屡屡违约，并且在当前流动性较弱的金融市场中，可能会对地方政府债券的发行产生间接影响。尤其是受企业债违约事件的影响，城投债已有违约事件暴露。城投债与地方债息息相关，也使得地方债在一定程度上会受整体流动性影响，违约风险一旦打开一个口子，背后很可能对应的是地方政府破产，甚至是区域金融风险向系统性金融风险的演化。

2. 经济转型期叠加金融监管加码，银行业风险进一步暴露

银行业转型发展的当下，风险隐忧亦不可忽视。由于中国仍处于银行业占主导的间接融资体系，银行业风险向系统性金融风险转移的界限很模糊。因此，想要阻止系统性金融风险的发生，首先要清晰分析银行业风险及其向系统性风险扩散的可能。

目前，银行业风险大概有三方面：调控背景下的房地产下行带来的银行业系统性风险；政策高压下的影子银行风险转移；高杠杆状态下地方政府的隐性债务风险。

第一，中国商业银行的资产负债表，跟中国房地产市场密切绑定。保守估计，中国商业银行贷款的 40%都流向房产或土地，在国家实施了一系列的调控政策之后，投资于房地产的资产增速有了回调的趋势，房地产价格在一线城市也有了较

明显的回落，二线城市的房地产价格的涨幅也有所下降。可以预测的是银行业未来的不良贷款率会有走高的趋势，如果调控措施使房价下降过快，我国的银行体系很有可能会爆发系统性金融风险。

第二，多年积累的影子银行风险有向新方向扩散的趋势。从 2017 年开始，影子银行在经历了近五年的蓬勃发展之后，于 2021 年开始迎来严格监管。监管政策抑制了银行为募集基金使用同业业务及委托外部资产管理机构投资标准化产品的做法。但是多年积累的影子银行风险有向新方向扩散的趋势。在同业业务发展火爆时期，中小银行提高杠杆率、下沉信用资质，这种业务模式在流动性紧缩时会带来资金大面积违约、资产管理赎回和金融市场波动等影响。特别是从 2020 年开始，对于资产负债率的监管加严，金融去杠杆成趋势，中小银行的生存压力越来越大，并且已经出现了一些资产管理违约事件。如果资金面持续紧张，中小银行无有效应对之策的话，这波金融违约潮可能会更加严重，甚至波及整个金融业。

第三，中国银行业与地方债之间的关联度一直很高。即便是近两年地方政府依靠 PPP 项目开发出新的债务，但是其主要资金来源依旧是银行业。实质上，银行贷款在 PPP 项目中的实际占比超过 90%，这是因为即使表面上看来，PPP 项目中银行贷款的占比是 84%，剩余的 16%为资本金，但是资本金中只有不到 5%的地方政府出资，剩余的地方资产投资基金中，银行的资金要占三分之二。如果 PPP 项目出现债务违约，叠加国内银行实施信用收缩，就可能会引发系统性金融风险。

3. 网络借贷市场爆雷不断，避免市场退出无序化波及金融稳定

目前，网贷行业经过一系列的爆雷、挤兑及一批平台主动或被动退出等风波之后，行业风险在一段时间内集中爆发，宜予以高度重视，谨防系统性金融风险。尽管采取多项措施来应对，但因缺乏备案制落地、机构黑白名单等措施，尚难有效阻止风险进一步扩大。

1）风险事件爆发较多，影响了民众对金融稳定的信心

据网贷之家联合盈灿咨询发布的《P2P 网贷行业 2021 年 8 月月报》，从 2021 年 6 月至 8 月 10 日全国共发生 20 多起网贷维权事件，平均 3 天发生一起。甚至有些借款人趁机恶意逾期，加速了网贷行业风险的爆发，在一定程度上造成了由小范围挤兑扩大为“踩踏事件”，这极易造成多层次、系列化的维稳风险。

2）“池鱼效应”波及银行等金融机构，或酿金融系统风险且规模难测

一方面，一批开设网贷资金存管业务的银行尤其是中小银行，在网贷平台倒闭后将大概率被维权者围堵，严重影响其正常运营和声誉。另一方面，网贷平台在资产端和资金端上大量接入银行、资产管理公司、信托公司、黄金交易所等机构，且不说资产管理等机构自身的合规风险，单就银行业风险也存在深化、扩大趋势。因此，平台倒闭风波将快速波及自身资产质量较差的银行，加速金融系统风险的累积和暴露，加剧“稳金融”政策的实施难度。

3）部分小微、实体资金或断流，深层次影响我国经济基本面

网贷发展的背景是传统金融机构难以覆盖小微、实体的融资需求，致使个人的借款模式快速普及，一定程度上代表了我国最先进的金融需求和供给。但随着网贷行业贷款余额大幅下降，网贷平台一旦进入一个大密集退出的状态，这些机构对中小微企业的资金支持会直接断流，会影响一部分中小微企业的融资需求。在经济下行压力加大的现阶段，网贷平台的集中退出，对实体经济的“抽血”效应亦不容小觑。

4. 金融科技技术风险的系统性传播和难监管不容忽视

近年来，金融领域中深入运用云计算、大数据、人工智能、区块链等现代网络信息技术，催生出新产品、新特征、新业态、新模式等各类金融科技创新。金融科技不断发展的同时，金融和科技的边界逐渐模糊。

金融科技对数据处理能力的提升具有规模效应和范围效应，同时使各金融机构的相关性变得越来越紧密。这也使得技术风险对金融稳定的影响越来越大，业务处理系统等技术因素的不稳定不安全可能导致交易关闭、客户资金受损、核心数据泄露等。同时，金融科技的发展使得金融产品更加复杂，对金融监管的技术挑战也越来越大。

1）缺乏专业风险防控人员

技术发展提高金融服务效率和风险防控手段的同时，也增强了金融风险在金融体系中的传染性，尤其是科技公司通过技术手段进入金融领域，行业规模迅速扩大，专业风险防控人员形成较大缺口，大部分机构缺乏专业的风险防控人员。因此，金融科技行业很有可能再次出现网络借贷行业的风险事件。由于金融科技使得金融与非金融的边界变得模糊，金融风险的传播机制、途径更加复杂隐蔽，风险转移传导的方式变多，风险共振放大的可能性变大，对风险缓释和化解提出了更高要求。

2）事前干预和事中监管难度增大

金融科技对数据处理能力的提升使得金融业务处理速度越来越快，监管的及时性受到极大挑战，而按照现行针对持牌金融机构的非现场监管模式，很难在苗头性风险暴露前及时开展有效的事前干预和事中监管。同时，监管技术的相对落后，使得金融科技的监管难度也较以往金融业有很大的提高。这种跨行业、跨部门的金融创新监管不到位，更容易隐藏金融风险，放大金融风险。

3）新旧风险要素叠加

随着大数据、人工智能、区块链等技术的发展，不法分子利用新兴技术从事金融犯罪活动越来越多，风险也越来越难辨识，导致新的风险要素和传统的金融、法律风险叠加，使得风险的传播速度更快、涉众性更强、犯罪危害更大。

3.3　中国系统性金融风险总体水平的测度

3.3.1　系统性金融风险总体水平测度模型

通过对现有文献的梳理，本节总结了系统性金融风险总体水平测度的四种方法和模型，具体如下。

1. 指标法

1）综合指数法

通过建立子系统指标来全面衡量当前金融系统风险状况的方法主要包括两个步骤：一是选择对系统性金融风险有显著影响的指标；二是运用统计方法综合指标，得出能够反映系统性金融风险总体状况的指标。从预警应用的角度来看，综合指数法设置了阈值，根据历史数据来确定风险等级。当指数高于阈值或达到高风险水平时，可能会发出警告。

2008 年全球金融危机爆发，这一现象表明，金融危机是复杂的，金融风险具有强传染性。建立系统风险度量预警指标体系时，应该将金融的复杂性和金融风险的传染性纳入考虑。王春丽和胡玲使用马尔科夫区制转移模型来模拟国际金融危机的蔓延。模拟结果表明，中国的金融风险主要来源于应对危机时过度宽松的货币政策、股票市场及其监管体系的不完善[57]。

综上所述，在综合指数法的早期阶段，该子系统的指标主要用于宏观、微观和市场层面，而银行业是中国金融体系风险的核心，这些信息的来源主要是银行业。研究人员随后逐步将金融市场数据引入综合指数法，完善了系统性金融风险度量和预警指标体系。由于传统的综合指数法不能反映金融机构的风险扩散效应，近年来预警系统通过使用金融机构的风险扩散指数来解决这一问题。

2）早期预警法

就国内而言，对于早期预警法的研究比较缺乏，主要还是建立在国外的模型之上。唐旭和张伟对金融比率法、信号传导值法及最近邻学习法都进行了详细的比对，并分析了这几种方法的优缺点，并从货币危机、银行危机及股市危机的角度出发，基于本国国情，建立了中国金融系统性风险指标体系[58]。徐道宣和石璋铭修正了 KLR（Kaminsky、Lizondo、Reinhart）模型，可用于中国金融风险预警系统研究[59]，文中基于郑振龙[60]和刘志强[61]的研究选择了预警指标，并根据我国的国情做了适当修正。

如上所述，早期预警法主要适用于国外的经济体系，在中国的适用性不高，这是由预警法的要求决定的。早期预警法针对的是有过金融危机经历的目标经济体，准确定义了系统性金融风险的预警时间。但是中国并没有金融危机的历史，所以在中国使用早期预警法就受到了严重的限制。尽管中国的一些学者，如张元萍和孙刚[62]、陈守东等[63]、安辉等[64]试图通过设定经济指标的阈值来定义早期预警事件，然而，这也只能是纸上谈兵，如果财务信息超过设定的阈值，真的会发生金融危机吗？学术界也尚未有定论。

早期预警法需要选择因变量，这个因变量反映金融危机，除了这一因变量，还要选择一个与这一因变量有一定相关性的因变量。通过创建一个适当的方程式来预测危机的发生。当金融危机的因变量发生变化时，可以通过方程来预测因这一变化而导致的风险变化。早期预警法的诞生是在 1977 年墨西哥爆发金融危机之后，比尔森（J. Bilson）是第一位引入预警方法和理论的科学家。他提出，将预警方法和理论应用于宏观经济风险管理的理论基础应该是使用基础货币、名义货币和国际储备。后续有学者研究发现，当国内信贷增长、经济系统不稳定、汇率高估和国际储备不足时，金融危机具有爆发的可能性。目前，KLR 信号分析方法已经是最常用的预警模型之一。

2. 网络模型法

矩阵法和网络分析法是网络模型法中比较典型的方法，使用这两种方法，可以对单个银行网络中的累计风险进行测量，从而判断当前的金融危机情况。

通过网络分析法和神经网络仿真方法的结合，可以根据不同类型的银行和网络识别系统性金融风险。使用网络分析法，监管者可以克服现存问题，能够检测多轮外溢效应，这一方法可以用来衡量系统性金融风险及其相关性，但是也有一定的缺点。国内外大多数学者都采用网络模型法来分析金融机构之间的风险转移及金融机构对系统性金融风险的贡献，只有少数科学家用它来衡量金融系统的系统性风险。

3. VaR 及其变形和发展

1）VaR

VaR 是市场保持正常运行下，在一定的置信水平上，单个头寸或投资组合承受的最大损失。VaR 主要应用于评估金融风险，包括资产风险、利率风险及汇率风险。风险度量常常使用 VaR 方法，它具有易用性、可扩展性及标准化性。

学术界对 VaR 方法进行了自上而下和自下而上的改进，前者能够识别常见风险，后者不需要识别，而是直接从完整的数据开始为不同的活动编制控制方程和相关性，以测量总体风险。条件在险价值法（CoVaR）和风险共测度法（Co-Measure of Risk，CoRisk）是前者，预期损失法（expected shortfall，ES）及其拓展方法则是后者，具体关系如图 3.1 所示。

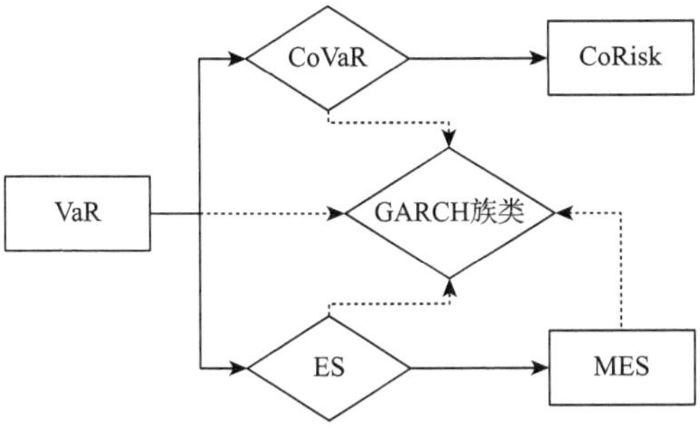

图 3.1　VaR 方法的修正与演变

2）CoVaR 和 CoRisk

Adrian 和 Brunnermeier 提出了条件风险值（CoVaR）[65]。他们提出这一定义时，引起了许多关注。CoVaR 的主要运用情境是衡量风险大、危机高的情况下的投资组合损失。Girardi 和 Tolga-Ergün 对 CoVaR 进行了多项改进，改变正常基准、重新定义财务困难。风险共测度法（CoRisk）是 CoVaR 的一大应用，它通过使用机构间 CDS（credit default swap，信用违约互换）数据，不仅可以衡量机构间关联造成的信用风险，还可以衡量风险的相互作用程度[66]。

在中国，最重要的系统风险度量方法是 CoVaR。李志辉和樊莉利用该方法对中国商业银行和国有商业银行的系统性金融风险进行了度量，并对 CoVaR 和 VaR 进行了比较分析[67]。结果如下：首先，国有商业银行更容易反复爆发系统性金融风险；其次，传统的 CoVaR 与 VaR 之间并没有相关性；最后，使用 VaR 的微观审慎监管防范系统性金融风险的效果并不优秀。

CoVaR 并不完善，主要有两个缺点：第一，单个金融机构风险溢出相加起来的和并不能够视作整个金融体系的系统性风险；第二，该方法很可能导致尾部风险度量不准确，因为是基于高频数据的。

3）ES 及其发展

Artzner 提出了 ES，该方法是对 VaR 方法的进一步改进，改进之处在于当损失超过估计值时，VaR 无效；同时，ES 可以清楚地提供 VaR 无法计量的条件预期[68]。因此，许多研究人员认为，ES 比 VaR 具有更好的理论优势。使用 ES 方法，风险计量的准确性更高，更具参考价值。Adrian 等（2016）提出 MES 方法可以用于测量金融机构系统性金融风险，其优势在于能够捕捉到金融市场中的系统性风险，即金融机构在金融市场中出现损失时的边际反应。它能够提供更全面的风险度量，以帮助金融机构更好地理解和管理其系统性风险[69]。

换言之，当预期市场回报减少时，单个金融机构的预期损失反映了金融机构对系统性风险的影响。由于市场经济头寸只衡量机构单位资产的系统性风险份额，不考虑在衡量范围内增加规模因素，因此很难真正考虑单个金融机构的整体金融风险份额。

在中国，许多研究人员使用 ES 方法来衡量系统性金融风险。代表性研究人员有史道济和孙炳堃[70]、陈守东等[71]。

在国内还有一些研究人员使用计算机方法来测量系统性金融风险。第一种是基于极值分布理论，第二种是基于金融网络分析。极值分布理论评估了一系列经济尾部收益，并衡量了不良事件发生时的风险状况。例如，Lehar 提出了连续清算程序的模型。该方法假设单一机制的预期损失是极值的广义分布，通过推测当前预期损失来计算系统性金融风险[72]。金融网络分析法可以通过分析金融机构之间的关联程度、关联强度和关联结构等指标来评估系统性金融风险的程度。

4. 相关违约法

1）CCA

CCA（典型相关分析）法是一种研究两个变量集合之间的相关关系的统计研究方法。该方法可以帮助我们理解和解释两个变量集合之间的联合变化模式，并找到最相关的线性组合。

在金融领域，CCA 可用于研究不同金融市场之间的相关性以及它们对宏观经济因素的响应。目前，CCA 应用范围不仅是微观，还包括宏观，并且可以用于计算宏观系统风险。Gray 等认为，整个金融系统可以看作是每一个机构相结合而成的[73]。

2）JPoD

联合违约概率法（JPoD）是一种用于评估金融系统中多个金融机构同时违约的概率的方法。它基于金融机构之间的关联关系和风险传播路径，通过计算这些机构同时违约的概率来评估系统性金融风险的程度。JPoD 的核心思想是将金融机构的违约风险视为一个联合事件，并通过计算这个联合事件的概率来评估系统性金融风险。该方法需要考虑不同金融机构之间的相互依赖关系和关联程度，以及它们的资本充足程度、风险承受能力等因素。通过建立金融网络模型，研究人员可以分析不同机构之间的违约传播路径，并计算出同时违约的概率。

为进行 JPoD 分析，研究人员需要收集金融机构的相关数据，如违约概率、相关系数、资本充足率等，并进行统计分析和计算。他们可以使用不同的模型和方法，如蒙特卡罗模拟、条件概率模型等，来计算联合违约概率。通过这种方法，研究人员可以量化金融机构同时违约的风险，并提供对系统性金融风险的评估和预测。因此，JPoD 比传统的风险模型更具优势，不仅可以表示出机构间的线性和非线性危机相关性，还可以列出相应的动态走势。

3.3.2　测度指标体系的构建

1. 测度维度的确定

现有文献中关于系统性金融风险测度指标体系的研究较为丰富，有的是从金融体系某个领域选取指标，有的是选取几个代表性指标来评价金融体系的压力，但均未能对金融体系风险进行系统的测度和刻画。基于此，本书将从多个维度全面构建系统性金融风险测度指标体系。首先从资金市场和资本市场的角度选取货币市场、债券市场及股票市场维度。由于保险业是金融业中的重要构成，将保险市场维度纳入评价指标体系。此外，考虑到我国金融的对外开放性，将外汇市场维度纳入评价指标体系。

房地产业与金融业密切相关，对一个国家的金融体系具有重要影响。房地产的发展壮大离不开金融体系的支持，在融资方面更是严重依赖于金融体系。鉴于其特殊性，也将房地产市场维度纳入指标体系。金融机构是金融体系的载体。金融机构能否融资成功取决于其所具有的实力，金融机构维度也是评价指标体系的一部分。因为金融体系是整体关联的，具有相互依存关系，所以，必须要将系统关联维度作为衡量系统性金融风险的测度维度之一。

2. 测度指标确定

现有文献中的风险测度很多都是直接选取原始指标作为风险水平级压力的测度指标，如直接选取人民币汇率、M2 增长率、外汇储备作为测度指标。这样的指标选取存在一定的问题，难以反映金融体系面临的压力形势。本书借鉴清华大学国家金融研究院金融发展与研究中心课题组马骏[74]的研究，根据相对化处理原则，把原始数据作为初始值跟前一年时间段内的最值相除，这样就可以得到相对值。使用相对值，可以更清晰地反映出金融体系的压力情况，更加具有针对性。

本书选取保险赔付额相对值、人民币实际有效汇率相对值、人民币对美元汇率相对值、外汇储备相对值及国房景气指数相对值作为保险维度的数据指标。具体的数据处理规则为：保险赔付额与其最小值相除得到保险赔付额相对值；人民币对美元汇率与其最大值相除得到人民币实际有效汇率相对值；外汇储备与其最大值相除得到外汇储备相对值；国房景气指数与其最大值相除得到国房景气指数相对值。对数据进行相对值的处理，可以更清晰准确地反映金融体系压力情况。

股市波动风险的代表指标就是股指方差，本书使用 GARCH 模型来处理股市数据，经过处理后得到时变方差，可以用于反映金融体系压力情况。本书收集了上证综指、上证综指收益、金融行业指数及金融行业指数收益率的数据，利用 GARCH 模型，分别得出相应数据的 GARCH 波动率，通过这一处理方式，我们可以得出时变方差数据，从而能够更好地反映股市压力波动情况。

金融体系是一个处处相连的有机体，一方面，金融体系内部是相互联系的，另一方面，金融体系和宏观经济之间也有密不可分的关系。本书还从系统联结维度出发来构建测度指标体系，这是本书的一大亮点。从上述角度出发，我们选取 TED 利差①及股债相关性来表示金融内部体系的联结性；至于宏观经济与金融体系之间的关联，我们选取 M2 同比增速与 GDP 同比增速的比值来表现。

按照全面反映金融体系状况的要求，本书选取了货币市场维度、股票市场维度、债券市场维度、保险市场维度、外汇市场维度、房地产市场维度、金融机构维度及系统联结维度等八个维度，共计 30 个指标（表 3.1）。指标依据数据可得性原则选取。正向指标代表该指标数值和 FSI 呈正相关的关系，即数值越大则金融压力越大。负向指标代表该指标数值和 FSI 呈负相关的关系，即数值越小则金融压力越大。为此，可以通过取相反数的方法，把负向指标转化为正向指标。本书通过上述维度及指标体系的构建，力求可以更有效地反映金融体系的压力情况。

表 3.1　测度系统性金融风险的维度与指标内涵

维度	指标	指标含义及属性
货币市场	m1：银行间同业拆借利率	1 个月同业拆借利率，正向
	m2：银行间质押式回购利率	7 天质押式回购利率，正向
	m3：基于 FR007 的利率互换	3 个月利率互换，正向
	m4：SHIBOR1) 利率期限价差	1 年期与 7 天利率之差，负向
股票市场	m5：上证综指波动率	GARCH 指数波动率，正向
	m6：上证综指收益波动率	GARCH 收益波动率，正向
	m7：股票市场市盈率	A 股市场市盈率，正向
	m8：股票市场市净率	A 股市场市净率，正向
债券市场	m9：5 年期国债收益率相对值	当期值与过去一年最大值的比，正向
	m10：5 年期企业债与国债利差	AA 级企业债收益率减去同期国债收益率，正向
	m11：政策性金融债利差	1 年期国债收益率减去同期国债收益率，负向
	m12：国债期限利差	5 年期国债收益率减去 3 个月国债收益率，正向
保险市场	m13：保险赔付额相对值	当期值与过去一年最小值之比，正向
外汇市场	m14：人民币实际有效汇率指数相对值	当期值与过去一年最大值之比，负向
	m15：外汇储备相对值	当期值与过去一年最大值之比，负向
	m16：人民币对美元汇率相对值	当期值与过去一年最大值之比，正向
	m17：人民币对欧元汇率相对值	当期值与过去一年最大值之比，正向

① TED 利差，欧洲美元（Eurodollar）三月期利率与美国国债（T-BILL）三月期利率的差值（一般是三个月期 LIBOR）。

续表

维度	指标	指标含义及属性
房地产市场	m18：房价指数变化率	百城住宅价格指数当月同比，正向
	m19：国房景气指数相对值	当期值与过去一年最大值之比，负向
	m20：房地产投资开发增长率	同比增长率，正向
金融机构	m21：金融部门行业指数波动	GARCH 行业指数波动率，正向
	m22：金融部门行业指数收益波动	GARCH 行业指数收益波动率，正向
	m23：金融行业上市公司市盈率	正向
	m24：金融行业上市公司市净率	正向
	m25：金融机构的资本充足率	负向
	m26：商业银行不良贷款率	正向
	m27：商业银行的存贷比	正向
系统联结	m28：TED 利差	3 个月银行间同业拆借利率减去同期国债收益率，正向
	m29：股债动态相关性	上证综指与十年期国债收益率动态相关系数，正向
	m30：M2 超发程度	M2 同比增速/GDP 同比增速，正向指标

1）SHIBOR：Shanghai interbank offered rate，上海银行间同业拆借利率

3. 测度方法及数据来源

测度系统性金融风险的模型与方法众多，如前文提到的网络模型法、VaR 方法、相关违约法等。但这些方法往往囿于过多的理论假设，难以符合现实的经济金融状况。主成分分析法与以上方法相比，具有明显的优势。第一，可通过众多经济金融指标来全面反映一国经济金融全貌。第二，可用少数几个主成分代表大量的指标及数据信息，更为便捷高效。第三，以主成分的方差占比作为权重更为科学合理。本书选取主成分分析法来研究系统性金融风险，利用主成分分析法建立金融压力指数 FSI，主要是通过拟合测度指标集的指标数据来实现。

数据的频度为月度数据，时间跨度为 2000 年 1 月到 2021 年 12 月。数据来源于 Wind 数据库、中国经济信息网等，使用 Excel 实现指标计算整理，实证计量使用 SPSS 25.0 和 EViews 10.0。

3.3.3　系统性金融风险指数实证结果

本书的测量指标体系中的维度及指标数量众多，量纲差异较大，需做无量纲化处理，具体公式如下：

$$Z_i = \frac{X_i - \mu_i}{\sigma_i}, \quad i=1, 2, \cdots, 30$$

其中，Z_i 为标准化后的指标变量；X_i 为标准化前的指标变量；μ_i 为 X_i 的均值；σ_i

为 X_i 的方差。

在对 30 个测度指标进行主成分分析前，需要对数据进行适用性检验，以此来判断数据间的相关性，进而判断是否适合采用主成分分析法。具体结果如表 3.2 所示，KMO 检验值大于 0.5，为 0.668，这代表 Bartlett 球形检验具有很强的显著性，原始指标数据有比较强的相关联性，所以可以用主成分分析法来分析这一测度指标数据集。

表 3.2　KMO 和 Bartlett 球形检验

KMO 取样适切性量数		0.668
Bartlett 球形检验	近似卡方	10 537.692
	自由度	464

从表 3.3 的实证结果得出，在测度指标集中，第一主成分（PAC_1）占比为 18.13%，第二主成分（PAC_2）占比为 12.89%，一直到占比 0%的 PAC_{30}。在主成分中，前面九个主成分已经有 75.68%的方差累计贡献率，已经可以比较全面地反映总体情况。综上所述，本书的测度指标集就采用前九个主成分来代替其余变量，拟合金融压力指数 FSI。

表 3.3　主成分分析结果

主成分	特征值	方差	方差贡献率	方差累计值	方差累计贡献率
1	5.151 514	0.494 613	0.181 3	5.151 514	0.181 3
2	4.089 177	1.361 347	0.128 9	9.240 691	0.310 2
3	3.503 268	0.873 357	0.092 1	12.743 959	0.402 3
4	2.407 913	0.575 701	0.083 7	15.151 872	0.486 0
5	2.218 172	0.502 898	0.074 3	17.370 044	0.560 3
6	2.034 283	0.467 505	0.062 4	19.404 327	0.622 7
7	1.761 379	0.644 009	0.056 2	21.165 706	0.678 9
8	1.416 369	0.762 761	0.046 3	22.582 075	0.725 2
9	1.022 483	0.870 643	0.031 6	23.604 558	0.756 8
10	0.991 853	0.089 187	0.026 1	24.596 411	0.782 9
11	0.850 860	0.120 503	0.024 9	25.447 271	0.807 8
12	0.731 748	0.137 544	0.023 1	26.179 019	0.830 9
13	0.617 102	0.078 109	0.021 7	26.796 121	0.852 6
14	0.553 082	0.049 734	0.019 3	27.349 203	0.871 9
15	0.437 879	0.065 379	0.017 2	27.787 082	0.889 1
16	0.365 119	0.030 268	0.016 3	28.152 201	0.905 4

续表

主成分	特征值	方差	方差贡献率	方差累计值	方差累计贡献率
17	0.341 122	0.152 689	0.015 1	28.493 323	0.920 5
18	0.276 523	0.024 058	0.013 6	28.769 846	0.934 1
19	0.237 958	0.034 104	0.011 5	29.007 804	0.945 6
20	0.197 361	0.032 384	0.010 7	29.205 165	0.956 3
21	0.170 419	0.036 128	0.009 3	29.375 584	0.965 6
22	0.134 343	0.025 374	0.008 6	29.509 927	0.974 2
23	0.126 276	0.006 029	0.007 1	29.636 203	0.981 3
24	0.104 073	0.024 196	0.005 9	29.740 276	0.987 2
25	0.089 237	0.021 539	0.005 2	29.829 513	0.992 4
26	0.070 084	0.015 049	0.003 6	29.899 597	0.996 0
27	0.057 276	0.004 648	0.002 3	29.956 873	0.998 3
28	0.043 102	0.036 043	0.001 3	29.999 975	0.999 6
29	2.35×10^{-5}	1.13×10^{-5}	0.000 4	29.999 999	1.000 0
30	1.33×10^{-6}	0.002 000	0.000 0	30.000 000	1.000 0

由表 3.4 可以看出：PAC_1 主要代表了 m1、m2、m3、m10、m12、m27、m28 共 7 个测度指标，PAC_2 主要代表了 m5、m6、m21、m22 共 4 个测度指标，PAC_3 主要代表了 m7、m16、m20、m25 共 4 个测度指标，PAC_4 主要代表了 m17、m18、m19 共 3 个测度指标，PAC_5 主要代表了 m8、m23、m24 共 3 个测度指标，PAC_6 主要代表了 m9、m15 共 2 个测度指标，PAC_7 主要代表了 m11、m14、m26 共 3 个测度指标，PAC_8 主要代表了 m4、m13 共 2 个测度指标，PAC_9 主要代表了 m29、m30 共 2 个测度指标。通过分析因子载荷，可以看出，我们选取的九个主成分，已经可以比较完美地替代原本选取的 30 个测度指标，每个主成分的作用也都不同。

表 3.4 因子载荷矩阵

测度指标	PAC_1	PAC_2	PAC_3	PAC_4	PAC_5	PAC_6	PAC_7	PAC_8	PAC_9
m1	0.386 312	0.016 012	0.134 379	0.069 498	0.063 292	0.058 372	0.047 214	−0.001 109	−0.001 347
m2	0.370 601	0.000 732	0.143 682	0.079 247	−0.130 363	−0.030 662	0.041 134	−0.130 243	0.018 518
m3	0.377 334	−0.031 109	0.015 001	0.043 879	−0.139 086	−0.145 316	0.089 978	0.179 047	0.013 016
m4	−0.021 498	−0.077 862	−0.021 433	0.088 646	−0.108 531	0.132 088	0.401 109	−0.537 853	−0.256 784
m5	−0.121 073	0.397 105	0.187 168	−0.056 006	−0.152 314	0.016 849	−0.089 639	−0.042 433	−0.016 792
m6	−0.121 104	0.353 183	0.166 438	−0.044 189	−0.163 023	0.019 056	−0.073 415	−0.042 709	0.016 003

续表

测度指标	PAC_1	PAC_2	PAC_3	PAC_4	PAC_5	PAC_6	PAC_7	PAC_8	PAC_9
m7	−0.119 748	0.134 765	0.342 454	0.291 409	0.109 139	−0.108 318	−0.232 079	−0.020 736	−0.257 701
m8	−0.002 652	0.232 028	0.054 631	0.317 019	0.393 485	−0.153 106	0.001 263	0.052 890	−0.049 023
m9	−0.193 824	0.051 265	−0.025 103	−0.262 541	0.297 105	0.193 829	0.271 603	0.129 503	−0.149 292
m10	0.257 182	0.054 645	−0.228 901	−0.166 953	0.180 320	0.143 903	−0.117 831	0.044 289	−0.070 878
m11	0.273 699	0.109 164	−0.083 373	0.029 815	−0.212 107	0.067 961	−0.340 906	0.083 104	−0.166 974
m12	0.272 560	−0.067 997	0.244 217	0.072 012	0.049 236	−0.059 609	0.189 767	0.103 486	0.205 076
m13	0.101 976	0.205 632	0.124 395	0.076 918	−0.243 842	0.041 064	0.243 941	0.269 962	0.052 036
m14	−0.157 110	−0.104 956	−0.206 908	0.204 966	−0.046 927	0.137 907	−0.208 468	0.152 936	0.169 941
m15	−0.042 885	0.015 805	0.207 978	0.296 839	0.196 139	−0.317 605	0.069 947	0.267 956	−0.080 028
m16	−0.097 383	−0.196 111	0.343 501	0.096 305	0.004 939	0.229 036	−0.029 561	0.100 337	0.032 891
m17	−0.109 201	−0.018 344	−0.236 324	0.303 620	−0.130 064	−0.022 988	−0.036 038	0.124 625	0.216 079
m18	−0.090 011	−0.023 097	0.059 897	0.371 145	−0.124 202	0.183 016	0.303 931	−0.050 937	−0.086 910
m19	0.013 896	0.174 956	−0.077 383	−0.338 113	0.237 992	0.190 235	0.213 928	0.040 116	0.194 936
m20	0.053 662	0.120 141	0.347 377	0.023 697	−0.170 153	−0.255 062	0.153 135	−0.000 506	0.037 481
m21	−0.090 707	0.384 954	0.160 315	−0.091 065	−0.169 836	0.010 973	−0.032 810	−0.045 942	0.034 802
m22	−0.089 966	0.384 889	0.162 205	−0.093 338	−0.168 304	0.011 006	−0.034 397	−0.045 323	0.034 398
m23	−0.089 865	0.070 189	0.123 099	0.142 987	0.323 802	−0.459 895	−0.021 983	−0.260 318	−0.210 028
m24	0.170 034	0.250 576	−0.089 195	0.103 967	0.368 340	−0.120 965	0.134 003	−0.030 761	−0.001 792
m25	0.059 301	0.171 592	−0.371 806	0.101 276	0.019 823	0.240 834	−0.087 606	−0.149 817	−0.259 096
m26	−0.162 103	0.056 313	−0.181 080	−0.031 297	−0.148 907	−0.339 215	0.375 763	0.327 901	−0.013 128
m27	0.243 094	−0.213 506	0.212 867	−0.117 902	−0.132 539	−0.233 108	−0.166 007	−0.208 095	0.139 786
m28	0.287 932	−0.006 103	0.180 337	−0.114 109	0.161 344	−0.015 513	−0.166 827	−0.113 097	0.018 013
m29	−0.115 032	−0.083 008	0.080 977	−0.139 196	0.085 169	−0.209 063	−0.151 732	0.323 105	0.397 018
m30	0.001 592	0.103 991	−0.163 079	0.089 984	0.051 676	0.260 015	−0.059 889	−0.088 292	0.632 416

以每个主成分的方差在前九个主成分的累计方差中所占的比重为权重，金融压力指数 FSI 可以表示为

$$\begin{aligned}\mathrm{FSI}=&0.239\,561\,311\,\mathrm{PAC}_1+0.170\,322\,410\,\mathrm{PAC}_2+0.117\,639\,545\,\mathrm{PAC}_3\\&+0.103\,614\,756\,\mathrm{PAC}_4+0.089\,421\,110\,\mathrm{PAC}_5+0.073\,187\,896\,\mathrm{PAC}_6\\&+0.064\,456\,933\,\mathrm{PAC}_7+0.052\,075\,132\,\mathrm{PAC}_8+0.034\,901\,701\,\mathrm{PAC}_9\end{aligned}$$

如图 3.2 所示，FSI 趋势图中反映出我国的金融压力情况，通过使用本书的压力指数可以较为准确地反映我国系统性金融风险的大小。在 2007~2008 年，我国的金融压力指数处于高压状态，除了这一时间段，还包括 2010~2011 年、2013 年、

2014~2015 年。金融压力指数处于高峰的原因分别是：2008 年，全球爆发金融危机；2009 年，全球爆发欧债危机；2013 年，中国出现“流动性匮乏”现象；2015 年，我国又发生了资本市场的较强波动。由图 3.2 可以看出，2020 年下半年我国的金融压力指数呈现快速回升态势，这是新冠疫情的冲击导致的。

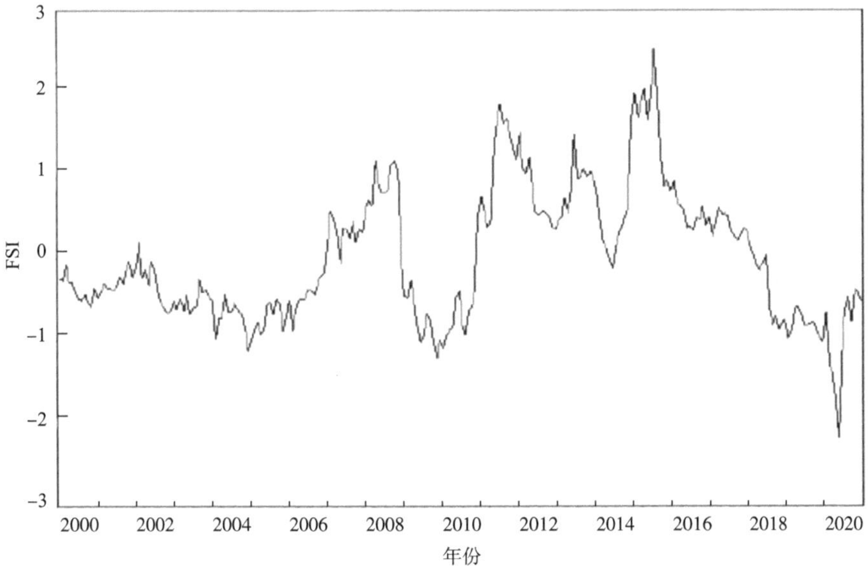

图 3.2　FSI 趋势图

3.3.4　系统性金融风险水平的变迁趋势分析

1. *宏观层面*

2016 年后，我国开始强调供给侧结构性改革。其后，我国经济金融工作的重点也随之调整。随着金融市场债务高风险的累积，我国的实体经济也受到影响，也进一步增大了金融市场的波动风险。

2019 年以来，虽然宏观经济逐步复苏，但由于外部环境总体趋紧，国内经济仍然面临着下行压力。

到了 2020 年，风险防控依然是我国要面对的首要挑战。由于遭受新冠疫情，经济受到干扰，但在党中央的正确领导下，我国抢先一步对疫情进行了有效控制，并在之后开展了复工复产，率先实现了经济正增长。国家统计数据显示，2020 年我国 GDP 为 101.60 万亿元，按可比价格计算，同比增长 2.3%，各季度同比增速分别为−6.8%、3.2%、4.9%和 6.5%，逐步恢复常态[①]。

① 资料来源：人民网. 2020 年中国 GDP 突破 100 万亿元 同比增长 2.3%. https://baijiahao.baidu.com/s?id=1689190129965428637&wfr=spider&for=pc。

2021 年，面对新冠疫情时有反复、病毒仍在变异的防控压力，以及加快经济绿色低碳发展、产业转型升级的严峻挑战，我国经济继续保持长期向好与稳中向好的态势。其中需求端持续稳定复苏，供给端结构不断优化，货币金融环境适宜，就业形势稳中向好。

在经济数据方面，出口延续强势，高新技术制造业投资保持快速增长势头，基建投资持续蓄力，房地产投资短期有快速降温的态势。受国际大宗商品涨价影响，工业生产者价格指数（producer price index，PPI）全年保持高位增长。2021 年虽极端天气频发，但食品价格保持稳定，居民消费价格指数（consumer price index，CPI）呈温和上涨态势。

在金融数据方面，受城投与地产的严监管影响，社融存量累计同比增速在 2022 年 2 月达到 13.3%的局部高点后，逐月下滑。其中信托贷款、委托贷款与未贴现银行承兑汇票三个表外融资渠道收缩明显，信托贷款存量压降最为显著。2022 年一季度以来货币供应量增速稳定保持在 8%左右，与名义经济增速基本匹配。

在监管政策方面，要坚守不发生系统性风险的底线。2021 年以来，《商业银行负债质量管理办法》《银行保险机构恢复和处置计划实施暂行办法》《系统重要性银行附加监管规定（试行）》等相继推出。通过完善配套制度，推动金融机构的健康发展。

2. 微观层面：关注的重点是银行业，农商行风险相对较大

2019 年底，我国的国有商业银行和股份制商业银行的覆盖程度均小于 1，到了 2020 年 6 月，国有商业银行、股份制商业银行、城市商业银行和农村商业银行的预期资本损失覆盖程度均大于 1，这表明年初爆发的疫情对我国商业银行的信贷质量有着较为显著的冲击，商业银行的风险覆盖能力有所降低。其中城市商业银行和农村商业银行都达到 1.5 的高点，虽然后续有所下降，但仍然必须加以关注①。在当前宽松的货币政策下，虽然银行业系统性风险处于可以控制的范围之内，但若考虑到不良率的滞后性，这将对商业银行的风险防控提出更大的挑战。

3. 潜在风险的再评估

2021 年是“十四五”规划的开局之年，加快低碳转型及产业升级是经济高质量发展的内在要求。但与此同时复苏基础并不牢固，相当数量的中小企业仍经营困难，外部环境复杂程度也未降低，经济下行压力也有加大趋势。在 2021 年的上半年，政府通过债务展期、降息、重组等方式逐步化解中小企业债务风险，以及

① 资料来源：清华金融评论. 周皓等：化解中小银行不良资产是当前防范系统性金融风险的关键——根据《2020 年度中国系统性金融风险半年报》｜封面专题. https://www.163.com/dy/article/FNN8B96N0530P452.html。

叠加产生的金融风险。2021 年下半年随着非金融企业部门杠杆率的下降、债务结构的优化，风险化解从治标转为治本也进入了深水区。部分企业通过做大营收分母、做小债务分子或发展股权融资满足了监管要求。部分经营困难、偏离主业、高杠杆的企业也到了为之前激进盲目的投资行为买单的时刻。

例如，高杠杆房地产民企债务风险不断暴露。尽管地产企业具有部分金融属性，且银行很多信贷资产也都与地产紧密相关，但由于房企债务违约风险在 2021 年下半年持续集中爆出，这说明我国房地产领域所带来的系统性金融风险因素尚未能够有序出清，这同时也改变了行业发展预期。加之房地产业发展路径具有一定的依赖性，针对以上典型事件的冲击，各级政府加强了预期引导，这既展现了政府“房住不炒”的调控决心，也倒逼“三道红线”不达标的房地产企业加快转型，进而实现房地产业长期健康发展的目标。

2022 年以来，全球经济在“类滞胀”的约束下缓慢修复，与此同时，中国“去杠杆”的经济政策也让位于“稳增长”政策，“稳增长”成了我国 2022 年的经济政策主线。目前，结构性宽信用在方向选择上有逐渐形成一致预期的倾向，而这又与 2021 年上半年出台的监管政策紧密相关。

政策可以引导预期，也可以强化预期，但出台时机与执行节奏要审时度势、张弛有度。当前类滞胀风险增大，融资结构的过度分化并不利于我国经济稳中求进。社会主义市场经济中，市场主体应是多元化的，都应该得到公平发展的机会。投资者应是多类型的，投资行为也不应该过度一致。展望未来，我国潜在的系统性金融风险领域主要表现在房地产企业债务爆雷频发、政府隐性负债违约、资本市场乱象导致股票市场持续下行、非上市中小银行资产质量劣变、融资需求分化持续加剧等方面。

3.4　中国金融业系统性风险测度研究——以银行业为例

3.4.1　商业银行系统性风险的研究进展

在众多金融机构中，银行业的系统性风险问题最应该受到关注。银行业在中国的金融市场体系中，一直处于中心甚至是核心地位，在资本主义市场为主导的国家中，发展金融业务、创新金融产品也离不开银行业的积极参与。同样，我国的金融体系也是以银行业为主导。通常情况下，银行业的系统性风险都是呈现持续积累的状态，并在一定的时间范围内爆发，然后逐步演化成银行危机，或者是成为货币危机，最后借由金融市场来对实体经济造成伤害。

关于银行业系统性风险的研究，国外的研究成果较早且较为丰富，而我国的研究则起步较迟。Ekwall 等认为，银行业系统性风险主要包含三个部分，分别为由一家大银行倒闭而引起的全球金融体系崩溃；因未及时偿还贷款或其他交易活动导致丧失了部分的偿付能力以及其他问题的安全性降低；没有足够的银行保险来保障储户的利益[75]。美国学者 Ibrahim 等基于溢出效应，对系统重要性金融机构做了定义。研究认为，风险溢出效应是由一家金融机构的风险行为以及金融机构从事的业务是否成功导致的。如果该金融机构的不正确行为不仅给金融机构带来了损失，甚至也给实体经济造成了严重伤害，那么该金融机构就符合系统重要性金融机构的定义[76]。Zhu 等研究了商业银行系统性风险影响因素，研究发现，影响商业银行风险的因素包括集中度、传染性、外部因素和规模[77]。此外，有一部分学者，如 Pagratis 等对银行的系统性风险特征进行了研究，包括收益风险不对称性、外部性甚至是传染性等[78]。卜林等[79]和 Konings [80]指出，对于银行业的系统性风险，国际上并未给出统一定义。基于此，他们对现有的定义进行分类总结，并指出银行业系统性风险存在波及范围广、持续时间长、危害性大、传染力强等特征。刘春航和朱元倩认为，单个金融机构内部的某个影响因素达到阈值崩溃后，会在金融机构内进行传导，致使整个金融机构从内部瓦解，并对金融体系造成一定冲击，这就是系统性金融风险[81]。

总体而言，上述学者主要是对银行系统性风险进行了定性化描述，而单纯的定性描述虽然能在一定程度上帮助我们评估银行系统性风险，但并不能提供精确的数据支持，从而更好地对银行系统性风险进行监管。所以，为了定量化描述银行系统性风险，我们首先需要找到测度银行系统性风险的方法。

3.4.2　商业银行系统性风险测度的方法

关于商业银行系统性风险测度方法的研究，主要有金融网络模型法、极端理论值法、条件在险价值法及 SRISK 方法这几种方法。

1. 金融网络模型法

金融网络模型法的核心是通过计算金融机构之间的风险敞口数据来评估系统风险，其主要思想是利用金融机构资产负债表之间的相互风险敞口数据，通过数值方法评估潜在的资本损失和风险分散路径，并模拟了流动性收缩和信贷损失对金融系统的级联效应。

Anand 等对金融网络模型的复杂性与稳定性之间的作用进行了研究[82]。Lee 等使用美国银行保险和对冲基金等金融机构的月度数据，搭建因果关系网络模型，对此分析发现，这几类金融机构在十年间有着高度相关性，但是呈现不对称关系，相比于其他金融机构，银行的传导冲击能力更强[83]。Acemoglu 等研究了风险中性银行网络模型及风险蔓延阶段性转变，并认为，当金融机构的负面影响足够小的时候，金融网络的密集性和稳定性呈现正相关关系。但在某种程度上，相互耦合的集群会使得金融系统更加脆弱[84]。

黄玮强等结合国外系统性风险测度的相关理论，采用金融体系脆弱性评估框架（financial system vulnerability assessment framework，FSVAF）对金融机构的脆弱性进行分析，并结合中国金融业的特点，从宏观经济影响、银行逆向选择问题、金融体系自身脆弱性及传染性等角度对我国银行业系统性风险进行了研究[85]。巴曙松等介绍了 SCCA 方法的基本原理，并进一步指明应该如何运用该方法对金融体系的系统性风险进行度量[86]。邓向荣和曹红以 SCCA 法对我国金融体系系统性风险的传染网络体系进行了构建，并对系统性风险产生后的传染路径进行了研究，包括传染速度、范围等[87]。方意用银行的资产负债表对相关网络模型进行了构建，发现了四个影响银行系统性风险传染的因素，其中排名第一和第二的影响因素为去杠杆渠道和银行间负债违约渠道[88]。

金融网络模型仍然存在着一些缺陷。首先，标准网络模型的假设有着与实际相悖的地方，如银行的一些损失会由所有客户平均分担、非账面资产可以折现等。其次，Nier 等认为银行风险的传染机制单一，银行风险的传染路径可以分为四类：金融机构间的风险敞口传染、金融机构间的传染源传染、金融机构的变现回馈效应传染及网络传染[89]。然而网络模型只对银行间的风险敞口进行了模拟，而在实际情形中，还存在着许多其他向银行传染风险的途径，因此这样的做法会在一定程度上低估银行系统性风险由其他途径传播的可能性。

2. *极端理论值法*

极端理论值法能够预测极端事件的中间水平并建模。因为数据获取上有困难，所以可以取而代之，通过尾部风险事件，间接推导和计算金融机构的系统性风险。2011 年 7 月金融稳定理事会（Financial Stability Board，FSB）和巴塞尔银行监管委员会（Basel Committee on Banking Supervision，BCBS）分别发布了《系统重要性金融机构有效处置》和《全球系统重要性银行：评估方法和额外吸损要求》两份征求意见稿。在两份征求意见稿中，详细说明了银行对系统重要性的评定方法，即以定量为主，定性为辅，并且包括五方面的定性指标，即规模、关联度、可替代性、复杂度和跨境交易活动。Gao 和 Yao 构建了考虑规模、关联性和复杂性的多变量极值模型以评价美国 27 家银行 1987~2008 年的系统重要性指数[90]。以此为基础，陈湘鹏等设计了考虑关联性、复杂度、上市银行规模和可替代性的系统重要性评估指标体系以排序中国所有上市商业银行[91]。李政等从相关部门提出的银行监管维度，在考虑规模、关联性和复杂性等因素的基础上，用稳定尾部相依函数及极端理论值模型定量评估了我国 A 股市场的 16 家上市商业银行的系统性风险[92]。

3. 条件在险价值法

条件在险价值法主要是比较计算在不同的市场环境下，各金融机构的在险价值（CoVaR），通过计算这一数值，可以评估金融机构系统性风险的严重程度。也就是说，用危机条件下的 CoVaR 减去中性条件下的 CoVaR 可以得到 ΔCoVaR，可以用这一差值评估特定市场环境下金融机构的系统性风险贡献度。条件在险价值法主要关注金融机构资产收益的尾部特征。

通过使用在险价值，一些学者测度了欧美金融市场的系统性风险，结果也经过了稳健性检测。Döring 等利用条件在险价值模型，分析了欧洲上市银行的系统性风险，时间区间选取在 2005~2013 年[93]。Nucera 等利用条件在险价值模型，对 2002~2013 年 113 家上市金融公司的系统性风险进行排名，并将此方法与 SRISK、MES 方法进行比较，研究结果发现，条件在险价值模型的稳健性在排名较高的金融公司里更明显[94]。

部分学者利用条件在险价值法度量比较了我国金融机构的系统性风险，得出了不同的度量结果。在对银行业金融机构的研究方面，陆静和胡晓红以 CoVaR 为基础，结合各市场化指标对我国 16 家上市银行的系统性风险进行了实证分析，发现商业银行的市价比、杠杆率、资本充足率、资本负债率等指标对系统性风险具有显著影响[95]。马麟以 2007~2016 年我国 15 家上市银行股票市场的每日收盘价作为样本，通过计算及比较 15 家商业银行的 VaR、CoVaR 值，构建了回归模型，衡量风险溢出效应，得出结论：在风险度量上，CoVaR 比 VaR 更为有效[96]。王培辉等利用时变 Couple-CoVaR 法，对我国 2000 年后的保险业的系统性风险溢出效应进行度量，分析了影响我国保险业系统性风险的因素[97]。

4. SRISK 方法

Brownlees 和 Engle 最早提出可以使用 SRISK 来衡量金融机构的系统性风险，SRISK 这一函数结合了负债、金融机构、资本充足率及 LRMES（市场长期下跌情况下金融机构的预期损失率），可以在市场长期处于下行状态时，对金融机构的资本短缺进行测度，可以帮助我们及时发现金融危机的初期阶段[98]。其数学定义为

$$\mathrm{SRISK}_{i,t} = E_{i,t}\left(\text{Capital Shortfall}_t \middle| \text{Crisis}\right)$$

上式表明的是在金融系统遭遇危机时，单个金融机构 i 在 t 期的系统性风险指数。利用 SRISK 方法，Homar 等[99]、Grinderslev 和 Kristiansen[100]分别对欧洲和丹麦银行系统性风险进行分析研究，研究发现该方法可以很好地表征银行的系统性风险，并且通过这一方法，可以利用提前收集到的有用信息来预防金融危机的冲击。Laeven 等以 SRISK 为指标，对 32 个国家的银行进行排序，研究发现，

SRISK 与收益和波动性的相关性明显较低，这与过去学术界得出的结论不同，因为在以前，学术界认为金融危机时期，银行系统性风险虽然较低，但是波动性会很高[101]。Nucera 等测度了美国六类金融机构在 2011~2015 年的 SRISK，并进行了分析比较，发现在欧债危机期间，银行的 SRISK 异常显著[102]。

在国内的研究方面，李政等使用 MES 方法，分别对银行业在没有金融危机和有金融危机期间，整个金融系统风险的边际贡献程度进行测度[30]。张琳等使用 Brownless 和 Engle 提出的 SRISK 方法，选取了我国 34 家上市金融机构来计算资本短缺程度，从而对系统性风险进行衡量[103]。马亚芳和蒋达在 Brownless 和 Achaya 研究的基础上构建了 MES-SRISK 模型，基于资产负债表数据和市场数据，测算我国上市银行的系统性风险[104]。在增值方面，相比于其他上市银行，股份制银行的系统性风险更为显著。除此之外，作者还研究了影响风险贡献度的因素。陈湘鹏等对常用的系统性风险评价指标进行比较分析，通过三个方面的适用性评价——“排序结果是否与系统重要性银行名单相符”、“是否涵盖杠杆、紧密性和规模”及“是否可以对宏观经济进行预测”，得出了我国银行业系统性金融风险更适合用 SRISK 进行度量的结论，并结合我国实际情况对 SRISK 方法进行了改进[91]。

综合来说，SRISK 方法较其他度量系统性风险的方法而言具有以下两个方面的优势：一方面，SRISK 方法的便利程度更高，该方法所需的数据往往都是公开的或是容易获取的；另一方面，SRISK 方法适用范围更广，包括可以适用于外部因素导致的宏观经济波动和货币政策，也可以用于金融机构本身的运营问题或风险管理问题中。SRISK 的优势是强调总体资本短缺，可以让它的应用空间更广阔。本章对于商业银行系统性金融风险的研究就采用了此方法。

3.4.3　中国商业银行的系统性风险测度研究

基于数据的可获得性和样本的典型性，研究期限为 2008 年 1 月 1 日至 2021 年 12 月 31 日，研究对象为 16 家在 A 股上市的商业银行。

我们从 Wind 数据库中导出共计 16 家上市商业银行在研究时间区间内的股票每周收盘价（前复权），计算出对数收益率，同时导出沪深 300 指数及恒生指数做相同处理后作为市场收益率，另外，我们还从 Wind 数据库中获取了这 16 家上市商业银行的负债及所有者权益季度数据。在对 SRISK 的计算中，收益率的计算是基础工作，表 3.5 给出了 16 家银行及沪深 300 指数的周收益率描述性统计。为了维护上市商业银行的商誉和相关权益，对 16 家银行进行了匿名处理，以“NO.1~NO.16”来对其加以命名。

表 3.5 上市商业银行周收益率描述性统计

项目	样本量	均值	中位数	标准差	偏度	峰度	JB 统计量	*P* 值
沪深 300 指数	718	0.002 9	0.001 2	0.033 2	−0.175 9	3.430 9	123.867 3	0.000 0
恒生指数	718	0.003 7	0.001 6	0.031 1	−0.183 0	3.633 2	110.917 2	0.000 0
NO.1	718	0.002 2	0.000 0	0.042 5	0.390 0	6.304 9	212.983 8	0.000 0
NO.2	718	0.000 8	0.000 0	0.033 9	0.424 3	3.805 4	422.649 0	0.000 0
NO.3	585	0.001 7	0.000 0	0.028 9	1.090 9	6.219 3	439.901 2	0.000 0
NO.4	718	0.000 9	−0.001 5	0.038 0	0.688 9	3.919 2	320.789 5	0.000 0
NO.5	718	0.000 5	0.000 0	0.033 5	0.690 0	6.512 3	950.269 0	0.000 0
NO.6	718	0.000 1	−0.001 8	0.042 6	0.650 0	5.044 1	1 047.492 0	0.000 0
NO.7	718	0.001 9	−0.001 1	0.054 5	0.497 9	3.604 6	193.385 3	0.000 0
NO.8	718	0.001 5	−0.001 1	0.048 9	0.290 7	4.000 3	261.452 6	0.000 0
NO.9	718	0.000 8	0.000 0	0.047 2	0.276 5	3.030 5	92.484 8	0.000 0
NO.10	718	0.001 2	−0.001 4	0.067 2	0.587 0	5.255 6	545.320 8	0.000 0
NO.11	718	0.001 9	−0.000 9	0.046 1	0.070 3	3.056 5	55.319 9	0.000 0
NO.12	718	0.001 6	−0.002 5	0.050 4	0.198 8	3.546 3	173.677 1	0.000 0
NO.13	580	0.002 0	−0.002 2	0.042 3	2.044 3	12.111 0	1 653.761 0	0.000 0
NO.14	718	0.000 6	−0.001 7	0.047 2	1.066 8	7.168 3	921.990 9	0.000 0
NO.15	718	0.002 6	0.001 0	0.049 0	0.473 6	3.591 4	193.505 0	0.000 0
NO.16	718	0.000 5	0.000 0	0.041 0	0.420 0	3.520 8	89.811 4	0.000 0

资料来源：Wind 数据库

从表 3.5 可以看到，无论是市场收益还是 16 家上市商业银行的偏度均不为 0，说明收益率都是非对称分布的，其中这 16 家银行的收益率偏度 S 均大于 0，说明收益率序列均为右偏分布。收益率序列的峰度值 K 均大于 3，说明 16 家银行及市场收益率均呈现“尖峰厚尾”的特征，而 JB（Jarque-Bera）统计量非常大，但对应的 P 值却非常小，这表明收益率序列并不服从正态分布。

为检验银行收益率与沪深 300 指数收益率之间的相关性，本书先以 NO.1 银行为例，对 2008~2021 年 NO.1 银行收益率与沪深 300 指数收益率之间的相关性进行检验，发现两者之间存在较强相关性（表 3.6）。这表明在市场指数出现下跌趋势时，NO.1 银行股价存在较大的下跌概率，从而导致股东权益减少。在验证这种较强相关性在其他 15 家上市银行中是否存在时，我们得到了相同结论，即如果金融市场发生危机时，商业银行中的部分机构将会遭遇一定的资本缺口，而当这个资本缺口积累到一定程度时，将会引发系统性金融风险，这也与国内外相关学者的研究结论相符。

表 3.6　2008~2021 年 NO.1 银行与沪深 300 指数收益率分析

年份	NO.1 银行	沪深 300 指数	相关系数
2008	−0.003 6	−0.004 5	0.859 9
2009	0.028 3	0.002 9	0.851 3
2010	−0.001 9	−0.001 3	0.654 0
2011	−0.000 4	−0.000 7	0.681 5
2012	0.000 2	0.000 8	0.692 4
2013	−0.000 7	−0.000 4	0.671 9
2014	0.008 5	0.002 5	0.772 0
2015	0.001 4	0.000 3	0.779 1
2016	0.000 7	0.000 3	0.869 1
2017	0.000 1	0.000 2	0.891 7
2018	−0.000 6	−0.000 5	0.898 9
2019	0.002 0	0.001 2	0.761 8
2020	−0.000 2	−0.000 1	0.872 6
2021	−0.001 6	−0.000 4	0.853 2

注：表中数据为周数据的年度均值

本书采用 GARCH 模型计算 SRISK 值，首先需要对收益率序列进行 ADF 单根检验，表 3.7 为所使用变量的平稳性检验结果。

表 3.7　平稳性检验结果

项目	*t* 统计量	*P* 值	临界水平的 *t* 统计量		
			$\alpha=1\%$	$\alpha=5\%$	$\alpha=10\%$
沪深 300 指数	−47.830 1	0.000 0	−3.432 8	−2.862 5	−2.567 3
恒生指数	−48.625 8	0.000 0	−3.238 1	−2.861 2	−2.582 3
NO.1	−50.366 7	0.000 0	−3.869 2	−2.852 3	−2.538 2
NO.2	−49.007 8	0.000 0	−3.582 7	−2.875 3	−2.512 3
NO.3	−20.177 3	0.000 0	−3.134 6	−2.852 1	−2.532 4
NO.4	−37.101 2	0.000 0	−3.412 3	−2.852 3	−2.612 3
NO.5	−49.622 8	0.000 0	−3.623 4	−2.871 2	−2.513 5
NO.6	−47.611 5	0.000 0	−3.435 2	−2.871 5	−2.512 4

续表

项目	t统计量	P值	临界水平的t统计量		
			$\alpha=1\%$	$\alpha=5\%$	$\alpha=10\%$
NO.7	−48.792 7	0.000 0	−3.423 4	−2.846 2	−2.575 2
NO.8	−48.974 1	0.000 0	−3.464 5	−2.864 7	−2.561 3
NO.9	−50.237 2	0.000 0	−3.563 2	−2.815 6	−2.513 5
NO.10	−48.779 2	0.000 0	−3.451 3	−2.853 2	−2.513 5
NO.11	−49.433 5	0.000 0	−3.456 1	−2.874 3	−2.586 1
NO.12	−48.428 8	0.000 0	−3.451 5	−2.863 5	−2.513 5
NO.13	−40.677 9	0.000 0	−3.345 1	−2.814 5	−2.561 3
NO.14	−49.397 4	0.000 0	−3.456 7	−2.815 6	−2.592 7
NO.15	−52.069 2	0.000 0	−3.623 5	−2.801 5	−2.512 3
NO.16	−51.379 4	0.000 0	−3.610 2	−2.804 2	−2.592 7

资料来源：EViews 导出

由检验结果可知，在1%的置信水平下，各收益序列的 t 值均小于其在临界水平下的 t 值，且 P 值皆为 0，因此拒绝原假设，不存在单根，即市场收益率和商业银行收益率是平稳的。

其次，采用 SRISK 方法对系统性风险进行测度。计算中使用的商业银行负债和市值数据来自公司财务报告。SRISK 为正值则意味着银行存在资本短缺的状况。为便于比较，也可以将 SRISK 表示成百分数的形式：

$$\text{SRISK\%}_{i,t}=\frac{\text{SRISK}_{i,t}}{\sum_{j\in J}\text{SRISK}_{i,t}}$$

其中，J={SRISK 为正值的银行}。

3.4.4 中国商业银行系统性风险影响因素分析

在现有关于银行系统性风险影响因素的文献研究中，Huang 等使用 2001~2008 年美国 12 家上市银行的数据，对经济下行背景下的银行进行压力测试以评估其脆弱性，研究发现金融市场收益率、金融市场波动率和短期利率都有一定的推动力[105]。Beccalli 等通过对欧洲 103 家上市银行在 2000~2011 年的数据的分析发现银行的规模越大，其系统性风险就越强，并且在金融危机期间，资本充足率和流动性的增加会导致银行系统性风险的加强[106]。Laeven 等在研究中将存款保险安排设置为控制变量，将总资产的对数形式、贷款资产比率、存款资产比率及核心充足率设置为微观系统性风险的推动因素，并且将人均 GDP 设置为宏观系统性风险的推动因素，研究发现银行系统性风险随着规模的增加而增加，随着银行存贷款比例及核心资本充足率的增加而降低[101]。Varotto 和 Zhao 基于 CoVaR 法，分析了 2004~2012 年欧洲和美国银行的系统性风险，发现系统性风险的主要驱动因素是银行的规模，意味着在金融危机期间要对大银行优先关注[107]。

在我国商业银行的系统性风险测度研究的基础上，参照中央银行发布的《系统重要性银行评估办法》，本章从银行规模、关联度、可替代性及复杂性四个维度对商业银行系统性风险的影响因素进行分析。

第一，规模因素。商业银行的资产规模越大，其对系统性金融风险积累的贡献度就越大，这是因为规模较大的银行可能由于受到“太大而不能倒”的隐性担保，往往忽略了业务过程中的风险管控，进行高风险的资产配置，从而增加其系统性风险贡献度。

第二，关联度因素。关联度因素可以通过存款占比、银行间资产、杠杆率三个指标来衡量和反映。存款占比一般指银行吸收的存款与银行总负债的比值，该指标可以反映银行融资渠道的广泛性，实证研究发现该指标越高，银行抵御系统性风险的能力越强，同时，银行存款越少就越有可能在内部风险发生时使得存款人信心降低，导致银行挤兑的现象发生，即银行信用度下降导致大量存款人自发提取存款，最终损害其他银行经营的稳定性，因此，银行系统性风险与存款占比呈明显的负相关性。

银行间资产指标一般用银行间资产占总资产的比例来衡量，其中，银行间资产可以通过计算存放在同业及其他金融机构的款项，拆出的资金和买入返售金融资产之和来表示。虽然银行间资产占总资产的比例得以提高，能够在初期降低银行发生违约事件的概率，但在面临危机事件时，发生传染的可能性会进一步增加。因此，银行间资产指标与银行系统性风险呈正相关关系。

根据银监会修订的《商业银行杠杆率管理办法》中对商业银行杠杆率的计算规定，银行杠杆率为银行负债与银行调整后的表内外资产余额的比值，若考虑数据可得性，也可以将银行杠杆率定义为负债与所有者权益的比值。在金融危机之前，一些西方银行虽然表面上资本充足率已经达到了监管要求，但由于不断扩大的杠杆率其实际的资本充足水平已经大大下降，杠杆率已被抬升至不合理的水平。结合系统性风险指数 SRISK 的计算方法，我们发现银行系统性风险指数和杠杆率呈现显著的正相关性。

第三，可替代性因素。可替代性的影响因素可以通过资本充足率、不良贷款率、净资产收益率（return on equity，ROE）这三个变量加以衡量。资本充足率是银行资本与其加权风险资产的比值，反映的是银行能以自有资本承担损失的能力；不良贷款率反映的是银行的贷款质量，通常而言，贷款质量越高的银行，其系统性风险贡献度也就越小；净资产收益率衡量了银行的盈利能力，一般认为净资产收益率越高，对系统性风险的贡献度越低。实证研究表明，宏观经济周期往往会影响银行等金融机构的系统性风险水平。

第四，复杂性因素。商业银行的复杂度指标用非利息收入占比以及业务复杂性指标来衡量。非利息收入占比是指银行的非利息收入占营业净收入的比重，它反映的是银行参与非传统业务程度的高低，一般而言，银行参与非传统业务的程度越高，其通过金融市场与其他金融机构的业务关联度就越高，相应的系统性风险贡献度也就越高，实证研究发现非利息收入与银行系统性风险呈正相关关系。

对单一家商业银行而言，若其业务类型越复杂，那么其面临的风险点可能也就越多，同时衍生品的风险也越高，所以，当这家业务复杂性较高的银行面临风险乃至破产时，往往会造成更严重的后果，民众的信心也会被削弱从而导致挤兑发生。我们采用交易性金融资产、衍生金融资产、可供出售金融资产三者的和占总资产的比重来衡量银行业务的复杂性。实证研究表明，银行业务的复杂程度与系统性金融风险呈正相关关系。

3.5 本章小结

系统性金融风险一般源于金融体系内部的脆弱性以及金融体系与宏观经济周期间的协调性，并且从众心理和合成谬误也会形成对金融体系的冲击。本章首先对我国系统性金融风险的总体状况进行了分析，在对我国系统性金融风险的演化机理推演的基础上，分析了我国系统性金融风险不断积累的重点领域，如宏观经济领域主要有房地产泡沫、地方债务危机、非金融企业高杠杆风险，金融体系内部主要有银行流动性危机、影子银行风险，从外部风险溢出来看，主要有短期资本流动及人民币贬值风险、金融市场的国内外交叉传染，并针对当前易触发系统性金融风险的领域进行了重点分析。其次，运用主成分分析法构造金融压力指数FSI，来对我国系统性金融风险总体水平进行测度，以及对未来变迁趋势进行了分析，2020 年之后我国的金融压力指数继续回升，叠加疫情的持续影响，指数呈现明显的上升态势。最后，以上市的 16 家商业银行为例，对金融行业中风险贡献度最大的银行业的系统性风险水平进行了测度，并对影响因素进行了全面系统的分析，以期为包括银行业在内的我国系统性金融风险防控和监管提供事实依据。

第 4 章　中国系统性金融风险的关键驱动因素分析

4.1　引　　言

2008 年全球金融危机、2009~2012 年的欧债危机及 2019 年的新冠疫情等事件对世界经济造成了严重的冲击，以西方发达国家为代表的众多经济体都为此付出了惨痛的代价。众所周知，系统性金融风险所引发的金融危机对宏观经济影响程度更加深远，需要更长时间恢复，由于金融机构之间存在的业务互通和金融监管的逐步开放，金融部门间风险传播加速，易形成交叉感染，这就将人们的关注从单个金融机构或单个行业的风险转向了系统性金融风险。系统性金融风险具有的隐蔽性和传染性强的特征使我们对它的认识出现了滞后，全球一次次金融风险事件的发生正不断提醒着各国要重视系统性金融风险的防范工作，防范风险的大面积溢出。

国际上，许多制定标准的机构已经意识到防控系统性金融风险的重要性，并将系统性金融风险列入了金融监管改革的内容中。在我国，防范系统性金融风险被定为金融工作的根本任务，一部部政策的出台也印证着监管防控系统性金融风险已经上升到了国家层面。如今我国已经进入“十四五”时期，新冠疫情影响、中美贸易摩擦、俄乌冲突隐患及经济增长阶段的转换都会使我国面临的外部输入性风险增大。全球金融危机之后，多国认为内部关联性、杠杆与期限错配是判断系统风险性的因素。吴振宇和唐朝认为未来要从地方政府债务风险、房地产金融风险等多方面着手，加快金融风险的化解[108]。

目前，关于系统性金融风险的研究已经有一部分涉及了驱动因素和监管，但是基本都停留在理论分析上，初步总结了现有的驱动因素，实证相辅佐的研究还远不够，但考虑到各个驱动因素本身也存在着相关性，所以尚未得知各个因素独立的相对重要性和紧迫性。并且对于系统性金融风险的驱动因素研究的重点大多停留在金融系统内部，宏观政策环境、企业部门、家庭部门等角度往往没有得到全面的考虑。本章将在已有的研究基础上，更加全面地总结系统性金融风险的驱动因素，利用主成分分析法对各个维度进行独立分析筛选，合成系统性金融风险指数，最终运用相关系数法分析影响程度，丰富系统性金融风险的相关理论。

同时，为了防止全球金融危机再次给我国经济带来巨大的打击，我们有必要从系统性金融风险的驱动因素入手，更有针对性地预防我国的系统性金融风险。本章结合已有国内外系统性金融风险的研究成果，选取宏观经济环境、金融体系内部风险积累和利益相关群体非理性行为三个对系统性金融风险具有驱动作用的因素，搜集相对权威的数据进行实证分析并度量其影响程度，以得出各个驱动因素的相对重要性和紧迫性，进而对症下药，对下一阶段经济平稳发展提出有效政策建议。

4.2 系统性金融风险特征及其影响维度分析

系统性金融风险是由多因素共同造成的，其驱动因素错综复杂，本节将从宏观经济环境、金融体系内部风险积累和利益相关群体非理性行为三个方面对系统性金融风险的驱动因素进行总结。

4.2.1 宏观经济环境

1. 经济周期波动和调控政策的失误

金融不稳定理论认为，经济基础的恶化是金融体系脆弱性的重要来源。总的来看，宏观经济下行将会通过以下两种路径向金融系统传导：一是刚性兑付。经济结构处于调整阶段时，经济增速的下降会使宏观经济景气指数缓滞，而刚性兑付使得宏观经济中各个部门间真实的债权债务关系无法被准确识别，市场参与者对风险的防范意识减弱，这将会扩大债务双方的贷款需求与借款热情，使得大量资本流至国有企业和地方政府，加大私营企业向金融机构寻求与融通资金的难度。不合理的资本配置对经济发展有百害而无一利，除对金融机构投资回报率产生负面影响，还会降低经济的潜在增长率，使得系统性金融风险因素不断累积。二是信用担保链条断裂。宏观经济不景气加剧了金融市场恐慌，信贷市场中无序竞争、中小企业融资门槛的降低、不规范的担保行为、隐蔽且复杂的担保关系，或使担保链上企业的债务风险集中爆发，并通过担保链迅速传导扩散，蔓延至整个金融体系。此外，宏观调控政策也要跟着经济周期波动不断调整，如果宏观政策调控出现失误，则会进一步加剧系统性金融风险发生概率。

宏观经济基本面和政策变动往往是驱动系统性金融风险的主要外部因素[109]。经济周期波动是指经济运行随着经济发展的趋势出现的有规律的上升和下降。国际消费和投资的失衡、内需和外需的失衡及经济结构不合理等问题都会造成经济周期的调整，成为系统性金融风险的潜在驱动因素。金融机构作为资金周转的中介，具有较高的流动性，不仅要承担自身运营风险，还要时刻关注宏观经济对其经营状况的负面影响。美国次贷危机的直接原因是房地产的价格泡沫，但美国当时的低利率政策引起的流动性过剩才是最本质的原因，在风险初步扩大时，各国中央银行没有及时实行紧缩的货币政策，进一步扩大了系统性金融风险。

虽然从理论上来说宏观审慎监管与货币政策能够互补，但缺乏协调配合的机制易使政策在实施过程中发生冲突。当资产价格与物价背道而驰时，为稳定物价水平而实施的货币政策会导致经济金融的顺周期，加速系统性金融风险的传染。此外，随着资产价格的不断上升，交易周期延长和市场间的风险联动加深会使债务违约、金融高杠杆、银行不良贷款等风险传染至宏观经济层面，境内风险甚至会通过对外贸易或投资，间接导致系统性金融风险的跨境传导，内忧外患、压力交织将进一步导致宏观经济景气指数下行。

2. *房地产价格泡沫风险*

房地产价格对其基础价值的严重偏离是很多金融危机爆发的直接原因。从历史上发生的金融乃至经济危机来看，房地产风险因素不可忽视，美国、日本及东南亚国家都曾发生过由房地产泡沫所引发的金融危机，造成世界经济不同程度的衰退。近 20 年来，我国的金融市场为房地产市场的发展提供了巨大保障，房地产业投资规模巨大，房地产市场价格持续上行，这也使得房地产企业从银行等金融机构进行贷款等资金周转的活动越来越多。截至 2021 年，我国金融机构贷款有 25%以上投入房地产行业，证券市场大量资金的投入与不断上涨的房价导致房地产泡沫风险不断积累。一旦房地产行业的经营状况出现问题，必然会引起银行等金融机构坏账与不良贷款率的增加，银行的经营状况恶化，增加经营风险。

我国房地产市场的价格波动将从供需两方面影响金融风险。从供给方面来看，土地价格增加对房地产价格上涨起到了主要的推动作用，也会相应增加开发商的开发贷款。开发商在利用自有资金的同时，还可以在申请土地抵押贷款之后购买政府手中的土地，增加房地产行业的杠杆与经营风险。总体来看，房地产企业项目周期长，但对资金周转的要求又比较高，房地产企业大多通过发行债券、社会融资及银行信贷等方式筹集资金，巨量的现金周转需求和不断的借新还旧致使近年来房地产企业的杠杆率高企。近年来，国家为防范和控制房地产领域的风险已出台和制定多项政策和措施，以限制房地产企业的大规模融资，提高其融资成本，防止房地产企业出现大量的债务违约现象导致系统性金融风险。

从需求方面来看，国内购房者非理性的购房行为也为自身增添了沉重的房贷负担和抵押贷款额。如果房地产市场迅速降温导致房价跌幅过快，将会面临抵押品价值不足问题，进而造成房贷违约，银行等金融机构坏账损失增加。贷款行变现抵押资产又会造成房价的进一步下行，从而出现“泡沫破灭—债务违约”的恶性循环。房地产价格的陡然涨价，会导致整体经济中出现不能反映真实财富的泡沫，实体经济不振。当价格暴涨到一定程度时，必然会出现暴跌，此时作为抵押品的房地产价值便会大幅度下跌，银行将会出现一大笔坏账，形成房地产危机，引起系统性金融风险[110]。

与此同时，房地产市场目前的金融化程度仍然很深，这也大幅削弱了金融对实体经济的支持力度，致使宏观经济缺乏持续发展动力。虽然政府对房地产市场的调控力度不断增强，但房企高杠杆高负债的现象在房地产行业普遍存在。2021年7月以来，以恒大为代表的众多房企深陷巨额债务危机，截至2022年12月31日，恒大总负债逾2.4万亿元，濒临破产清算的边缘。碧桂园也不幸步其后尘，负债也高达1.6万亿元①。这些令人震惊的数字揭示出国内房地产行业目前仍然存在着较大的风险，这加大了系统性金融风险发生的可能性[111]。

3. 地方政府债务危机

地方政府债务危机是指在颇具规模的地方融资平台贷款时所存在的难以预测的风险问题。目前我国地方政府的财政收入较多来源于土地出让所收取的费用，地方政府以土地作为抵押发行债券来满足刚性需求。

目前，我国正处于追求高质量发展的阶段，由于此前疫情对各省（区、市）经济的影响，地方政府为迅速恢复地方经济及就业率，选择拓宽其融资渠道，扩大债务规模投入地方经济建设之中，这无疑为获取融资提供了条件，但也增加了自身的风险。由于“企业—银行”与“政府—银行”传导路径的存在，风险将会迅速传播至各个部门[112]。

截至2022年底，政府债务通过银行体系实现大部分财政风险向金融风险的传导，代价是对银行偿付能力不足的兜底。在110万亿元左右的政府显性和隐性直接有息负债中，有90万亿左右为银行表内外资产持有。政府的隐性或有负债也主要集中于银行体系②。然而，地方政府为解决其高企的债务风险，往往采用“借

① 资料来源：恒大巨额债务“浮出水面”，房企压力依然未减，真的“无解”了吗？https://roll.sohu.com/a/704279650_121323114，2023-07-19。

② 资料来源：李珊珊.李珊珊：厘清中国广义政府负债及风险传导机制，http://rdcy.ruc.edu.cn/zw/jszy/lss/grzllss/90fa608641e341ddb8c1b49667842ce7.htm，2020-11-09。

新还旧”的方式，要求银行等金融机构购买其置换债，占用了金融机构对企业的贷款额度，使得地方企业无法获得其经营所需贷款。如果企业经营情况恶化，难以偿还贷款，就会面临破产，同时银行坏账率增加，加剧系统性金融风险发生的概率。

除此之外，地方政府债务危机还存在溢出效应，将对邻近省（区、市）的系统性金融风险发生概率产生影响。对于银行等金融机构来说，邻近区域间银行系统的关联性较大，同业银行拆借业务的存在使得银行遭遇流动性等危机时可迅速寻求邻近区域、经营状况相近的同业资金帮助。由于同业银行拆借行为所导致的复杂资产负债关系，若发生危机，不能够顺利解决，其造成的影响则会通过救助链条波及邻近区域的银行系统，进而造成邻近区域的系统性金融风险增加。对于投资者来说，如果地方政府进一步压缩银行的信贷额度致使银行陷入流动性困境，有限理性的投资者会因为信息不对称等因素无法准确判断市场未来的走向而恐慌。这种恐慌会迅速蔓延并产生跨地区的“羊群效应”，致使银行产生挤兑效应。长期来看，这种风险如果在邻近地区的金融机构之间传播，伴随而来的还有信贷资本短缺所致的利率攀升、市场非正常紧缩等，对银行等金融机构造成巨大的经营压力。

4. 汇率波动风险

汇率波动存在两方面的影响。一方面，从国家进出口贸易的角度来看，汇率调整会使进出口商品价格出现变动，若一国的货币发生贬值，则该国商品在国际市场上同样会贬值，从而导致大量外资流入，增加贸易顺差，间接影响该国的外资储备。2018 年 3 月，美国总统特朗普签署总统备忘录，对中国进口商品征收高额关税，并限制中国企业对美投资并购。美国将通过加征关税抑制中国的出口以限制中国各方面的发展，这表明进出口对一个国家的重要性。同时，汇率的变动也将影响对外出口贸易企业，当汇率相对升值时，使用外汇进行结算的企业利润将会遭受重创，连带影响整个产业链的经营情况及工人收入，通过服务业及消费领域扩散至整个行业，对宏观经济状况造成影响。我国自改革开放以来很长时间为外向型经济国家，以国际市场需求为导向，以扩大出口为中心，因此受世界经济环境制约较大，易受全球经济波动的影响。

另一方面，我国外汇市场与股票市场和债券市场有着交叉风险溢出效应。在我国金融开放不断深化的背景下，高频和巨额的金融交易将使大量游资不断地、频繁地在各国间游走，决定汇率波动的最关键因素也因此转为投机头寸的变化[113]。如今，资本在全球高速流动，投机资本的流向成为宏观经济政策重点关注的问题，人们也应当提高对因跨国资本流动而产生的汇率波动风险的重视程度。在考虑债务组成是由以本币计价的短期债务和以外币计价的长期债务共同构成时，尽管以外币计价的债务原本就是长期的，但是一旦市场预期出现异常，国内以本币计价的债务持有者将会拒绝将其展期，进而导致汇率产生波动。同时，投资者的预期也会改变国际资本的流动。面对收益高、前景好的项目，投资者必然会将资金投入，而这种短期资本的流入将会导致汇率的波动。当市场出现恶化的情况时，资金的大量撤出也会导致汇率的大幅波动。

4.2.2 金融体系内部风险积累

1. 货币市场流动性风险

货币的流动性是指货币的投放量，体现在两个方面：一是社会层面货币的流通，二是商业银行在中央银行的存款准备金率。货币当局在进行流动性的管理时，货币供应的信息不对称，可能会造成市场流动性挤兑。若出现货币流动性过剩时，货币当局发行货币过多，流通在市场的货币增多，会导致居民储蓄和商品价格上涨，进而出现通货膨胀[114]。若出现流动性不足时，商业银行短期资产价值不能应付短期负债，甚至会因为得不到流动性支持而出现破产清算，经过金融市场的交叉感染造成严重的系统性金融风险。

2008 年以来，我国为刺激国家经济采用宽松的货币政策，货币供应量的快速提升为通货膨胀提供了较大的可能性。2010 年，我国开始实施稳健的货币政策，货币供应量增速趋于正常化。2014 年，我国经济增速换挡面临着发展动能不足的问题，央行进一步释放流动性，经济金融领域潜在风险值得关注。2020 年新冠疫情导致经济进一步下行，为助企纾难解困，我国的广义货币供应量（M2）呈现出增长态势。如今，我们更要从宏观审慎角度综合各类因素衡量货币市场流动性，货币供应量的增长也应符合我国经济的发展速度，防止资产泡沫堆积。

从商业银行角度来看，如果施行宽松的货币政策，那么就会降低利率，扩大其信贷资金规模，推高资产价格，使得银行资金投向高风险高收益的项目，对于风险的容忍度有所提高，从而推高银行业的系统性风险。如果货币供应量减少，会令银行产生流动性问题，降低银行的经营稳定性，提高经营风险。

2. 商业银行不良资产风险

商业银行不良资产风险是指商业银行无法及时或足额收回利息甚至本金的贷款，使银行信贷资产处于呆滞、坏账状态。这部分不良资产会降低银行日常经营的稳定性，并对其资产收益率造成负面影响，通过不断侵蚀银行的附属与核心资本进而降低资本充足率，提升财务杠杆率及经营杠杆率。银行不良贷款率的变化来源于宏观经济运行风险、逆向选择、道德风险、国企软约束或是银行内部风险控制情况等，银行对其不良贷款容忍度的下降必然会导致中小企业融资难的困境加重[115]。虽然我国银行对这部分坏账有所准备，但超额的不良资产会最直接地影响商业银行的资金周转，即使有抵押品也不能完全弥补损失，贷款利息无法收回，影响其他业务的正常进行[116]。同时，商业银行不良贷款的增加还会压缩其信贷规模，产生“信贷歧视”行为，使信贷资金更多流向信用较高的国企，而广大中小企业则因无法按时获得银行贷款面临经营风险甚至倒闭破产。

不良贷款原本仅仅是因企业未来还款希望渺茫所带来的信用风险，但全球金融危机说明其潜在的系统性金融风险不能忽视。长远来看，银行信贷的危机会对实体经济造成影响，制约社会资源的合理配置。近年来，我国的商业银行不良资产一直没有得到很好的解决，很有可能引起系统性金融风险。

3. 股票市场异常波动风险

1929 年的经济危机使美国持续了 15 年的牛市戛然而止；1997 年亚洲金融危机使各国股市转涨为跌；2008 年美国次贷危机对世界经济造成巨大影响；2020 年新冠疫情使美股遭遇巨大危机，美股历史上有过 5 次熔断，仅在 2020 年 3 月 9 日到 18 日就熔断了四次。这些足以证明金融危机往往伴随着股票市场的飞速下滑，给实体经济造成无法挽回的重创。

近 30 年来，我国的股市蓬勃发展、成绩斐然，但散户的占比还比较高，因此所产生的过度投机与非理性投资问题使得广大投资者对经济的变化十分敏感，一旦市场出现异动，可能会引起系统性金融风险。股票市场的风险会带来一系列流动性、杠杆性、散户化和投机性危机，如果股票无法出售，信托和投资计划无法偿还银行理财资金，场内杠杆资金大面积被动斩仓，投资者情绪波动，形成金融系统交叉感染。

传统观点认为是金融危机引发了股价的快速下降，而新观点认为是股价在暴跌前的持续上涨导致资产泡沫的大量产生并积累、资源错配和市场无效，即金融危机的发生源于金融风险的不断积累，超过一定的限度就会爆发。因此，在经济发展高度扩张的背景下，股价的暴跌将会成为导致个人和企业资金链断裂，进而触发金融危机的导火索[117]。

4. 债券市场违约风险

我国 2019 年有 211 只债券出现了违约现象，违约金额高达 1 338.96 亿元，创下历史新高。2020 年以前，我国债券违约主体中民企占比较大，其规模和数量明显大于国有企业。但截至 2020 年 12 月，国企的违约数量和规模分别扩大至民企的 81%和 89%，达到历史最高点，这种现象也是 2014 年以来第一次出现。在 2020 年 11 月 20 日，有 20 只左右的高评级债券在同一天内违约，导致许多企业不得已取消或延期发行[118]。2023 年上半年，债券市场共发行利率债 10.80 万亿元。其中，国债发行 3.90 万亿元，发行规模同比增长 7.28%。截至 2023 年 6 月末，我国债券市场利率债品种存量规模为 87.41 万亿元，较上年末增长 5.31%。其中，非金融企业债券存量为 26.34 万亿元，较上年末增长 2.35%。总体来看，我国债市违约风险整体可控，但考虑到发行人短期偿债能力依旧较弱，债务滚续压力不减、融资分化显著，债券市场结构性信用风险犹存①。

债务违约风险主要体现在无法按期兑付上，过去在面临此类违约事件的发生时，政府会出面解决，在各方面进行协调，以银行、承销商垫资和财政拨付方式进行偿还。如今，处理方法多样化，当地政府会以财政手段进行直接补贴、减免税收或者协调银行等多种手段化解，防止出现实质性违约。虽说债券违约后的处理手段多样，但并不能够从源头防止债券违约风险的发生。由于金融脱媒化的推进，融资方可以不通过商业银行直接从投资方获取资金。于是，债券市场成了对融资方而言融资成本最低的选择。但是，当企业生产经营情况不佳时，债券到期将会无法偿付，形成债券市场违约风险。

4.2.3 利益相关群体非理性行为

1. 投资者情绪波动风险

投资者情绪是指投资者对市场信息做出未来预期的系统性偏差。我国股市中存在较为明显的非理性行为，即“追涨杀跌”，并且投资者之间存在“羊群效应”，小部分的投资者会带动大量投资者，从单一股票影响到整个行业，甚至波及整个金融系统[119]。当投资者情绪进入上升时期时，投资者通常愿意发现利好消息而忽视利空消息，即愿意相信经济大环境和公司自身均能够保持上升的势头。这种情绪极易传染，会带动场外的潜在投资者进入盲目自信的情绪，最终达到投资者情绪的顶峰。当投资者情绪进入下行周期时，一切都呈现相反的图景，悲观的情绪在投资者之间蔓延，个体风险偏好相比情绪积极时明显趋于保守，投资的目的更多是避险而非贪图高额的风险收益，持有股票的意愿较低，更多的是想卖出股票，导致市场触及底部[120]。同时，投资者情绪的变动会对股票的流动性造成正向影响，积极的投资者情绪可以提高流动性水平，且这种影响对高账面市值与规模大的公司敏感度更高，对风险溢价高的敏感性较低[121]。

此外，投资者都是敏感的，又是滞后的。由于信息不对称，投资者往往无法及时、准确地获得市场中的消息，并且无法准确判断市场态势，形成偏离真实情况的风险预期，做出情绪化的冲动判断，并通过“羊群效应”在市场中传播。一旦宏观经济存在下滑的迹象，便会引起投资者的恐慌情绪。这种恐慌情绪将作用于经济的各个部分，又会进一步加剧宏观经济的下行与恶化。在 2003 年严重急性呼吸综合征（SARS）事件中，由于加拿大民众恐慌进而高估了传染概率，原本仅有几十名死亡病例的加拿大损失了近 10 亿加元[122]，这一切均来自投资者及民众的恐慌心理，其造成的影响不容忽视。

① 2023 年上半年债券市场发展报告. https://baijiahao.baidu.com/s?id=1773265519718207271&wfr=spider&for=pc。

2. 杠杆利用风险

经济部门的杠杆是指将借来的资金投资于现有资金中，适量的杠杆率有助于用有限的资金获取更多的价值，带动经济增长。但当杠杆率超出合适的范围时就会影响经济运行，严重时会诱发系统性金融风险。如今，我国银行等金融机构的资产负债链条错综复杂，其形成的金融网络相互连接，致使各类风险更易在网络中传播。当宏观杠杆率越大，即债务水平和规模越高时，金融网络的连接强度就越高，系统性金融风险的传染概率就越大。

政府部门方面，杠杆主要应用于举债，进行公共设施和市政工程的建设，过度的杠杆会使风险流向商业银行，造成商业银行流动性风险上升；家庭部门方面，杠杆主要应用于购房贷款，过度的杠杆会造成房价上涨，当房价偏离其价值时，房地产市场就会形成资产泡沫。一旦房价出现负面波动，高杠杆的家庭会减少可支配收入中用于消费支出的部分，给宏观经济带来波动。虽说居民杠杆率的提升在短期来看促进了居民消费，但在长期来看却抑制了消费的产生[123]。与此同时，居民杠杆率上升所带来居民储蓄的下降将会产生“负债慌”的压力，对企业的融资环境及生产经营造成不良影响[124]；企业部门方面，过度杠杆会使企业遭遇财务危机，严重时造成破产，进而从就业和收入方面影响实体经济。在经济新常态下，我国正面临着升级转型的问题，经济增速有所下滑，企业利润也呈同样变化趋势，降低了企业的偿债能力。企业为维持其生产经营情况选择举债经营，但由于商业银行为减小风险提高了贷款的条件，此时企业往往会借助非正规的融资渠道筹得资金，又进一步增加了自身的经营风险。金融部门方面，商业银行通过同业业务实现负债扩张，但风险会在同业内传染，杠杆获得的资产通过理财产品再次流入金融部门资产中，产生资产价格泡沫风险。当大量资金在金融体系内自我循环和空转时，这可能会导致信贷资产的期限错配，并在金融市场积累较高的风险。一旦银行等金融机构的杠杆超过特定的阈值，金融体系的脆弱性会明显上升，这增加了全局性系统性金融风险爆发的概率[125]。

4.3　指标的选择与数据处理

4.3.1　指标选择

基于上述系统性金融风险驱动因素，结合已有文献综述的研究和数据获取可行性，本节将系统性金融风险从宏观经济环境、金融体系内部风险积累和利益相关群体非理性行为三个角度细化出 10 个具体衡量维度，共 29 个指标，如表 4.1 所示。

表 4.1　衡量系统性金融风险的基础指标体系表

一级指标	二级指标	三级指标	经济意义	指标方向
宏观经济环境	经济波动风险	GDP 增长率（A1）	反映宏观经济发展的总体趋势	逆指标
		居民消费价格指数增长率（A2）	反映通货膨胀或紧缩程度	双向指标
		工业增加值增长率（A3）	反映工业经济的运行走势	逆指标
		中国采购经理指数（A4）	反映制造业经济的运行走势	逆指标
	房地产价格泡沫风险	房地产开发投资计划总投资增速（B1）	反映房地产市场投资的活跃程度	正指标
		商品房销售额增速（B2）	反映房地产行业商品房市场的繁荣程度	正指标
		国房景气指数变化率（B3）	房地产行业发展景气状况的综合指数	逆指标
	地方政府债务危机	财政收入（C1）	反映政府的收入水平	逆指标
		财政赤字/GDP（C2）	反映政府的负债水平	正指标
	汇率波动风险	外汇储备增长率（D1）	反映人民币抵御风险的能力	逆指标
		进出口总值增速（D2）	反映我国对外贸易的活跃程度	逆指标
		人民币汇率波动率（D3）	反映人民币汇率的波动情况	正指标
金融体系内部风险积累	货币市场流动性风险	银行间市场 7 天回购定盘利率（E1）	反映短期资金供求状况	正指标
		一周和一年期 SHIBOR 期限利差（E2）	反映短期与长期资金拆借的利差	正指标
		M2 增长率/M1 增长率（E3）	反映现实购买力和潜在购买力的比率	正指标
	商业银行不良资产风险	不良贷款率（F1）	反映商业银行信贷资产质量情况	正指标
		贷款增长率/GDP 增长率（F2）	反映银行部门业务扩展势头	双向指标
		中长期贷款余额/贷款总额（F3）	反映商业银行信贷资产流动性情况	正指标
	股票市场异常波动风险	上证指数（G1）	反映股票市场整体运行情况	双向指标
		上市公司总市值/GDP（G2）	反映股票市场规模大小	逆指标
		股市成交额增长率（G3）	反映股票市场繁荣程度	正指标
		平均市盈率（G4）	反映股票市场的估值水平	逆指标
	债务市场违约风险	中债综合指数（H1）	反映中国债券市场价格变动趋势	正指标
		5 年、3 个月国债到期收益率利差（H2）	反映长期国债与短期国债利差	正指标
利益相关群体非理性行为	投资者情绪波动风险	消费者信心指数（I1）	反映消费者对未来经济形势的预期	双向指标
		企业家信心指数（I2）	反映投资者对未来经济形势的预期	双向指标
		投资者新增开户数（I3）	反映金融市场外人群对未来经济形势的预期	正指标
	杠杆利用风险	企业债务/GDP（J1）	反映企业部门杠杆利用情况	双向指标
		住房贷款/GDP（J2）	反映家庭部门杠杆利用情况	双向指标

资料来源：根据对系统性金融风险驱动因素的分析整理而得

表 4.1 中的数据主要来自 Wind 数据库和锐思数据库，经济周期维度、房地产

市场维度、政府维度和信心指数的数据由国家统计局和财政部发布，外汇市场维度、货币市场维度、商业银行维度和杠杆维度的数据由中国人民银行、银监会和中国外汇交易中心暨全国银行间同业拆借中心发布，股票市场维度数据由证监会和沪深证券交易所发布，债券市场维度数据由中债估值中心发布。本章数据选取 2007~2021 年的季度数据，主要考虑该阶段包含了 2008 年金融危机，可以比较全面地研究系统性金融风险的驱动因素。

4.3.2　指标数据处理

考虑到获取数据的时间频度、量纲不一致，数据性质不同等因素，将数据做如下处理。

（1）将所有数据的频度转换为季度。由于官方发布的数据中有部分只能精确到季度，如 GDP、不良贷款率、企业家信心指数等，考虑到无法用科学的方法将这些数据精确到月度，所以本章采用季度数据作为数据的时间频度，对于精确到日和月的数据根据数据的性质通过计算平均值或求和的方式转化为季度数据。

（2）对逆指标和双向指标数据进行处理。本节研究系统性金融风险的影响因素，相关指标中 GDP 增长率、工业增加值增长率、财政收入等数据与系统性金融风险呈负相关关系，上证指数、消费者信心指数、杠杆率数据与系统性金融风险呈 U 形的双向关系。为了后续处理的统一，需要将指标统一正向化。负项指标正向化处理是对原始值取反，即 $x'=-x$；适度指标正向化处理是对原始值与均值之差的绝对值取反，即 $x'=-|x-\bar{x}|$。

（3）对不同量纲的数据进行标准化处理。上述指标中包含了增长率、指数、比率等，不适合统一对比，本节对所有数据进行 Z-score 标准化处理，具体公式如下：

$$Z_i=\frac{X_i-\mu_i}{\sigma_i} \tag{4.1}$$

其中，X_i 代表原数据；Z_i 代表标准化后的数值；μ_i 代表该指标样本中的平均值；σ_i 代表该指标样本中的标准差。

4.3.3　测度方法

根据对参考文献的整理可以发现测度系统性金融风险的方法多样，如 SES 法（simple exponential smoothing，指数平滑法）、SRISK 法、CoVaR 法、中国 CISS 指数（China's Index of System Stability，中国系统稳定性指数）、金融巨灾风险指标法和网络模型法等。但大部分方法是针对金融机构所承担的系统性风险进行测度，很难反映我国整体宏观经济的现实状况。主成分分析法测度则能融合较多经济指标，建立系统性金融风险指标体系，其核心思想是通过降维来整合多数变量从而选取少数主成分来代表大多数指标的所含信息得出综合因子得分，由于多指标间必定会有关联，导致信息重叠问题，因此利用主成分分析法进行测度是比较合适和高效的。

主成分分析法实质上是在做坐标系的旋转。原始数据变差最大的方向，就是最后输出的新坐标系的各个坐标轴方向。具体步骤如下：

设 $X_1, X_2, \cdots, X_p$ 为取自总体 X 的样本，其中 $X_i=\left(x_{i1}, x_{i2}, \cdots, x_{ip}\right)'$（$i$=1,2,⋯,$n$）。记样本观测值矩阵为

$$\boldsymbol{X}=\begin{bmatrix} x_{11} & x_{12} & \cdots & x_{1p} \\ x_{21} & x_{22} & \cdots & x_{2p} \\ \cdots & \cdots & & \cdots \\ x_{n1} & x_{n2} & \cdots & x_{np} \end{bmatrix} \tag{4.2}$$

$\boldsymbol{X}$ 的每一行对应着一组数据，每一列对应着该组数据的一个变量。将样本协方差矩阵和样本相关系数矩阵分别记作：

$$\boldsymbol{S}=\frac{1}{n-1}\sum_{t=1}^{n}\left(x_i-\bar{x}\right)\left(x_i-\bar{x}\right)'=\left(s_{ij}\right) \tag{4.3}$$

$$\hat{\boldsymbol{R}}=\left(r_{ij}\right),\quad r_{ij}=\frac{s_{ij}}{\sqrt{s_{ii}}\sqrt{s_{jj}}} \tag{4.4}$$

其中，样本均值的表达式是 $\bar{x}=\frac{1}{n}\sum_{i=1}^{n}x_i$，从 $\boldsymbol{S}$ 或者 $\hat{\boldsymbol{R}}$ 出发可求得样本的主成分。

设 $\widehat{\lambda_1} \geqslant \widehat{\lambda_2} \geqslant \cdots \geqslant \widehat{\lambda_p} \geqslant 0$ 为 $\boldsymbol{S}$ 的 p 个特征值，$\hat{t_1}, \hat{t_2}, \cdots \hat{t_p}$ 为相应的正交单位特征向量，则样本的 p 个主成分为

$$\widehat{y_t}=\hat{t_1'}\boldsymbol{X},\quad i=1,2,\ldots,p \tag{4.5}$$

将样本 x_i 的观测值代入第 j 个主成分中，则可以将得到的值 $\widehat{y_{ij}}=\hat{t_j'}X_i$（$i$=1, 2, ⋯, p；j=1,2,⋯,p）称为样本 X_i 的第 j 个主成分得分。

4.4　基于主成分分析的系统性金融风险驱动模型

4.4.1　主成分分析结果

将上述 29 个指标分为三个维度进行主成分分析。在进行主成分分析之前，要对变量间的相关性进行检验，判断变量是否适合利用主成分分析法进行分析。

表4.2 为 KMO 和 Bartlett 检验结果，三个维度变量的 Bartlett 检验 P 值均为 0，KMO 检验值均大于 0.5，满足主成分分析条件，因此样本数据具有结构效度，可以使用主成分分析法测度系统性金融风险。

表 4.2　三个维度主成分分析 KMO 及 Bartlett 检验表

项目	宏观经济环境	金融体系内部风险积累	利益相关群体非理性行为
KMO 检验	0.707	0.548	0.562
Bartlett 检验	0.000	0.000	0.000

资料来源：依据 STATA 软件分析结果整理而得

本节使用 STATA 17 软件对数据进行处理，在此以计算宏观经济环境维度为例，展示具体详细的计算过程，其余的两个维度使用了相同的计算方法，故只列出最终结果。

首先，计算出宏观经济环境维度的各个主成分的特征值、贡献率和累计贡献率。如表 4.3 所示的 12 个主成分的贡献率，前 6 个主成分特征值的累计贡献率为 88.47%，已经达到 80%标准，基本能够解释指标所包含的大部分信息。

表 4.3　宏观经济环境维度特征值及总方差贡献率解释

成分	特征值	初始特征值方差百分比	累计贡献率
Factor1	4.870 88	0.405 9	0.405 9
Factor2	1.837 70	0.153 1	0.559 0
Factor3	1.319 64	0.110 0	0.669 0
Factor4	1.045 76	0.087 1	0.756 2
Factor5	0.826 07	0.068 8	0.825 0
Factor6	0.716 38	0.059 7	0.884 7
Factor7	0.524 82	0.043 7	0.928 4
Factor8	0.296 06	0.024 7	0.953 1
Factor9	0.254 48	0.021 2	0.974 3
Factor10	0.149 59	0.012 5	0.986 8
Factor11	0.144 49	0.012 0	0.998 8
Factor12	0.014 15	0.001 2	1.000 0

资料来源：依据 STATA 软件分析结果整理而得

同时为了更加准确判断主成分的选择，本节利用碎石图展现了各个主成分的特征值。如图 4.1 所示，前 6 个主成分在碎石图中的斜率陡峭，而后 6 个主成分的斜率较为平缓，说明前 6 个主成分已经能够覆盖大部分变量信息。

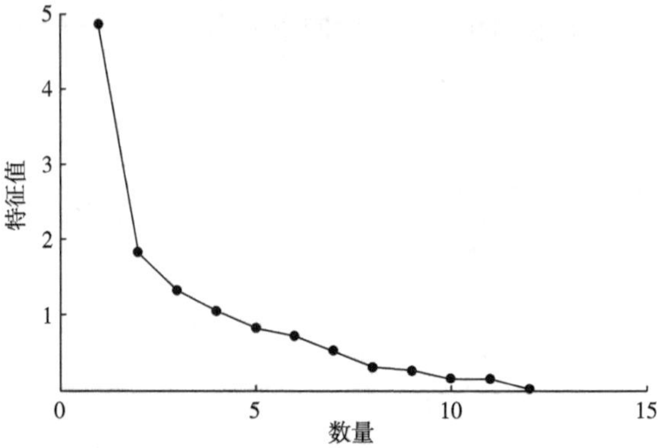

图 4.1　宏观经济环境维度主成分分析碎石图

资料来源：依据 STATA 软件导出

根据 PAC_1~PAC_6 的主成分得分系数矩阵（表 4.4），可以列出主成分 1~6 的表达式。

表 4.4　宏观经济环境维度主成分得分系数矩阵

变量	PAC_1	PAC_2	PAC_3	PAC_4	PAC_5	PAC_6
A1	0.409 5	0.059 5	0.168 5	0.020 8	−0.225 5	0.122 8
A2	0.235 3	−0.164 7	−0.502 3	−0.103 6	0.256 9	0.409 0
A3	0.411 0	0.035 9	0.150 0	0.155 8	−0.259 9	0.144 3
A4	0.358 4	0.178 2	0.093 9	0.087 4	0.239 0	−0.067 7
B1	−0.243 8	−0.004 8	0.358 3	−0.157 9	−0.296 5	0.736 3
B2	−0.238 1	−0.529 7	0.187 0	0.183 6	0.152 1	−0.165 3
B3	0.105 6	0.652 9	−0.053 2	−0.036 8	−0.027 4	−0.137 3
C1	−0.284 5	0.276 9	0.289 9	0.337 1	0.331 1	−0.018 0
C2	0.232 5	−0.009 6	0.318 6	−0.092 6	0.713 9	0.283 2
D1	0.357 3	−0.338 1	−0.111 8	−0.093 6	−0.009 8	−0.130 3
D2	0.260 8	−0.165 9	0.246 9	0.643 1	−0.157 3	−0.013 3
D3	−0.146 9	0.104 2	−0.512 6	0.593 6	0.050 4	0.325 9

资料来源：依据 STATA 软件分析结果整理而得

$$PAC_1=0.409\,5A1+0.235\,3A2+0.411\,0A3+0.358\,4A4-0.243\,8B1-0.238\,1B2+0.105\,6B3-0.284\,5C1+0.232\,5C2+0.357\,3D1+0.260\,8D2-0.146\,9D3$$

⋮

$$PAC_6=0.122\,8A1+0.409\,0A2+0.144\,3A3-0.067\,7A4+0.736\,3B1-0.165\,3B2-0.137\,3B3-0.018\,0C1+0.283\,2C2-0.130\,3D1-0.013\,3D2+0.325\,9D3$$

最后，以转置后主成分各自的方差贡献率占选取主成分方差贡献率之和的比例作为权重，得出该维度的综合指数。具体公式为

$$F=\sum_{i=1}^{m}\frac{p_i}{\sum_{i=1}^{m}p_i}PC_i\left(m\text{为选取主成分个数}\right)$$

4.4.2　各要素风险指数时间序列图

根据上述主成分分析结果，可以绘制出各个维度风险指数的时间序列走势，如图4.2 所示。

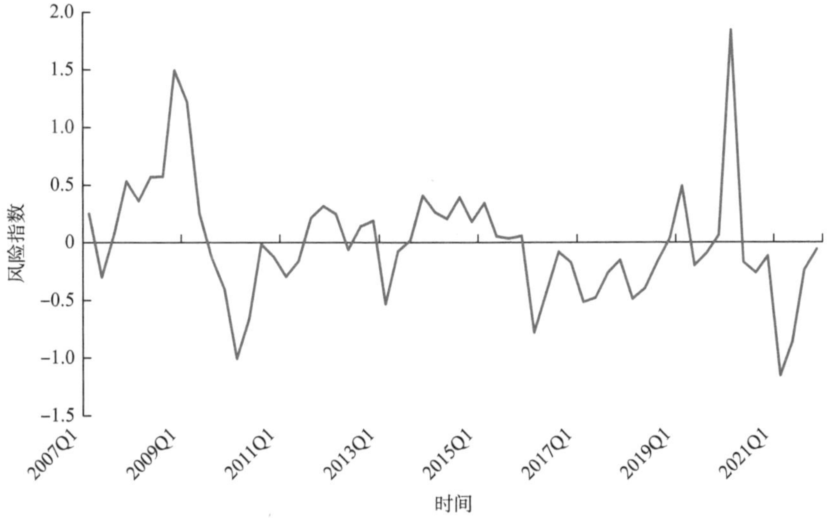

（a）宏观经济环境

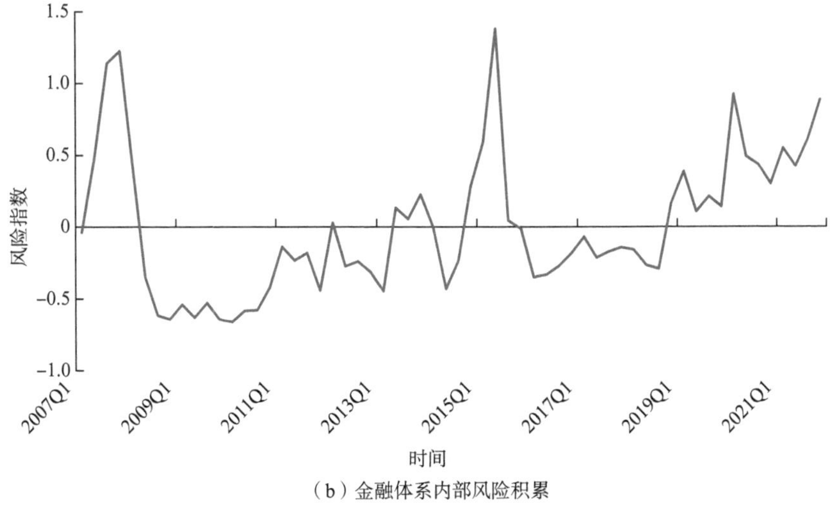

（b）金融体系内部风险积累

（c）利益相关群体非理性行为

图 4.2 2007~2021 年三个维度时间序列走势

Q 代表季度

资料来源：依据本章数据结果绘制而得

4.4.3 系统性金融风险指标的合成

该指标由上文所计算的三个维度指标共同合成，同样通过主成分分析法，具体步骤与上文相同，在此简要阐述。表 4.5 为三个维度指标的两项检验及总方差解释，结果表明三个维度指标适合进行主成分分析，且前两个因子的总方差贡献率达到 80.06%，大于 80%，因此选择两个主成分进行系统性金融风险指标的合成。

表 4.5 合成系统性金融风险指数的特征值与方差贡献度解释

成分	特征值			主成分提取		
	特征值	初始特征值方差百分比	累计	特征值	初始特征值方差百分比	累计
	KMO	0.544		Bartlett	0.000	
1	1.337 64	0.445 9	0.445 9	1.337 64	0.445 9	0.445 9
2	1.064 24	0.354 7	0.800 6	1.064 24	0.354 7	0.800 6
3	0.598 13	0.199 4	1			

资料来源：依据 STATA 软件分析结果整理而得

表 4.6 为系统性金融风险综合指数的成分矩阵，代表的是每个维度对各个主

成分的影响程度，以主成分 1 为例，影响程度最高的是宏观经济环境，其次是利益相关群体行为。对于主成分 2 来说，主要的影响因素为金融体系内部风险积累。

表 4.6　合成系统性金融风险主成分得分系数矩阵

变量	主成分 1	主成分 2
a1	0.826 3	0.256 9
a2	−0.000 4	0.957 0
a3	0.808 1	−0.290 2

资料来源：依据 STATA 软件分析结果整理而得

最后根据前文所述方法，利用各主成分权重对主成分进行加权处理，得到最终的系统性金融风险综合指数。2007~2021 年系统性金融风险综合指数时间序列走势，如图 4.3 所示。

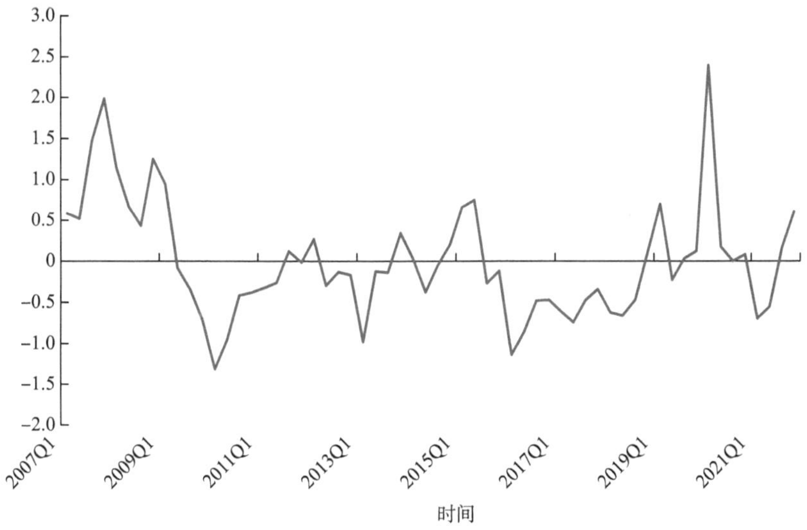

图 4.3　2007~2021 年系统性金融风险综合指数时间序列走势

资料来源：依据本章数据结果绘制而得

4.5　系统性金融风险指数波动的区间驱动因素分析

4.5.1　系统性金融风险指数波动分析

联系我国经济运行的实际情况可以对图 4.3 系统性金融风险综合指数时间序列走势进行解释。图 4.3 中系统性金融风险综合指数的时间序列值在 2008 年、

2012 年、2015 年和 2020 年均出现了阶段性峰值。2007 年 8 月，一场因次级抵押贷款机构破产、投资基金被迫关闭、股市剧烈震荡引起的金融风暴席卷全球，世界主要的金融市场均受到较大冲击，给我国也带来了不小的影响。2012 年，中国经济增速放缓，国家进入了经济结构调整状态。欧债危机对我国经济的负面影响导致我国的系统性金融风险概率逐渐增加，影子银行风险及地方政府债务风险加剧。2015 年，股市发生异常波动，诸多因素导致系统性金融风险发生概率的增加。距离我们最近的是 2020 年的典型“黑天鹅”事件冲击——新冠疫情，从美股在 10 天内熔断 4 次、原油价格崩盘，期货合约出现负价格，亚洲市场黄金现货价格骤降，跌破 1 720 美元/盎司以及同期 10 年期美国债券收益率出现历史新低，并在抛压下反弹到 1% 以上等非常规的现象可以看出疫情对全球金融市场的影响巨大，在国际上引起了一系列的连锁反应。

从宏观经济环境角度来看，该方面系统性金融风险走势与我国总体经济走势相近，主要是造成几次峰值出现的背后原因与宏观经济高度相关，无论是我国经济的哪个部分出现问题或爆发风险，都会通过投资和消费等渠道传染至宏观经济。唯一区别相对较大的部分体现在后疫情时期，即 2021 年第二季度出现的低点，可能是由于我国对疫情的控制良好，已经逐渐恢复到疫情之前的经济发展状态，国家通过财政货币政策调控宏观经济的方式取得了较好的效果，因此来自宏观经济环境方面的风险相对较小。

从金融体系内部风险积累来看，2008 年美国次贷危机造成的全球金融危机与 2015 年我国资本市场异常波动对我国金融市场造成较大冲击。从利益相关群体非理性行为角度来看，从 2008 年上升到顶点之后，来自该部分的风险相对较小，但近几年又有小幅上升的趋势，提醒我国应该时刻注意和监测在利益相关群体非理性行为维度的系统性金融风险发生概率，避免源于该维度的潜在风险爆发，引发大规模的系统性金融风险。

上文表明系统性金融风险综合指数时间序列走势中出现的四个峰值在直觉上是符合经验事实的。从图 4.3 可知，2017 年至今，系统性金融风险的综合指数在总体上仍然呈上升趋势，我们有必要结合几次峰值出现并缓解的经验教训，对当下和未来系统性金融风险的发生进行防范。

4.5.2 系统性金融风险指数峰值期间驱动因素分析

1. 2007~2009 年系统性金融风险驱动因素分析

2008 年，全球金融危机的冲击对我国出口造成了最直接的打击，出口的下降进一步导致了国内经济增长速度放缓、物价波动和就业形势的恶劣，严重威胁到金融稳定，我国系统性金融风险综合指数一度飙升。面对来自国外的严重冲击和国内经济的剧烈震荡，2008 年末，政府出台了一揽子计划，宽松的货币政策和积极的财政政策让整个金融市场重新恢复了信心，系统性金融风险综合指数也回到了相对低点。本节选取 2007 年第一季度到 2009 年第四季度的系统性金融风险综合指数与三个维度的风险指数数据进行相关性分析，相关性结果如表 4.7 所示。

表 4.7　2007~2009 年三个维度与系统性金融风险的相关系数表

年份	宏观经济环境	金融体系内部风险积累	利益相关群体非理性行为
2007~2009	0.537	0.696	0.862

资料来源：依据 STATA 软件分析结果整理而得

由表 4.7 可知，2007~2009 年，对系统性金融风险综合指数走势的影响从大到小依次是利益相关群体非理性行为维度、金融体系内部风险积累维度和宏观经济环境维度。结合实际和相关性关系从以下三个角度分析 2008 年系统性金融风险出现峰值的原因。

第一，宏观经济环境角度层面。经济波动维度，全球金融危机对我国的冲击最直接地体现在我国的工业发展方面，2008 年我国的工业增加值增长率大幅下降，影响了整体 GDP 水平。自从 2001 年我国加入 WTO（World Trade Organization，世界贸易组织）之后，每年 GDP 增长率均超过 10%的水平，而 2008 年我国 GDP 增长率仅为 9.7%，相较于 2007 年 14.2%的增速下降了 4.5 个百分点①。与此同时，我国也面临着通货膨胀与经济增长放缓的巨大压力，从 2007 年第三季度到 2008 年第三季度我国消费者物价指数增长率居高不下，生活消费品、农产品及生产资料的价格不断上涨，形成成本推动型通货膨胀，宏观经济增速的大幅度下降及通货膨胀程度的增加使得宏观经济波动维度的系统性金融风险增加。

房地产市场维度，宏观经济整体的消极情绪使国内楼市的活跃度不高，尤其是 2008 年金融危机正是源于美国房地产市场泡沫破碎引起的银行信贷危机。美国投资银行为了回笼资金，开始大量抛售在我国的房地产项目，继而又产生了一连串连锁反应，我国房地产市场每况愈下，交易量与价格都大幅下跌。同时，在次贷危机的影响下信贷与资本市场对房地产行业融资的风险溢价有所增加，房地产业融资受阻。

在外汇市场维度方面，2007 年中国对美国出口额占总出口额的 19.1%，次贷危机发生以来我国出口增速明显放缓，美国及欧洲地区在金融危机时期的进口需求疲软，导致我国 2008 年四个季度的进出口总额增长率均为负。与此同时，美联储为了冲减金融危机带来的损失，不断采取降低利息率、注入资本、财政补贴等措施，这又从另一个方面带来了全球资本流动性的问题，国际热钱不断流入我国，更加剧了我国美元资产的投资风险，使得流动性过剩及通货膨胀的压力逐步增加。

① 资料来源：《中国统计年鉴 2009》。

人民币汇率从 2007 年第一季度的 7.76 增加到 2008 年第四季度的 6.83，大幅的升值将抑制出口，中国企业的技术进步和劳动生产率的提升无法消化汇率的升值幅度，加之原材料价格及人力成本的上涨，以及国内信贷紧缩等因素，中国出口企业面临前所未有的困难。

第二，金融体系内部视角。股票市场维度，2007 年 10 月 16 日，上证指数达到了有史以来的最高点 6 124 点，10 天前道琼斯工业指数也曾见顶，暗示着两个市场的紧密联系。然而仅仅时隔一年，2008 年 10 月 8 日，上证指数就直线跌落到了 1 664 点，一高一低，股票市场总市值蒸发了 22.79 亿元。全球股市的强烈反应及集体长期唱空沉重地打击了广大投资者的信心，资金逐步撤出金融市场，使得危机逐步扩散至实体经济，对宏观经济造成更大影响。债券市场维度，由于股市的不佳表现和广大投资者在金融危机时期对风险厌恶程度的增加，投资者为规避风险将手中资金更多地投向风险收益相对稳定的债券市场，加之此时央行频繁地降低利息率，更加促进了作为资本避难场所的证券市场的蓬勃发展。受货币政策转变的影响，中债综合指数一直在攀升，并于 2008 年末和 2009 年初达到了 131.8，短期国债利率上升，反映了市场对短期资金的需求，债券市场维度风险增加。宽松的货币政策和积极的财政政策虽然立竿见影地缓解了系统性金融风险指数的飙升，但在货币市场维度，2009 年 M2 的增速达到了 28% 的水平，市场中对短期资金的货币需求量快速上升，货币市场维度流动性风险加大。

第三，利益相关群体角度。投资者情绪维度，无论是消费者信心指数还是企业家信心指数在金融危机期间都有所下降。一方面，楼市的低沉打击了购房者的信心。2008 年 8 月，现代国际市场研究公司对四个一线城市市民进行了一次街头访问，三分之一的市民认为房价会出现下跌，三分之一的市民认为房价不会变动，只有六分之一的市民认可房价还会上涨，剩余六分之一的市民持不确定的观望态度。另一方面，股市的大幅度下跌也使大部分股民交易情绪消极。随着大盘上涨蜂拥进入股市的普通股民又随着大盘的下跌倾巢而出，股票市场中弥漫着消极的投资情绪，并产生“羊群效应”将情绪传递至股市中的每一个投资者。从企业家角度来看，人民币的升值压缩了一部分企业的利润；通货膨胀程度增大，生产成本的增加又给企业的经营带来巨大的挑战，使得企业家对目前宏观经济的信心有所下降。

总体来说，从相关系数看三大驱动因素对 2008 年系统性金融风险综合指数出现峰值的影响程度，利益相关群体非理性行为 > 金融体系内部风险积累 > 宏观经济环境。

2. 2010~2013 年系统性金融风险驱动因素分析

随着全球经济增速的放缓，我国积极顺应全球经济的发展趋势，经济运行进入新常态。2012 年 3 月，政府工作报告中首次将经济增速目标从原来的 8%降到 7.5%[①]。此时，美国进入了加息周期，从外汇市场影响了我国经济的发展，使我国此时的系统性金融风险发生概率上升。对此本节选取 2010 年第一季度到 2013 年第四季度的系统性金融风险综合指数与三个维度的风险指数数据进行相关性分析，相关性结果如表 4.8 所示。

表 4.8　2010~2013 年三个维度与系统性金融风险的相关系数表

年份	宏观经济环境	金融体系内部风险积累	利益相关群体非理性行为
2010~2013	0.925 0	0.709 2	−0.212 1

资料来源：依据 STATA 软件分析结果整理而得

由表 4.8 可知，2010~2013 年，对系统性金融风险综合指数走势影响较大的依次是宏观经济环境维度和金融体系内部风险积累维度。结合实际和相关性关系从以下两个角度分析 2012 年系统性金融风险出现峰值的原因。

第一，宏观经济环境层面。房地产市场维度，2012 年政府对房地产市场政策进行了“微调”，鼓励带有生活保障性质的安居房和普通商品房项目的建设，同时众多一线城市银行将购买首套住房的贷款利率降低到基准利率，向市场释放了鼓励首次购房贷款需求的信号。在国家政策扶持下，自 2012 年 3 月起，全国各个楼市的成交量相较以往都有了攀升的趋势，部分城市地区的房价也出现了增长，房地产市场活跃度有所提高。但是，房价的上涨在后续阶段没有得到及时的控制，2013 年部分地区出现了房价失控风险。经济波动维度，出现了工资收入增长过低，劳动力结构变化限制劳动生产率提高等现象，金融风险逐渐凸显。外汇波动维度，受欧债危机影响，我国的出口受到了一定的抑制，同时由于欧洲经济的萧条，我国很多投资在欧洲的外汇储备受到了较大影响，我国外汇波动风险在这一阶段出现了小幅上涨。

第二，金融体系内部视角。债券市场维度，2012 年金融脱媒的深化，使得资金的融通和支付等行为不再需要借助商业银行，直接流通于融资方与资金方。融资方为了获取最低的融资成本，自然会选择债券市场。2012 年一年内，新债的发行量就突破了八万亿元大关，信用债券更是借助这样的环境大量发行，债券市场不得不扩大原有容量。然而，受经济形势的影响，很多发行的债券不能得到按时足额的偿还，债券市场利空因素不断增加，债券违约事件屡屡发生，债券市场违约风险居高不下。

总体来说，从相关系数看，三大驱动因素对 2012 年系统性金融风险综合指数出现峰值的影响程度排列为：宏观经济环境 > 金融体系内部风险积累 > 利益相关群体非理性行为。

① 2012 年 3 月 5 日，国务院总理温家宝于第十一届全国人民代表大会第五次会议上代表国务院作政府工作报告。

3. 2014~2016 年系统性金融风险驱动因素分析

2014 年以来，金融创新工具得到了快速发展，这在一定程度上打击了原有的传统行业，不仅使得企业风险增加，担保行业和信贷行业都受到了一定的影响。进入 2015 年以后，经济增速又出现了进一步的放缓，进入了风险的集中释放期和最困难的时期。随着资金杠杆的失衡，流动性危机又引发了股市的下跌，造成市场流动性迅速降低，大量期货交易品种跌停，人民币汇率大幅震荡，整个系统性金融风险综合指数在这一阶段又一次达到了峰值。本节选取 2014 年第一季度到 2016 年第四季度的系统性金融风险综合指数与三个维度的风险指数数据进行相关性分析，相关性结果如表 4.9 所示。

表 4.9　2014~2016 年三个维度与系统性金融风险的相关系数表

年份	宏观经济环境	金融体系内部风险积累	利益相关群体非理性行为
2014~2016	0.769 4	0.849 9	−0.411 0

资料来源：依据 STATA 软件分析结果整理而得

由表 4.9 可知，2014~2016 年，对系统性金融风险综合指数走势的影响从大到小依次是金融体系内部风险积累维度、宏观经济环境维度和利益相关群体非理性行为。结合实际和相关性关系从以下三个角度分析 2015 年系统性金融风险出现峰值的原因。

第一，宏观经济环境层面。外汇市场维度，2014 年 3 月我国进出口增速都大幅降低，贸易顺差也出现了大幅度缩减，我国经济整体进入了疲软期。经济波动维度，2015 年我国尚未完成经济转型，传统产业产能过剩加之国外需求疲软导致系统性金融风险不断积累。宏观经济还是延续了前几年的趋势，GDP 增速跌破 7%。政府财政维度，部分省级政府财政收入甚至出现了“负增长”。房地产市场维度，2015 年我国房价进入上涨阶段，以北京、上海、广州为首的一线城市房价领涨，苏州、杭州等二线城市的房价在 2016 年以后也出现上涨趋势，三四线城市则在努力实现去库存。房价的上升同样带来了购房贷款的增多，由于房地产企业普遍利用高杠杆、高负债的经营方式，房地产行业隐藏着巨大的债务风险，我国在 2015 年 12 月提出“三去一降一补”即去产能、去杠杆、去库存、降成本、补短板五大任务，各房地产企业也积极响应国家政策施行了降杠杆的举措。2016 年国家再次提出“房住不炒”的调控政策，减缓了一二线城市房价的上升趋势，三四线城市去库存的成效显著，有效降低了来自房地产行业的系统性金融风险。从地方政府债务角度来看，虽然国家在 2014 年发文规范了地方政府的融资渠道与举债行为①，但在稳增长的压力下地方政府仍通过产业基金及 PPP 项目持续扩大其隐性债务规模，使得债务的不透明度增加，这部分

① 《国务院关于加强地方政府性债务管理的意见》（国发〔2014〕43 号）。

风险迅速传播至商业银行等金融机构，对金融体系内部造成负面影响，提升系统性金融风险发生概率。

第二，金融体系内部视角。商业银行不良资产维度角度，商业银行不良贷款率有攀升的趋势。股票市场维度，2014 年下半年股市牛市到来，股票价格泡沫风险逐渐积累。2015 年 6 月 18 日的融资融券余额达到了 2.27 万亿元，融资融券创历史新高。融资融券余额的增加使得股票市场成交额剧增，成交量超过了 2008 年 6 124 点时的成交量，股市迎来了大杠杆牛市。然而杠杆形成的泡沫总会被挤破。一周内，上证指数从高点到低点的跌幅达到 30%，市值蒸发超 20 万亿元。随着股价的不断下跌，不少上市公司选择停牌避险。直至 7 月 9 日，共有超 58%的上市公司停牌，次日仍有超 1 440 家公司停牌①。此后，政府采取了大量措施来稳定市场，机构等投资者也采取多种方式自救，市场才逐步趋于稳定。

第三，利益相关群体角度。投资者情绪维度，在股票市场的带动下，投资者的情绪也产生了很大的波动，在 2015 年 6 月以前，随着股市的暴涨，很多场外投资者纷纷进入股票市场，投资者新增开户数陡然上升，投资者信心指数和企业家信心指数都在稳步上涨。然而随着股市的下跌，市场充斥着极大的悲观情绪，投资者信心指数、企业家信心指数及投资者新增开户数都大幅度下降，投资者情绪波动风险在此时出现峰值。杠杆利用维度，房地产市场的活跃激起了很多购房者的欲望与需求，当家庭内部资金不够或资金流动性不足时，人们通常会向商业银行申请住房贷款，所以这一阶段的家庭部门杠杆率有所升高，存在一定风险。

总体来说，从相关系数看三大驱动因素对 2015 年系统性金融风险综合指数出现峰值的影响程度为：金融体系内部风险积累 > 宏观经济环境 > 利益相关群体非理性行为。

4. 2017~2019 年系统性金融风险驱动因素分析

2017 年，我国经济发展显现稳中向好的态势，党的十九大报告指出我国经济已由高速增长阶段转向高质量发展阶段，具体体现为经济增长趋于平稳，收入逐步增加，经济结构不断优化，总体而言，系统性金融风险综合指数也呈现下降趋势。2018 年《关于规范金融机构资产管理业务的指导意见》出台，使得此前的一些金融乱象得到进一步规范。在此过程中，原本未暴露的问题集中显现。与此同时，2018 年末至 2019 年初，系统性金融风险出现了上涨趋势。需要强调的是，系统性金融风险的上涨并非由《关于规范金融机构资产管理业务的指导意见》出台所引起，而是多种复杂因素共同作用的结果。所以本节选取了 2017 年第一季度到 2019 年第四季度的系统性金融风险综合指数与三个维度的综合指数数据进行

① 资料来源：公开交易所数据。

相关性分析，相关性结果如表 4.10 所示。

表 4.10 2017~2019 年三个维度与系统性金融风险的相关系数表

年份	宏观经济环境	金融体系内部风险积累	利益相关群体非理性行为
2017~2019	0.968 2	0.934 0	0.543 2

资料来源：依据 STATA 软件分析结果整理而得

由表 4.10 可知，2017~2019 年，对系统性金融风险综合指数走势的影响从大到小依次是宏观经济环境维度、金融体系内部风险积累与利益相关群体非理性行为维度。结合实际和相关性关系可将 2017~2019 年系统性金融风险综合指数上涨趋势归为以下几个原因。

第一，宏观经济环境层面。外汇市场维度，中美贸易摩擦很大程度地影响了我国的进出口贸易。2018 年 3 月 8 日，美国总统特朗普对我国宣称，在以后的很长一段时间内，美国将对从中国进口的钢铁和铝产品分别征收高达 25%和 10%的关税。2018 年 4 月 2 日，我国也做出回应，将对美国出口进来的 128 项产品加征关税[①]。随后，美国与我国又再次增加了加征关税的品种，给我国的外汇市场带来了严重后果，人民币贬值，进出口的减少使得外汇波动风险上升。经济波动维度，受中美贸易摩擦的影响，我国对大宗商品需求量有所下降，内需的下降使工业增加值增速有所下降，关系到进出口产品的相关指数都出现了不同程度的下降。

第二，金融体系内部视角。商业银行维度，不良贷款仍然是让商业银行十分困扰的话题。不良贷款余额从 2017 年的 1.71 万亿元上涨到 2018 年的 2 万亿元，增幅 17%，2019 年又上涨到 2.41 万亿元，增幅 20.5%。截至 2020 年末，我国银行业不良贷款余额 3.5 万亿元[②]。不良贷款问题是商业银行维度风险指数上涨的最大原因。可以想象，新冠疫情期间由于很多产业的停滞，经济来源的丧失会导致更多的贷款无法被按时足额偿还，风险指数必然会进一步上升。债券市场维度，2018 年是债务违约事件发生比较频繁的一年。根据 Wind 资讯数据，截至 2018 年 12 月 31 日，共计 308 只债券（包括金融债、企业债、公司债、中期票据、短期融资券、资产支持证券、定向工具及其他）发生违约事件，其中，2018 年违约债券 119 只，如果按发行规模统计，债券违约规模达到 1 166.51 亿元[③]。虽然在

① 资料来源：人民网. 我国今起对 128 项美国进口商品中止关税减让 商务部回应. http://world.people.com.cn/n1/2018/0402/c1002-29902550.html。

② 资料来源：新华网. 2018 年末银行业不良贷款率 1.89%. https://baijiahao.baidu.com/s?id=1622370428271580255&wfr=spider&for=pc；新华社. 银保监会：2019 年末我国商业银行不良贷款率 1.86%. https://www.gov.cn/xinwen/2020-02/17/content_5480190.htm；新华社. 2020 年末银行业不良贷款率降至 1.92%. https://www.gov.cn/xinwen/2021-01/23/content_5582041.htm。

③ 资料来源：2018 年千亿债券违约 上市公司渐成违约主力之一. https://finance.sina.com.cn/roll/2019-01-04/doc-ihqhqcis2892677.shtml。

2019 年，债券违约金额有所回落，但监管部门和金融机构仍然不能忽视债券违约存在和其对系统性金融风险的影响。

第三，利益相关群体角度。杠杆利用维度，随着房地产市场房价上涨愈演愈烈，反映居民购房贷款的家庭部门杠杆率便不会下降。2019 年底，中国住户部门杠杆率为 56.1%，创下历史新高①。随着近年来金融市场的不断完善，金融改革的不断深化，人们的生活理念也有所改变，消费需求也在增加，越来越多的人愿意用负债的方式购买住房这样的消费耐用品。但我们也要认识到，负债的增加同样也会对家庭施加一定的压力，降低家庭购买其他产品的欲望。所以为了社会资源得到更合理的配置，家庭杠杆率应该控制在一个合适的区间内。

总体来说，从相关系数看三大驱动因素对 2017~2019 年系统性金融风险综合指数走高的影响程度为：宏观经济环境 > 金融体系内部风险积累 > 利益相关群体非理性行为。

5. 2020~2021 年系统性金融风险驱动因素分析

2020 年，全球面临着公共卫生事件新冠疫情的冲击，170 多个国家受到新冠疫情的影响。疫情引起大规模的失业及企业的倒闭和破产。例如，旅游行业、航空业及娱乐行业都受疫情影响面临前所未有的艰难环境。随着疫情在各国的不断发展，病毒逐渐变异，我国也采取了严防外部输入、时刻内防反弹的政策，在疫情防控方面效果显著。在此之前，我国经济已成功转向高质量发展阶段，抵挡住了外来冲击的负面影响，稳定向前发展。但新冠疫情却成了我国发展的不稳定因素，这场疫情无疑给我国经济发展带来巨大的挑战。我国股市在 2020 年 3 月初出现下跌行情。美国股市自 1987 年启动以来，共触发过 5 次熔断机制，其中的 4 次都集中发生在 2020 年 3 月的 10 天之内，标准普尔 500 指数更是在一个月内暴跌 30%。与此同时，欧洲与亚洲股市也随之下跌，英国富时指数在 3 月 12 日下跌超 10%，日本股市也从最高点暴跌超过 20%。各国央行和政府当即做出反应，采取财政货币政策及央行流动性工具减小疫情带来的影响，美联储采用零利率政策及超 7 000 亿美元的量化宽松（quantitative easing，QE）计划，并在 8 天后宣布了无限制的 QE 计划，以挽救迅速下滑的宏观经济[126]。

在疫情期间，所有国家系统性金融风险指数都在 3 月大幅上升，且在 3 月中下旬达到峰值[127]。此外，本次疫情对经济的影响最终会通过供给链和资金链等传染到金融市场，导致金融市场发生巨大波动，甚至加剧系统性金融风险指数的波动[128]。吴光磊等通过对金融压力指数的分析，也认为疫情对系统性金融风险指数的波动起到了加剧作用[129]。由此看来，新冠疫情已经成了全球危机，对全球经济造成更深远的影响[130]。因此本节选取 2020 年第一季度到 2021 年第四季度的系统

① 资料来源：国家资产负债表研究中心。

性金融风险综合指数与三个维度的综合指数数据进行相关性分析，相关性结果如表 4.11 所示。

表 4.11 2020~2021 年三个维度与系统性金融风险的相关系数表

年份	宏观经济环境	金融体系内部风险积累	利益相关群体非理性行为
2020~2021	0.988 7	0.732 4	0.853 2

资料来源：依据 STATA 软件分析结果整理而得

由表 4.11 可知，2020~2021 年，对系统性金融风险综合指数走势的影响由大到小依次是宏观经济环境、利益相关群体非理性行为与金融体系内部风险积累。结合实际和相关性关系可将 2020~2021 年系统性金融风险综合指数上涨趋势归为以下几个原因。

宏观经济环境角度：由于疫情暴发的时间特殊，人口流动量大，国家为缓解疫情的快速大面积传染采取封城、居家隔离、停工停产等措施，就业、消费、投资、进出口及生产等各个方面面临挑战。

经济波动维度，2020 年第一季度，我国 GDP 增长率自 21 世纪以来首次出现负增长，采购经理指数跌至近年来低谷，失业率也有小幅度的上升，物价上涨。从产业结构来看，疫情主要对制造业等对生产要求较高的行业造成较大影响，全国的消费也大幅下降，国家经济下滑。

房地产价格泡沫维度，国家在 2019 年提出“三道红线”政策，在一定程度上给房地产行业“降温”。2020 年初的疫情使得房地产行业销售几近停摆，彻底进入休眠期，人员、物资及资金的滞留使得房产供应下降，面临着严重的资金链断裂及流动性风险。

地方政府财政危机维度，疫情所引发的地区宏观经济状况的下降为地方经济增添了许多困难，地方政府也不得不采取减税补贴的政策去促进地方经济的快速恢复，花费更多资金去管控疫情所带来的负面影响，这也减少了地方政府的财政收入，增大了地方政府的财政负担。汇率波动维度，在全球经济受疫情冲击的情况下，我国采取的经济政策方针及强有力的货币财政政策迅速有效地抑制了负面影响的大面积扩散，但在短期内经济仍遭受重创。2020 年第一季度，我国进出口增长率为–7.43%，疫情主要限制了我国的出口贸易，但由于后续欧美国家对卫生用品的需求快速增加，出口恢复较快。在疫情发生之前，各国的汇率变动大多依赖自身，而中国由于中美贸易摩擦，其外汇市场受全球影响因素较大。随着新冠疫情在全球的扩散，全球各地区外汇市场的波动率显著增加，货币汇率同样在劫难逃，且疫情蔓延，在很大程度上减少了国家间的贸易联系，影响国家进出口水平，增大了我国外汇市场受国外因素影响的程度，增强了我国的输入性风险。

金融体系内部角度：疫情不仅影响宏观经济，也通过宏观经济的各个渠道对金融市场产生了负面影响。疫情暴发后沪深两市第一天开市，便迎来了两市共 3 188 只个股跌停，沪深 300 单日跌幅 7.88%，为 2015 年后的最大跌幅。2020 年 3 月 2 日，我国 A 股市场再次大面积跌停，在此之后各国股市也都产生巨大波动，甚至引发熔断机制，这足以证明疫情对全球的资本市场所造成的巨大影响。王箐等利用 2020 年 1 月 10 日到 3 月 20 日的 A 股上市公司数据对新冠疫情对公司股价短期波动的影响做出估计，发现每日病例的新增会导致股价的下跌，且影响程度与疫情严重程度呈正向变动[131]。

货币市场流动性维度，早在 2018 年末，我国金融市场内部的风险就在逐步积累，前期实施的“三去一降一补”政策使得我国货币供给量增长率一直呈现下降趋势，货币流动性收紧。疫情导致的大面积停工对银行等金融机构来说无疑是火上浇油，加大了货币市场的压力。为了妥善解决流动性问题，央行利用公开市场逆回购等逆周期操作向市场投放资金 1.2 万亿元，缓解了金融体系内的巨大压力。商业银行维度，疫情使得众多企业的经营压力激增，用于周转的资金需求量增加，偿债能力相应减弱。此时，银行等金融机构将面临有效信贷需求下降，主要的利息收入降低导致利润的减少等致命性问题。此外，从不良贷款率角度看，2020 年前三个季度较 2019 年大幅上升。企业经营状况不佳甚至破产，企业员工丧失收入来源，诸多因素都使得商业银行的呆账、坏账数额增加，不良风险持续暴露，冲击金融机构基本面，增大我国系统性金融风险发生概率。

利益相关群体角度：投资者信心维度，2020 年初新冠疫情发生后，全国各地根据国家要求开展防疫工作控制策略和家庭隔离，因此人们更多地通过互联网渠道去了解疫情及经济发展状况，做出相应的投资决策，引起资产价格的变化。此外，投资者都是非理性的，新冠疫情对我国经济环境的负面影响使得投资者过度关注手中所持有的资产是否能够保持原有的价值，投资者经常处于信息获取的劣势方导致其无法准确分辨信息的真伪，进而引起投资者的恐慌情绪并逐渐扩散。一系列因素使得投资者持有股票等资产的意愿下降，并抛售手中股票。在新冠疫情这种极端的状况下，投资者大多是非理性且盲目跟风的，他们大量抛售金融资产的行为使得股市剧烈震荡，增加系统性金融风险发生概率。但随着疫情逐渐被控制，股市的下跌有所延缓，可能是投资者得知疫情控制趋势良好的正面消息之后，非理性的情绪有所平复，行为趋于稳定，能够通过理性的思考决定其资金的投向。此外，投资者不仅仅通过影响资产价格与股票市场波动来影响宏观经济，他们在疫情中疯狂抢购物资，引起抢购浪潮，使得恐慌情绪在整个社会扩散。

杠杆利用维度，无论是从企业还是居民角度来看，疫情所造成的企业停工、员工居家都对资金的流动性影响极大。居民的收入降低，将减少消费的比重用于还贷，甚至为了还清房贷增加信用卡的贷款数额，增大了居民部门的杠杆。企业的利润减少，将降低其偿债能力，增加经营风险。同时，对于对资金流动性要求较高的企业，如投资和房地产等行业，疫情期间停工的影响导致其资金无法支持后续的生产与运作，使其不得不从金融机构获取资金，扩大杠杆经营，增加了债务风险。

总体来说，从相关系数看三大驱动因素对 2020~2021 年系统性金融风险综合指数走高的影响程度为：宏观经济环境 > 利益相关群体非理性行为 > 金融体系内部风险积累。

4.6 本章小结

本章首先分析了目前系统性金融风险的研究背景及研究意义，通过对国内外文献的梳理和总结，从宏观经济环境风险、金融体系内部风险积累和利益相关群体非理性行为三个维度分析系统性金融风险的驱动因素，并在三个维度下选择了 10 个二级指标，共 29 个三级指标，构建了测度系统性金融风险的指标体系，详细地分析了 10 个二级指标对系统性金融风险的传染机制。

接下来利用主成分分析法，样本区间为 2007~2021 年的季度数据，基于选取的 29 个指标，选取少数主成分来代表多数指标所包含的信息，并分别衡量出三个层面的风险综合指数，并绘制出各自的时间序列图，再根据各个维度的综合指数利用相同方法合成我国总体系统性金融风险的综合指数。通过三个维度系统性金融风险对我国总体系统性金融风险的相关系数来分析不同时间段各系统性金融风险驱动因素的贡献程度，得出以下结论。

通过对我国近年来发生风险事件的时间点与本章测度系统性金融风险综合指数的峰值进行对比，发现二者在大体上相符，说明利用主成分分析法合成的各维度综合指数和系统性金融风险的综合指数能较好地反映 2007~2021 年各维度的风险情况及系统性金融风险的变化情况，与实际的宏观经济状况和金融风险积累相符合。研究发现，我国系统性金融风险综合指数在 2008 年（全球金融危机时期）、2012 年（经济结构转型时期）、2015 年（资产价格泡沫时期）及 2020 年（全球新冠疫情时期）出现了峰值，且从 2017 年到 2021 年系统性金融风险综合指数总体来看有上升趋势，但随着新冠疫情在我国的控制情况越来越好，全国各地经济逐渐恢复到疫情前的状态，各地政府为刺激地方经济也出台了很多政策，从目前的结果来看效果良好。此外，本章从三个层面各个维度的驱动因素详细地分析了系统性金融风险指数出现峰值的原因。

随着近年来各种影响宏观经济与金融安全的事件的发生，各国对于系统性金融风险愈加重视，对于金融机构等风险容易积累的部门多加监管，防范政策和措施频繁出台，希望能够阻止系统性金融风险的发生，这为当前守住不发生系统性风险底线提供了经验借鉴。

我国系统性金融风险的驱动因素在不同时间段的影响程度并不完全相同，但总体看来，影响程度依次为宏观经济环境 > 金融体系内部风险积累 > 利益相关群体非理性行为，宏观经济环境对系统性金融风险的影响较大。

第三篇　系统性金融风险防控：手段与保障

第5章 中国系统性金融风险防控的责任分担分析

5.1 引 言

金融业作为经济运行中资源配置的中枢，其国际化与全球化趋势不可改变。随着经济金融全球化进程加速，金融机构跨国经营，国际资本加速流动，各国金融市场与机构的全球化进程加快，全球金融业务实现全天交易模式，这大大提高了全球经济金融资源的配置效率。然而经济金融全球化也会带来负面效应，如跨国资本的逐利性和贪婪性，这些特性不容忽视，它们可能导致一国经济金融风险，并可能跨国传染，严重的话会引发全球性的金融危机。1997年，面对国际游资的短期野蛮冲击，泰国放弃固定汇率制度，在“示范效应”和“羊群效应”的连环冲击下，东南亚多个国家经济体制受到国际投资的投资性贪婪式冲击，引发亚洲金融危机。2008年，美国放弃宽松的房贷政策，却忽视房地产市场与金融市场的紧密联系性，提高联邦基金利率导致购房者无力偿还房贷，银行资产负债表恶化，众多金融机构破产倒闭，引发金融市场剧烈波动，在金融全球化的背景下演化成全球金融危机。2009年，后次贷危机下，欧洲国家经济结构不合理、公共开支巨大，财政长期性地入不敷出，导致多个国家陷入财政窘境，引发欧债危机。过去多次的金融危机的爆发引起全球大多国家金融系统发生重大变化。

因此防范并化解金融风险是金融发展永恒的主题，应对影响本国金融安全的不稳定因素乃至金融危机，需要建立有效及时的金融安全防控体系。近年来，中国金融体系对外开放快速，国内实体经济增速下滑，出现资金“脱实向虚”现象，金融风险在金融实体经济中开始显现，若防控不及时可能会演化成系统性金融风险，危害我国金融体系安全。当前我国经济社会发展正处于全面小康社会社会建设的深化和巩固阶段，经济面临的国内外经济金融挑战有很多，如国内经济面临转型升级，结构失衡现象突出，金融机构同质化加大，金融系统脆弱性明显上升等。

当前我国系统性金融风险指数又呈现上升态势，一些地区出现了不同程度的金融风险聚集和传染，并对当地经济产生了显著的负面冲击，随着各地区经济政治交流密切，错综复杂的关联关系加速了风险传染，也增加了风险识别难度，风险聚集并造成了系统性金融风险的持续积累,进而对经济社会产生巨大的破坏力。不同地区的经济基础、产业结构、资源禀赋、社会环境、文化特质等方面存在差异，区域金融风险也可能存在空间异质性。因此，本章在金融适度分权的视角下，研究我国区域性金融风险的生成机制及区域性金融风险向系统性金融风险演进的路径，进而据此设计科学的方法，对我国的区域性及系统性金融风险进行识别、评估与测度，通过构建 SFRII 来识别风险所处的状态，并判断各地所属风险等级。然后根据 2017~2021 年的平均 SFRII 划分防控责任区，并分析各区域的主要风险来源，明确各区域的主要防控责任。

5.2 金融适度分权的理论框架

5.2.1 金融适度分权的内涵

分权与集权是一组相对的概念，是国家权力结构的两种极端的形式，而适度分权则介于两个极端之间。正如王绍光[132]所提出的那样，对权力结构问题的提法不应该是“要集权还是要分权”，而应是“哪些权该集，哪些权该分”；权力结构不应是简单的“集权—分权”二元化问题，而应该是“适度分权”问题。

相对于政治和财政分权，金融分权的问题更加复杂，因为金融通过媒介资源服务实体经济，金融权力安排不仅会影响金融资源的效率，还会影响其他资源的效率。通常，一国需要在提高金融效率与防范和化解金融风险之间寻求将金融权力优化配置的路径。然而，现实中往往偏向于某一个方面而忽视了另一个方面，导致金融抑制或者金融危机。例如，在计划经济下，重稳定而轻效率，导致金融功能单一，效率十分低下，而在一些转型国家的市场化改革中却发生了相反的情况，尽管其金融效率得到了大幅的提升，但由于金融监管体制的不健全和监管的缺失，以及职责分工的不明晰等问题，金融体系极度不稳定，金融风险加剧。

广义上说，金融分权就是政府与市场，中央政府与地方政府，以及中央政府各部门和市场各个金融主体，就金融发展、金融监管、金融控制等金融权力进行划分，确定各自在金融领域的活动范围，明晰各自的权力与责任的顶层设计活动。各个主体间权力的划分如图 5.1 所示。

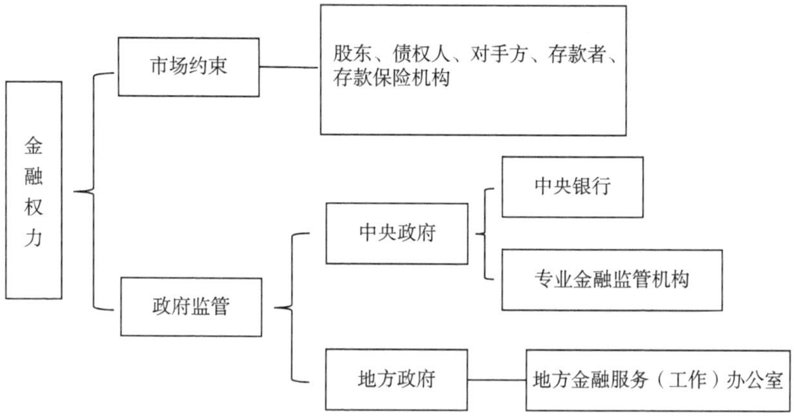

图 5.1　金融权力配置示意图

由图 5.1 可知，金融分权具有层次性。第一层次是政府与市场主体之间金融权力的划分。这是金融分权问题中最为核心和基础的划分，因为它不仅实质上决定着市场能够发挥作用的上限，而且还决定着政府的作用边界。通常政府与市场间金融权力的划分更多的是所有权和产权意义上的，国家和多种经济主体成分间关于产权的界限问题，主要涉及关于经营性金融权力和政策性金融权力的划分。理论上来说，经营性金融权力应该划归于市场，或者市场性主体，而政策性金融权力则应划归到政府。但现实中，政府和市场之间的有效边界不是一成不变的，而是随着经济发展持续变迁，而且也随不同国家和经济体的资源禀赋、经济基础、产业结构和政治制度框架等特征呈现出显著差异[133]。在实际操作中，政府除了将政策性金融权力掌握在手，还掌握很大一部分经营性金融权力，因为金融资源不仅是支持经济发展的重要生产要素，也是政府实现特殊目标和调控宏观经济金融的重要工具。

第二层次金融分权是在第一层次的基础之上进行的，包括市场内部和政府内部两个方面。一方面，是经营性金融权力在各个市场及主体间的配置，主要是金融资源所有权的进一步细化和金融市场的建立。通过明晰的所有权制度和建立完善的金融市场，促使大量“僵死”的资产顺利转化成“盘活”的资本，促进经济增长。另一方面，是政策性金融权力在政府内各主体（中央政府、地方政府及专业的金融监管机构）之间的配置。一般来说，在金融市场自由化程度较高的发达市场经济国家，金融资源配置都是由市场主体自主决定，政府很少干预，所以，金融分权主要涉及的是政府内部的金融监管权力。

5.2.2　中央各机构的横向金融分权

在金融监管机构设置中，中央政府需要考虑不同监管任务之间的配合和冲突，以及其他影响因素，并按照它们之间的内在联系和重要影响因素做出相应的机构设置。这一设置问题可分为两个方面：一是组织结构问题，即中央政府将不同的金融监管任务分配给具有专业技能优势的代理机构，稳定金融体系与繁荣金融市场。这意味着对金融体系实施有效的监管，先是对于每一个监管任务，都必须明晰由谁来负责，然后是不同监管任务的分配与协调。二是金融监管目标分解，也就是基于某个视角，解析金融体系和金融功能，分割成若干个金融监管任务。本质上看，其实就是金融监管架构与金融发展和金融结构相契合。

针对中央政府在横向金融分权中的问题，本小节将从监管主体（政府和专业金融监管机构）和监管客体（金融体系）两个方面出发，提出中央政府金融架构选择的理论分析框架。首先分析政府参与金融监管的必要性，然后从效用函数出发分析政府单独设立专业金融监管机构的逻辑，接着基于委托代理理论，考察金融监管框架的选择问题。

1. 政府参与金融监管的必要性

主流的经济学分析范式中解释，政府参与金融监管是由于市场失灵的客观存在。根据新古典经济学理论，金融市场参与者理性，金融体系可由价格机制和竞争机制推动并有效地、稳定地进行，因此，金融监管的目标就在于排除干扰市场机制发挥作用的因素，减少监管或者不予监管。但这种基于理性人和市场有效的假设推导出的结论存在许多的缺陷：①现实中并不存在完全理性人，市场参与者往往是有限理性的。典型例子便是银行挤兑时恐慌情绪的蔓延。②金融市场存在失灵。自然垄断、信息不对称及金融外部性等失灵情况降低了金融市场效率，减少了社会福利，增加了金融的不稳定性。③金融脆弱说。市场参与者和金融机构以自利为基准的行为会导致金融体系内在不稳定。④市场参与者对金融机构的监督能力有限。金融机构往往高杠杆运作，而利益相关的债权人、存款人等由于能力有限，很难对金融机构实施及时的监督和惩罚。因此，基于上述的市场失灵，需要政府出面，干预金融运行，维护金融稳定。

总的来说，金融市场和法律的不完备及市场失灵使得单纯依靠市场机制来维护金融运行和稳定变得不可取。

2. 专业金融监管机构设立的逻辑

为什么政府在获得金融监管权力后还需要设立专业监管机构来制定政策并实施，而不是亲自为之？现有研究给出了以下几种理论解释：①劳动分工。基于分工理论，政府应当在组织内对职责进行科学分工，明确各个政府机构的权力和责任，确保政府组织效率。基于劳动分工的理论分析主张“分工—协调”的政府机构架构。对于专业组织效率，一些学者也采用这一种思想来研究。②技术准则（technical criteria）。根据公共事务所需要的技术技能将职能分配给不同的专业机构；将新任务授权给予完成新任务所需技术相似的现存专业机构。③“分权独立”理念。专业的监管机构应当是独立第三方，即相对于政府机构，其有更强的独立性[134]。监管机构的独立性有利于其在专业基础上做出更好的监管决策，保证金融政策连续性，避免短视行为，实现长期目标。

从本质上讲，专业监督机构的设置问题是一个委托代理问题，仅从劳动分工、技术层面及监管连续性等方面进行分析颇为局限。因此，结合 Alesina 和 Tabellini 关于政府机构的理论研究，从激励视角来说明中央政府设立专业金融监管机构的逻辑，拓展政府设置专业监管机构问题的研究[135]。

1）政府和专业监管机构

与政府不同，专业金融监管机构往往是非选举产生的，承担某项具体的任务，因而其目标与政府存在很大的不同。在现有的关于监管机构自律的研究中，监管机构自律的典型表现就是声誉机制，即监管者追求自身声誉的最大化。众所周知，金融业是一个技术性要求很强的人才密集型行业，对金融监管者能力的要求也非常高。正因为监管机构承担着一些技术性很强的工作，监管机构往往受到同业专家的监督，这些专家的评估和认可对监管机构的存续有决定性的影响。因此，可以将以往的声誉机制具体化为监管部门面临着赢得同业专家或者市场认可的激励，因为他们的认同不但有利于监管机构继续履行其职能，还有利于机构的员工未来获得更好的就业机会，这对于代理机构的高层管理者尤其如此。

2）专业金融监管机构设立：监管任务的复杂性

政府和专业机构的责任机制不一样，前者直接对选举人负责，后者需要向市场展示自己的能力。通常，人人都可做的简单任务不可能与能力的不确定联系紧密；当任务的困难度增加时，任务所要求的才能更具不确定性，这对于政府来说并不是一件好事，但对于专业机构来说则不然，因为其有向市场揭示自身能力的激励，因此，对于越难的任务其越愿意向市场传递自身能力的信号。

由于无法直观判断机构自身能力如何，因此政策结果的好坏直接反映机构的能力水平，而机构为了提高其在外部观察者心中的预期水平会努力呈现更好的结果。另外，对于复杂性的任务结果的评估往往需要专门的技术，选举人往往不具备这些评估的技术，而同业的专家则具有相应的能力和技术，能够对专业机构的表现给予专业的评估。因此，政府需要针对异常复杂的金融业监管设立专业的金融监管机构。

3. 金融监管组织结构选择

由前文对分析设立专业金融监管机构的必要性来看，政府不应该把所有的金融权力都集中于自身，可以把金融管理任务分配给专业的金融监管机构，适度下放金融权力。然而，金融监管权力的下放通常又面临着金融监管机构的组织结构问题，即对于每一项监管任务必须指定一个机构负责，并且每一个负责机构指定一个责任机构，可以是委托人自己，也可以是其中一个代理机构。

政府在决定授权给专业金融监管机构时，面临着委托代理问题，监管机构在委托代理关系中属于占有信息优势的一方。在缺乏有效的监督和激励机制的情况下，监管者可能产生懈怠，甚至是渎职的行为。同时，政府对监管者的监控能力也因信息不对称所造成的道德风险和逆向选择问题而受到限制。因此，政府作为委托人，在将不同的金融监管任务分配给具有专业技能优势和信息优势的机构代理人时，应合理设置监管组织结构，提高监管效率，最终稳定金融市场。为了简化分析，假设金融监管可分解为两个任务（S_1 和 S_2），考虑三种不同的结构安排，如图 5.2 所示。第一种是将两个任务同时授权给两个独立的代理机构，即结构 a；第二种是将两个任务授权给两个代理机构，但将其中一个机构隶属于另一个机构，委托人只与上一级的机构缔结合约，即结构 b；第三种是将两个任务同时授权给一个代理机构，即结构 c。

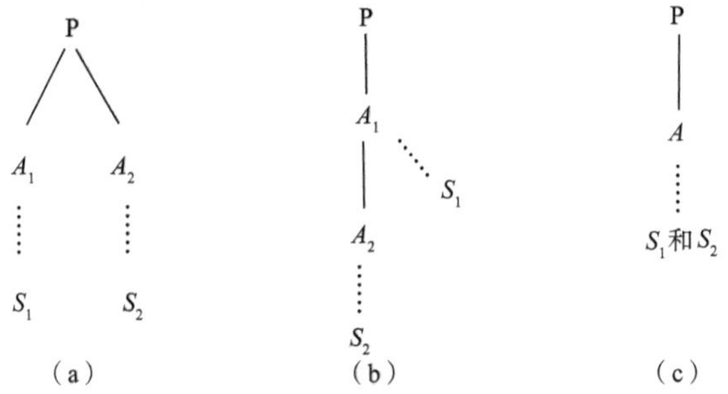

图 5.2　三种不同的金融监管组织结构

5.2.3　中央与地方的纵向金融分权

1. 中央与地方的纵向金融分权背景

回顾我国金融领域改革，中央政府曾尝试金融分权，如 20 世纪 80 年代初的信贷下放、信托投资公司准入及监管权力的下放等，但结果不尽如人意，因此又不得不收回下放的权力。此后，金融领域的改革一直围绕强化宏观调控，较少考虑自上而下配置监管调控权力。从新结构经济学视角来看，金融集权管理提高了资源配置的效率，有利于实现供需合理分配，以“大局视角”解决地方经济问题；同时政府的“隐性担保”保障了金融体系的稳定，在一定时期里，这种模式支持并推动了我国经济的发展[136~139]。然而，改革开放以来，我国经济和金融规模不断扩大，市场主体也更加多元化，同时各地经济金融发展水平存在一定差异。在这种情况下，集权和分权的逻辑有所调整。目前来看，扁平式集权下的金融模式在某些方面存在一些可进一步探讨之处，如可能存在相对保守的倾向，在某些方面考虑不够全面，地区间资源分配可能存在一定不均衡的情况，也可能出现一些不太规范的现象及民间贷款有所增加等情况[140]。近年来，此类风险越发凸显。一方面，不同地区在可利用金融资源上差异悬殊，致使地区间经济差距逐步拉大。另一方面，伴随经济市场化进程，民营经济在地方经济发展中的地位日益重要，民间资本对金融资源的需求也愈发强烈。为助力中小企业破解融资难题、推动地方经济发展，各地区积极行动，大力创办各类交易场所、小贷公司等地方金融机构。然而，因地方政府在地方金融机构与民间资本形成“借贷关系”的过程中，缺乏完备的监管措施与方案，“资金链断裂、资本跑路”的情况屡见不鲜，监管的缺失与容忍使得地方金融业态发展较为混乱，“短暂繁荣”过后，地方经济陷入较为严重的衰退。

在此背景下，中央政府认识到“一刀切”难以有效解决国家和地区的金融乱象问题，集权与分权的底层逻辑大不相同，缺乏“因地制宜”的监管政策只会让地方金融混乱加剧，金融风险升级。因此，近年来中央政府推出一系列政策，期望通过明确中央与地方的监管职责和权力边界，强化地方政府在中央统筹下对地方中小金融机构的监管权。鉴于中央政府与地方政府在职能定位、利益导向、行为逻辑等方面存在较大差异，集权管理下的政策并非适用于所有区域，中央政府也难以对每个区域的风险预警做出及时、高效的回应，“信息不对称”成为影响金融监管政策成效的重要因素。金融监管部门对于如何制定正确的金融政策，准确、有效地公开信息也十分关键，它主要取决于金融监管部门如何才能及时发现地方金融风险问题，并实施正确干预政策，从而避免风险扩大。但信息的获取并非毫无成本，在中央政府层面，地方政府在信息获取方面明显优势较大，能快速精准识别并定位风险源，但由于道德风险和金融外部性的存在，地方金融事务无法全权授权给地方政府管理，因此，中央政府在考虑金融权力配置时必须权衡信息成本、道德风险及金融外部性。

2. 中央与地方的纵向金融分权内涵

中央政府和地方的纵向金融分权实质上是在研究地方政府如何行使金融监管权力及其在多大程度上行使金融监管权力的问题。与中央各机构的横向金融分权相比，中央政府和地方的纵向金融分权是指国家根据政策力量、社会政治环境、城市区位特点、社会经济结构等因素及其与市场经济发达程度的结合等诸多因素，权衡金融监管权力及其收益如何在中央政府和地方之间进行转移分配的过程。因此各国的金融分权呈现出更为复杂的形态。

目前金融监管权力的纵向配置模式主要可以分为两种，如表 5.1 所示。

表 5.1　金融监管权力的纵向配置模式

纵向金融分权模式	权力分配	实施国家	具体形态
集权型监管模式	中央主导，地方执行	大多数单一制国家和部分联邦制国家	中央集权、垂直派出及委托授权
分权型监管模式	中央和地方并设监管	美国和加拿大等	双层监管体制，联邦和州监管机构平行管理

1）集权型监管模式

集权型监管模式指监管权力主要集中于中央政府，中央政府在监管层级结构中处于主导地位，地方政府通常只是中央监管的代理者和执行者，并不行使独立的监管权力或仅辅助中央政府承担部分监管职能。不同国家因为国情不同实施不同程度的集权和分权方式，如俄罗斯、法国、印度等国家的监管事务实行垂直管理，即中央金融监管机构在地区或省设立分支机构来执行中央委派的监管事务。部分国家则出于节约监管成本和提高效率的考虑，中央金融监管机构在地方不设分支机构，采取委托授权其他部门进行监管的形式。

2）分权型监管模式

分权型双层监管结构主要由部分联邦制国家采用，是指在联邦政府和州政府两个层次并列设置金融监管机构，联邦和州均拥有对金融机构的监管权，同时每一级政府拥有若干个监管机构共同完成监管任务。美国和加拿大是典型的双层监管体制，金融监管机构与国家政治结构相对应分为联邦和（州）省两级，联邦层面设置若干联邦监管机构，在州政府层面则由州或省设置监管机构，负责对州（省）注册的金融机构的监管。两级监管机构为平行机构，不存在隶属关系，在业务上分权而治，彼此互不干涉，通过金融机构监管协调机构之间的相互合作关系。

是否存在最优的纵向监管模式？尽管受国际金融监管改革主流方向影响，主要强调防范系统性金融风险、宏观审慎监管、金融消费者保护等内容，但一国对金融监管制度的选择更多是从监管制度是否与金融市场发展程度契合的角度出发，是否能实现有效的金融监管。因此，一国经济结构、政治制度、监管成本、监管效率等外部环境变量是国家进行纵向金融分权配置的主要考量因素，这意味着不存在固定结构和最优的监管模式，“只要合适就是好的”。因此，不同时期不同国家会根据多方因素综合考虑和调整权力纵向配置结构，使监管架构符合国家和地方政策及人文等需求。

5.3 区域性金融风险与系统性金融风险的关系

区域性金融风险是系统性金融风险的微观呈现，现实中的风险往往都是由区域性金融风险演化而来，逐渐聚集、传导发展成全国系统性金融风险。在我国政治集权、财政分权而金融分权模糊的特殊制度下，地方政府在金融争夺、融资扩张、区域金融发展过程中，出现区域性金融风险，尤其是在金融监管集权的背景下，地方政府倾向于经济增长而忽视了金融安全，从而埋下了金融安全隐患。

5.3.1　区域性金融风险的生成机制——基于地方政府行为视角

区域性金融风险不仅是微观金融风险在某一区域内的总和，更是宏观金融风险在地域上的具体体现。我国的区域性金融风险有多种表现形式，如地方政府债务累积、房地产业持续膨胀等隐含的风险。地方政府债务本来是一个全国性问题，因为各个地方均存在。由于地方差异的存在，其中蕴含的风险也具有区域特征，地方政府债务蕴含的金融风险则是一种区域性金融风险。现阶段，我国经济发展进入新常态，过去高速增长过程中累积的金融风险更容易暴露出来。如上所述，我国区域性金融风险的来源多样，其成因也是多方面的。但是洞察其中的细节不难发现，地方政府过度负债的行为是其中的重要驱动因素之一。

1. 地方政府行为、地方政府债务累积与区域性金融风险

（1）地方政府行为与地方政府债务累积。地方政府推动地方经济发展的热情促使了地方政府债务的增长。实现经济增长的快速通道就是造出投入大、规模大和难度大的“资源密集型”工程，而这类工程往往需要政府力量才能实现，这就需要地方政府大量的投资。在财政收入有限的约束下，地方政府突破预算的最好办法就是借债。为了拓宽融资渠道，地方政府做了多方面的努力：其一，地方政府专门设立地方政府融资平台公司，为地方投资建设融资。其二，地方政府通过多种方式动员金融资源。一方面，地方政府会直接或间接影响其拥有实际控股权的地方性金融机构，动员其信贷资金流向地方政府相关的借债部门、融资平台公司及其他相关企业。另一方面，对于全国性金融机构，地方政府通过邀请地方分支机构负责人参加座谈会、利用地方财政存款或大型金融服务项目等资源作为回报等方式，动员其金融资源流向地方政府相关借债部门及融资平台公司。

近年国务院及相关部委多次下发了规范地方政府借债及地方政府债务清理的政策法规文件。虽然地方政府债务逐步得到了控制，但仍然存在较大的潜在风险隐患。

（2）地方政府债务累积产生区域性金融风险。根据现有的金融风险研究，地方政府债务潜藏的风险隐患随着债务规模的扩大日益明显，其风险隐患主要表现为两个方面：一是地方政府债券市场的市场化程度不足导致的金融体系内部脆弱性[141，142]；二是基于地方政府的特殊地位，地方政府债务与其他金融机构的业务关联较为紧密，如果出现债务违约，其风险可能会沿着业务关联的“网状结构”传染蔓延，进而引发区域性金融风险，如地方政府债务风险通过银行信贷对金融系统的风险传染[143]。从我国现有的地方政府债务结构来看，区域性金融风险更多是源于政府和金融机构的业务关联。

当地方政府债务资金过多集中在银行体系时，一旦出现地方政府债务违约，

那么债务违约风险很容易通过银行信贷对整个区域性金融系统进行传染。特别是，地方政府债务中还存在部分非政府直接债务，如地方政府负有担保责任的债务。另外，还有些隐性债务，这些债务不利于地方政府的管理及对其风险性的判断和化解，其中的风险更需要特别关注。

2. 地方政府行为、房地产膨胀与区域性金融风险

（1）地方政府行为与房地产膨胀。在晋升激励下，地方政府为了发展地方经济，格外重视地方房地产业的发展。一方面，土地出让金是地方财税收入的主要来源之一。土地财政收入成为地方政府财政收入的重要组成部分，而且由于其属于预算外财政收入，地方政府对其的使用具有较大灵活性，大多投向了有利于短期内实现经济增长的基础设施、市政建设等方面。在土地财政的驱使下，地方政府为拉动房地产市场的发展，向房地产商拍卖土地使用权，房屋市场的繁荣也会增加对土地的需求，而且较高的房价会促进地价的上涨，房价和地价处于一个螺旋上升的过程。另一方面，房地产业发展会拉动经济增长，不仅房地产本身的增长是经济增长的重要组成部分，并且房地产的发展能带动其上下游多个产业的发展，此外，房地产相关的其他税收收入在地方政府预算内财政收入里占据重要地位。

（2）自住房改革以来，我国房地产行业出现“黄金十年”下的飞速发展，在改善居民居住条件、促进经济增长以外，其长期过快发展也埋下了较大的风险隐患，目前很多地区房屋空置率依然高企，房地产成了经济“实虚失衡”的关键节点。坚持房地产回归居住属性，就是要挤出泡沫，化解此前部分区域房地产过热对实体经济的负面影响。

（3）房地产贷款金额大、比重高、增速快。房地产是资金密集型产业，从项目开发到房屋落地期间需要大量资金。而且近年来，部分房地产开发商资金紧缺，单一融资途径已经满足不了融资需求，因而“另辟蹊径”，采用高成本融资渠道现象普遍，风险隐患大幅增加。部分地区一段时间内房地产贷款增速很高，中长期贷款增幅明显高于短期贷款，其中潜藏的风险也很明显。

（4）房地产价格下降引发金融风险。一是房地产开发贷款到期偿付风险，特别是前期高价购地、销售策略又未能及时调整的部分中小开发商在销售资金回笼不畅、银行信贷受阻的情形下，通过信托、私募甚至民间借贷等高成本渠道借入资金，导致财务状况进一步恶化。二是房地产价格快速下跌加大以房产、土地为第二还款来源的各类信贷资产的风险，包括个人住房按揭贷款和政府融资平台贷款。除此之外，房地产对上下游产业和实体经济的风险传递效应明显。

（5）房屋空置增长隐藏着金融风险。房屋空置就是还没有卖出去，这就意味着房地产开发商的相关支出包括土地购买、建造材料购置及建筑工人工资等都还没有回笼。其中，除了开发商少量的自有资金投入，土地购买、建造材料购置还有部分或全部建筑工人工资支付均来源于银行贷款。当房屋空置面积和

空置时间达到一定程度时，房地产开发的相关银行贷款本息就不能按时支付，给银行埋下巨大的信用风险和流动性风险，并且可能因此在银行间传染，进而引发金融动荡。

5.3.2　区域性金融风险向系统性金融风险的转嫁机制分析

根据国际金融危机的经验和中国经济的实际状况，现阶段我国学者虽已集中性地从不同部门间资产负债表关联度考察了风险在部门间的传染，却相对忽视了将风险源在系统内的重要性与资本的跨区域流动相结合，分析其在风险传染路径中的显著作用。因此，我们有必要针对目前区域性金融风险向系统性金融风险的转嫁机制进行总结分析，为政府进行风险防范提供针对性思路，且同时将区域性和系统性金融风险纳入框架之下，能比较恰当地契合国内实际情况。

本小节在借鉴国际经验的基础上，对我国区域性金融风险传染路径进行深入的探索，并对区域性金融风险升级为系统性金融风险机制及我国区域性金融风险向系统性金融风险转变的条件进行探讨。在此目标下，在第一部分分析区域性金融风险的传染渠道；在第二部分研究区域性金融风险向系统性金融风险演化的条件，归纳区域性金融风险向系统性金融风险转化的因素。

1. 区域性金融风险向系统性金融风险转嫁的渠道分析

目前，研究区域性金融风险如何向系统性金融风险演化的文献非常少见，大部分主要集中于金融风险在不同国家或地区间的风险传染，即一国或地区发生系统性金融风险如何产生溢出效应和互扰效应，从而加剧全球系统性金融风险。相对于本节强调的“区域性”转向国内，从地理角度在一国内部而进行的一定范围内的土地的界划，与国际上的“区域性”金融风险概念有所不同，但对于我们分析一国区域性与系统性金融风险的转嫁机制同样有着重要参考意义。因此，通过梳理国内外文献，剖析区域性金融风险向系统性金融风险转嫁的渠道。

1）资产价格渠道

在全球一体化及区域一体化不断加强的背景下，随着金融工具的创新及普及，投资范围更广，投资组合多样化。风险分散原则使得全球投资者倾向多市场布局资产，同时也加强了不同经济主体间的关联度，风险传染的概率大幅提升。当一个市场受到负面冲击时，随着现代金融市场的关联度增大，国家间经济依存度逐渐增高。一方面，这会通过市场资产证券价格的波动及现金流和抵押价值的变化，导致风险从高到低在不同经济依存度的国家间扩散，由此就自然地形成了不同金融市场间关联度显著且短暂增加的现象。另一方面，一个或多个国家的金融波动会通过全球资金链使得其他国家的金融市场呈现同样的风险波动特征，进而促使投资者调整投资组合进行风险管理和流动性管理，通过减少在危机国持有的资产头寸快速变现以获取现有的资产收益[144, 145]，风险波动进一步加剧。因此，资本的大幅撤资不仅会引起资产价格的骤降，企业市值快速蒸发，还会传播恐慌情绪，引发金融市场动荡，这是系统性金融风险的一个重要传染媒介。

国内学者中，林玉婷等同样认为全球系统性金融风险具有较强的同步性，国际资本的套利和套汇动机是全球系统性金融风险传染的两个重要渠道[146]。然而不同金融市场的风险波动呈现的传导效应不一致，债券市场由价格暴涨出现的套利行为强化了风险溢出效应，却减弱了吸收效应；而汇率升值超调引发的套汇行为却同时增强了系统性金融风险的溢出效应和吸收效应。一国系统性金融风险溢出，在全球资本流动下传染至其他经济主体，对其金融市场造成了不可预估的影响。对于各国的金融风险溢出是否与金融机构的相互依赖程度有关，目前各国学者都在尝试通过多种角度和模型来考察金融机构相互依赖性对风险溢出的影响，不然会大大低估规模较小却具有高度关联性机构的系统重要性水平，从而无法全面地考察系统性金融风险水平。

2）“真正的传染”渠道

Kaminsky 和 Reinhart 将在经济和金融市场剧烈波动下心理恐慌、“羊群效应”等造成的风险传染称为“真正的传染”。当一个国家的经济出现风险时，投机冲击不可避免，往往投机活动造成冲击的程度与危机的严重性正向相关[147]。受投机冲击恐慌的影响，市场情绪急转，投资者的避险情绪增加，进而采取激进的冒险行为，通过信号放大、情绪传染等方式，严重危害经济基本面，进而感染金融脆弱性大的国家，引发全球金融市场动荡。因此，基于心理恐慌、信息不对称、“羊群效应”而产生的“真正的传染”是建立在投资者行为基础上的危机传染研究，该渠道强调了危机冲击对投资者心理预期和投资行为的影响。该理论认为，由于信息不对称的存在，理性投资者在遭受负面信息冲击的情况下会根据现有情况形成对未来经济走势的预期，从而选择调整其持有的资产组合，一旦所有的理性投资者拥有同一预期并进行相应调整时，则会导致市场上出现“羊群效应”。其中，最常见的表现形式是源于 1983 年 Diamond 和 Dibvig 所提出的 DD-Model 中因事件性的负面冲击导致的投资者对银行信任的丧失，投资者选择提前取回在银行的存款，对银行流动性管理产生冲击，使得银行发生挤兑的现象。

3）贸易渠道

针对 20 世纪 90 年代至今发生的三次大金融危机事件，李刚利用空间统计分析方法证明贸易关系是唯一在三次金融危机中都存在的传染路径。当一国发生金融危机时，该国的溢出效应会通过收入效应（总需求改变）和价格效应（货币贬值）使之与其有直接或间接贸易往来的另一国经常项目差额、M2 增长率及失业率与本国具有趋同性，从而使经济基本面发生恶化。因此，学者们常将贸易渠道解释为一种金融风险能通过汇率大幅度贬值和国际收支经常账户往来使他国经济基本面受损的传染渠道[148]。盖拉赫和倪瑞明针对贸易渠道的传染机制进行了详细分析，主要体现在：一国金融危机的发生，导致该国货币急剧贬值，出口商品相对价格随之迅速下降，从而进口国可以以相对更低的价格获得同等需求量的商品，降低对国内产品的总需求，增大对国外产品的需求，使本国央行外汇储备流失，最终破坏本国国际收支平衡[149]。

然而部分学者利用 1994 年墨西哥金融危机和 1997 年亚洲金融危机事件证明危机发生国之间的双边贸易量规模很小，贸易渠道更多是通过第三方贸易进行传染。第三方贸易传染在我国主要表现为企业高杠杆所导致的产能过剩和房地产高库存。房地产市场上下游企业众多，影响力大，其风险一旦暴露，将进一步蔓延到其他领域。因此若房地产市场持续保持着低迷状态，其最直接的表现为房屋抵押品价值下降、地方政府土地出让金规模锐减、房地产市场再投资增速减缓、企业偿债能力下降，最终导致商业银行不良贷款率逐步攀升，进一步推升了银行系统风险爆发的可能性。

4）资产负债表渠道

在金融危机时期，受外部冲击的影响，货币市场和资本市场的流动性将急剧恶化。在这种情况下，一个市场主体的脆弱性不仅仅来源于它对其他主体的直接风险敞口，也来源于它无法调节货币市场和资本市场上资金的快速波动[150]，此时为了维持自身资产负债表的平衡，市场投资者在危机背景下会快速抛售资产，由此引发资产的一系列大规模减值效应，我们将此称为资产负债表渠道的风险传染。

由于该渠道强调系统内各地区主体之间通过实际业务资产负债表关联在存贷及支付体系上的相互联结[151, 152]，因此，在以银行为主导（bank-base）型金融系统的欧盟区，其银行间的跨区域风险传染是最主要的风险传染方式。研究发现，随着银行间股权的交叉持股，西欧国家与 CESE（Central Europe、Eastern Europe、Southeast Europe，中欧、东欧及东南欧）国家的关联度逐渐加深，其主要表现为直接依靠西欧国家的一些私营部门企业或通过西欧国家在 CESE 国家的当地银行分支推动 CESE 国家银行体系的发展，因此，银行间的高度关联与银行分支的广泛分布形成了庞大的区域性金融网络。我国大型银行受政府的隐性担保，因此，通过资产负债表关联而进行的风险传染更主要地体现在各部门主体间的往来，而非银行间网络结构。苟文均等[153]、郑立君和黄友逵[154]基于我国数据运用 CCA 模型实证分析了我国国民经济中的非金融企业部门的风险传染。受企业、地方政府等部门债务杠杆大幅攀升影响，当其中某一系统重要性部门或多部门因债台高筑出现违约且其成为风险源时，因为不同区域部门主体间资产负债表关联的存在，其违约所造成的冲击一方面从时间维度而言，将在不同区域部门间实施杠杆转移并加速风险积累，使与之相关的国民经济部门诸如政府公共部门、银行部门、消费者部门等的宏观金融风险加速积聚[155]；另一方面从截面维度来看，冲击会在由权益渠道和债务渠道结合所形成的网络结构内加剧，进而推高其他区域主体的债务杠杆率和违约风险，并增大风险传染的可能性。

5）公共部门渠道

政府是公共部门的最主要成员，地方政府债务是其面临的主要问题。地方政府一旦出现债务违约将降低政府的公信力，进而影响企业、消费者及银行等微观主体的投资行为，产生“羊群效应”，引发集体抛售等非理性行为，最终导致风险在区域内和区域间扩散。因此，一旦地方政府信用度降低，地方政府作为公信力权威代表，受政治溢出效应影响，不仅会削弱投资者信心，出现该地区资本外逃、企业撤离、无新资本入驻现象，还会造成该地区资金链断裂、经济下滑、失业率增加，并将其风险溢出到相邻关联度较高地区，导致区域性金融风险扩散，且进一步向系统性金融风险转嫁。

武晋和李元认为在地方财权事权不匹配所形成的巨大财政收支压力下，地方政府出于经济发展考核目标，会通过加大对金融市场资源，尤其是银行信贷资源的配置，来提高其财政能力和经济发展动力，进而对企业信贷融资获得产生影响[156]。徐业坤等以 2004~2011 年 3 014 个民营上市公司为研究样本，实证结果表明在政治不确定时期，企业的投资支出会显著降低，同时政治关联的存在会在不确定时期进一步抑制企业的投资支出水平[157]。这是因为诸如以领导人更替为代表的政治不确定性在更替过渡时期由于领导人偏好、能力等的异质性，地方政策会有所不同，从而对当地发展产生影响。一方面，因政府官员更替会有一段“空档期”，所以当地经济景气和投资环境遭受影响，企业投资支出下降；另一方面，官员的更替代表了政策的不确定性，在这种不确定情形下，企业会根据对等待信息价值和延缓项目投资成本的权衡，选择推迟投资以更好地应对政治环境的变化。

2. 我国区域性金融风险向系统性金融风险转嫁的条件分析

由于我国的资本市场尚未完全开放，股市、债市与外汇市场的联结并不紧密，因此，上述资产价格渠道的传递效应在谈及我国区域性金融风险传染性时并不存在较强的借鉴意义。根据我国银行主导型金融系统特点，新常态阶段下我国经济增长放缓，长期以来所累积的风险逐渐暴露出来，主要表现为产能过剩、企业高杠杆、房地产投资和地方政府债务。因此，通过对现有文献的梳理，可以发现我国区域性金融风险传染的主要渠道是“真正的传染”、跨区域投资、资产负债表关联、政治影响及影子银行五条不同的渠道。下面对区域性金融风险向系统性金融风险转嫁的条件进行分析。

1）区域间的网络关联程度

Acemoglu 等认为，只要当影响金融机构的负面冲击的幅度足够小时，此时小冲击的到来将会因紧密的金融网络结构而分散风险，从而提高金融的稳定性[158]。反之，若冲击的幅度增大，当超越了一个特定的临界点时，金融网络间的密集程度增加了金融机构间的关联度，此时这种互联机制反而使得冲击在网络内快速传播蔓延，使金融的稳定性产生波动，最终可能会导致一个更脆弱的金融体系，因此金融体系的网络结构对系统性金融风险的形成起着核心作用。在我国区域金融一体化持续推进的背景下，不同区域之间的金融业务往来越来越密切，债权债务关系越来越复杂，形成了联系紧密、错综复杂的区域金融关联网络，荣梦杰和李刚结合社会网络分析方法，选择环渤海、长三角和泛珠三角这三大经济区域，从金融风险空间关联、风险传染及其风险系统来源三个方面对三大经济区域的金融风险相关性进行研究，进而发现三大经济区域间明显的金融风险联动效应，风险波动幅度和大小较为接近[159]。张帅探讨了我国系统性金融风险的主要来源和传染区域，认为不同地区呈现不一样的风险输出和传染特征[160]。他先证明了东北地区、西北地区是我国地域金融风险传播的主要输出区域，而华东地区、华北地区则是全国地域金融风险传播的重点吸收地区，并且在华东地区、华北地区范围内的风险传播效果显著大于全国层面。

2）风险发生源的系统重要性

包全永主张系统性金融风险的核心在于风险传染，在传染的基础上，某经济主体所遭受的冲击如何演变升级成系统性金融风险还取决于该主体在系统内部的重要性地位[161]。方意和刘江龙基于关联网络模型的理论分析和我国上市银行数据的实证分析发现，银行通过持有共同的盯市资产在彼此间形成关联性，在遭遇负向冲击时，银行的资产抛售行为沿着这种关联性构成的网络传染，进而产生系统性金融风险[162]。赵林海和陈名智利用滚动窗口动态 Copula 模型测度了金融机构的系统性风险溢出和贡献，发现证券类金融机构对系统性风险贡献最大，银行最容易向系统输送尾部风险，因而银行对金融系统的稳定最具潜在威胁性[163]。

5.3.3　系统性金融风险防控责任主体与划分依据

从监管主体来看，系统性与区域性金融风险防范体系可以分为三个层级：第一个层级是金融机构内部风险防控机制、行业自律及利益相关者对其风险行为的监督；第二个层级是官方金融审慎监管，因为金融市场存在信息不对称、外部性及脆弱性，其本身不足以完全控制金融风险；第三个层级是存款保险制度、“最后贷款人”制度、危机救助制度等组成的金融安全网，一旦金融机构出现危机，这些安全网对风险的处置、隔离有利于整体金融稳定。

1. 风险管理与金融机构自律

关于金融机构的自律，通常涉及三个方面的问题：一是一般企业和行业的自律问题；二是金融机构的特殊性问题；三是金融机构的自律问题。在一般企业的自律方面，Coase 最早指出，自律能够促使以最小的代价实现市场的高效运作。因为金融机构的特殊性，其自律与一般企业的自律有所不同[164]。Goodhart 归纳了金融机构的特殊性，从银行金融机构来看，特殊性表现为更容易产生系统性风险：金融机构具有很大的外部性，尤其是银行，银行承担了全社会的清算和支付，同时银行间的联系远高于非银行金融机构和其他类型企业，稍有不慎极易引发传染性的挤兑风潮；而从非银行金融机构来看，特殊性体现为消费者保护问题，机构自律格外受到重视[165]。在此基础上，Goodhart 指出，相比其他职业领域如医疗领域、建筑领域的自律，金融自律并不稳定[166]。巴塞尔银行监管委员会等组织参与的论坛认为，银行内部管理（自律）、市场约束、监管约束是维护银行业稳健的三大支柱[167]。

国内对金融机构自律的研究起步较晚，徐龙华考虑了我国的产权制度改革和稽核体制改革，认为，即使存在金融机构的自律约束，仅仅依靠企业由上而下的治理也不足以防范风险，甚至可能在逐利驱使下出现自上而下联合"钻法律空子"，因而必须引入人民银行监管、外部审计等外部监管[168]。然而，自律往往不足以防范金融风险，Gomez-Mejia 等建立了自律型机构对代理人的内部惩罚机制的数学模型，发现由于市场对自律型机构的声誉约束不具备主动监控、披露欺诈行为的动力，只有在引入对自律型机构的外部监管后，自律型机构的职责才能很好地实现[169]。

2. 通过外部监督防范系统性金融风险

1）宏观审慎监管

宏观审慎监管概念最早由国际清算银行在 20 世纪 70 年代后期正式提出。1997 年亚洲金融危机爆发，暴露出东南亚各国监管防控政策和体制的重大缺陷，理论界进而提出宏观审慎监管理念，并对此进行了深入研究。后危机时期世界各国的经济复苏步履维艰，大小风险不断。经过十年的曲折发展，2008 年次贷危机的大爆发再次对全球经济造成重创。在之前，微观审慎是金融监管的主要方向。在 2008 年国际金融危机以后，监管当局强化了系统性金融风险的监管要求，加强了宏观审慎监管，将宏观审慎监管与微观审慎监管有机结合。宏观审慎监管的重要性被提到了前所未有的高度。

目前各国监管当局使用过的工具基本分为三类，如表 5.2 所示。

表 5.2　各国监管当局使用过的政策工具及效用

政策工具主要作用	具体政策工具
抑制信贷过度扩张和资产价格泡沫	（1）针对特定行业的监管资本 （2）对贷款乘数和债务收入比例进行逆周期调整
降低杠杆和期限错配放大效应	外币贷款限额和期限错配比例限制
降低金融体系内在关联性和负外部性	针对金融机构共同风险暴露的监管措施等

在此基础上，学术界和监管界从时间维度和结构维度提出了新的宏观审慎工具。2021 年 12 月中国人民银行发布《宏观审慎政策指引（试行）》，该指引中也明确，根据不同类型的系统性金融风险，宏观审慎工具可以按照下述两种维度进行划分，如表 5.3 所示。

表 5.3 不同维度的宏观审慎工具

维度	宏观审慎工具	主要作用
时间维度	《巴塞尔协议Ⅲ》中的逆周期资本缓冲、留存资本缓冲及杠杆率、按预期损失计提拨备、保证金和折扣比率等	用于逆周期调节，平滑金融体系的顺周期波动
结构维度	金融基础设施管理工具、风险处置、金融机构退出机制等	通过提高对金融体系关键节点的监管要求，防范系统性金融风险跨机构、跨市场、跨部门和跨境传染

但是不可避免地，逆周期宏观审慎监管有一定的局限性。金融体系固有的内在脆弱性和不稳定性不可根除，在全球信用膨胀的背景下宏观审慎监管无法规避由外部因素造成脆弱性和不稳定性大幅上升而引发的金融危机。另外，房地产泡沫推高金融危机发生的可能性，而宏观审慎监管无法精准控制贷款低利率，因此在消除房地产泡沫方面具有局限性。同时，宏观审慎监管政策未充分考虑影子银行和监管套利、平滑经济周期证据不充分、系统性金融风险难以准确计量和监管存在宽容等问题。所以在宏观审慎监管的过程中需要配合多种监管政策和手段，从宏观审慎视角，微观定位风险并实施监管，制定符合国情、恰当有效的监管政策。与此同时，随着全球金融一体化的不断推进，危机下各个经济主体都不能独善其身，因此在风险监管时需重视全球经济体之间的内在联系，加强各方面的协作，保证各项监管工作的顺利展开，提高监管的有效性。

2）金融安全网

自 1986 年国际清算银行提出“金融安全网”这个概念以来，并未引起世界各国的重视，理论界也较少有学者对此进行深入分析。Hoenig 较早地提出了金融安全网的构成内容，认为金融安全网包括存款保险制度、联邦储备银行最后贷款人职能和联邦准备银行间大宗货币结算体系[170]。Pelgrin 和 Schich 认为破产退出机制能够弱化金融机构的道德风险问题，因此，金融安全网应由最后贷款人、存款保险制度、审慎监管和破产退出机制构成，其实质是一个内含对金融风险从识别、治理、监管到最后危机救助的完整体系[171]。

国内的研究主要在国际组织的指引性文件基础上进行，重点关注监管的逆周期性和危机救助等问题。在危机救助方面，周小川详细探讨了金融危机中关于救助问题的争论，认为在危机救助时，应首先考虑私人部门承担责任、参与救助；出现系统性危机时，公共部门应及时参与救助，政策的实施要注意保持中长期的动态均衡[172]。周强和杨柳勇认为，存在“多而不倒”救助的隐性担保时，资本要求的提高可能扩大银行业的系统相关性，进而提高系统性风险隐患[173]。

5.4 区域系统性金融风险的度量

5.4.1 区域系统性金融风险评价指标体系构建

1. 指标选取

现有关于区域性金融风险的度量方法相对较为丰富，如ESDA探索性空间数据分析技术、社会网络分析方法、动态拓扑指数方法等[174, 175]。本节根据前文关于系统性金融风险成因的理论分析，结合其他学者的研究成果，并考虑数据的可得性，从银行业、资产泡沫、宏观经济、政府债务和家庭部门选取指标，以全面系统地反映各省（区、市）系统性金融风险水平。由于国际外部冲击对整个国家产生影响，汇率、国际贸易等相关数据主要是国家层面的数据，因此在计算各省（区、市）金融压力指数时暂不考虑国际因素。指标及指标说明见表5.4。指标性质为“+”，表示该指标数值增大会导致系统性金融风险增加；指标性质为“–”，表示该指标数值增大能够缓解系统性金融风险；指标性质为“适度”，表示该指标数值在一定范围内不会对系统性金融风险产生不利影响，超过这个范围，才可能恶化金融风险。

表5.4 我国区域系统性金融风险综合评价指标体系

二级指标	三级指标	指标说明	性质
银行业脆弱性	不良贷款率（X_1）	不良贷款余额/全部贷款余额	+
	贷存比（X_2）	贷款总额/存款总额	+
	信贷膨胀率（X_3）	信贷增长率/GDP增长率	+
资产泡沫风险	住宅销售价格（X_4）	住宅销售额/住宅销售面积	+
	房价增长程度（X_5）	房价增长率/GDP增长率	+
	房地产杠杆率（X_6）	房地产开发资金总额/自筹资金	+
宏观经济风险	GDP增长率（X_7）	反映地区经济运行状况	–
	固定资产投资增长率（X_8）	反映潜在的生产供给能力	–
	工业增加值增长率（X_9）	反映地区工业生产状况	–
	通货膨胀率（X_{10}）	以CPI增长率来衡量，0~5%为正常水平	适度
政府债务风险	财政缺口率（X_{11}）	（财政支出–财政收入）/GDP	+
家庭部门风险	居民支出增速与收入增速之比（X_{12}）	居民消费支出增速/居民可支配收入增速	+

2. 描述性统计

基于表 5.5 所选变量，本书收集了我国 30 个省（区、市）2009~2021 年的年度数据。由于西藏、香港、澳门、台湾数据缺失较多，因此未考虑该区域。数据来源为 Wind 数据库、锐思数据库、国泰安数据库、国家统计局、各省（区、市）统计年鉴、各省（区、市）国民经济和社会发展统计公报、中国人民银行、银保监会等。变量的描述性统计结果如表 5.5 所示。

表 5.5 系统性金融风险指标的描述性统计

变量	样本量	最小值	最大值	平均值	标准差
X_1	390	0.35	8.7	2.215	1.613
X_2	390	0.446	1.191	0.785	0.147
X_3	390	−13.12	4.571	0.017	1.121
X_4	390	2 396	46 941	7 549	6 168
X_5	390	−18.57	32.89	1.186	2.716 9
X_6	390	1.088	3.819	2.051	0.437
X_7	390	−0.053	0.266	0.105	0.056
X_8	390	−0.566	0.411	0.12	0.114
X_9	390	−0.206	0.501	0.085	0.095
X_{10}	390	−2.3	6.3	2.23	1.426
X_{11}	390	−0.061	0.636	0.143	0.11
X_{12}	390	−3.879	6.958	0.889	0.668

5.4.2 数据处理与指标赋权

1. 数据处理

为消除不同指标的量纲差异，以及便于计算金融压力指数，需要对各变量的数据进行正向化和标准化处理，标准化处理后的数据在 0~1，且数值越大，表示风险越大。

若指标性质为“+”：

$$x'_{ij}=\frac{x_{ij}-\min\left(x_{ij}\right)}{\max\left(x_{ij}\right)-\min\left(x_{ij}\right)}$$

若指标性质为“−”：

$$x'_{ij}=\frac{\max\left(x_{ij}\right)-x_{ij}}{\max\left(x_{ij}\right)-\min\left(x_{ij}\right)}$$

若指标性质为适度：

$$x'_{ij}=\begin{cases}\dfrac{a-x_{ij}}{\max[a-\min(x_{ij}),\max(x_{ij})-b]}, & x_{ij}<a\\ 0, & a\leqslant x_{ij}\leqslant b\\ \dfrac{x_{ij}-b}{\max[a-\min(x_{ij}),\max(x_{ij})-b]}, & x_{ij}>b\end{cases}$$

其中，x'_{ij} 表示第 i 个指标的第 j 个数据标准化处理后的数值；x_{ij} 表示第 i 个指标的第 j 个数据的原始数值。若适度性指标取值落在[a,b]内，可认为是无风险的。

2. 指标赋权

对以上 12 个指标进行数据标准化处理后，需要为每一个指标赋予权重，以便于合成总的金融压力指数。赋予权重的方法有主观法和客观法。主观法包括专家打分法、层次分析法等，客观法有熵权法、标准离差法、CRITIC 赋权法等。由于主观法随意性较大，而且操作难度大，因此本书采用客观法。其中，CRITIC 赋权法是由 Diakoulaki 提出的一种客观权重赋权法，该方法有两个优点：第一，考虑了指标的对比强度，即指标中数据的差异性，用标准差 σ_i 衡量；第二，考虑了指标之间的冲突性，指标之间的相关性越大，则冲突性越小。指标 i 与其他指标的冲突性的计算公式为：$\sum_{j=1}^{n}\left(1-r_{ij}\right), r_{ij}$ 为相关系数。本书采用标准离差法为各个二级指标下的三级指标赋权，并合成二级指标值，然后采用 CRITIC 赋权法为二级指标赋权，合成金融压力指数。

1）三级指标权重的确定

标准离差法的公式为

$$\omega_{ij}=\frac{\sigma_{ij}}{\sum_{j=1}^{n}\sigma_{ij}}$$

其中，ω_{ij} 为第 i 个二级指标下的第 j 个三级指标的权重；σ_{ij} 为第 i 个二级指标下的第 j 个三级指标的标准差。具体三级指标权重如表 5.6 所示。

表 5.6　三级指标权重

二级指标	三级指标	权重
银行业脆弱性	不良贷款率（X_1）	0.426 9
	贷存比（X_2）	0.433 9
	信贷膨胀率（X_3）	0.139 2

续表

二级指标	三级指标	权重
资产泡沫风险	住宅销售价格（X_4）	0.394 2
	房价增长程度（X_5）	0.150 3
	房地产杠杆率（X_6）	0.455 5
宏观经济风险	GDP 增长率（X_7）	0.318 7
	固定资产投资增长率（X_8）	0.210 1
	工业增加值增长率（X_9）	0.243 6
	通货膨胀率（X_{10}）	0.227 6
政府债务风险	财政缺口率（X_{11}）	1
家庭部门风险	居民支出增速与收入增速之比（X_{12}）	1

2）二级指标权重的确定

CRITIC 赋权法的具体过程：

计算第 i 个二级指标 X_i 的标准差 σ_i；

计算 X_i 与其他变量的冲突性：

$$\sum_{j=1}^{n}\left(1-r_{ij}\right)$$

其中，r_{ij} 为相关系数。

计算指标 X_i 的信息量：

$$C_i=\sigma_i\sum_{j=1}^{n}\left(1-r_{ij}\right)$$

计算指标 X_i 的权重：

$$\omega_i=\frac{c_i}{\sum_{j=1}^{n}c_j}$$

采用 CRITIC 赋权法得出的各指标权重如表 5.7 所示。在五个二级指标中，政府债务风险的信息量最大，权重也最大，其次是银行业脆弱性和资产泡沫风险。从权重大小来看，政府债务风险在评价我国系统性金融风险中占有较大比重。

表 5.7　二级指标权重

二级指标	标准差 σ	冲突性	信息量 C	权重
银行业脆弱性	0.133 2	3.4	0.453	0.215
资产泡沫风险	0.100 8	3.962	0.399	0.189

续表

二级指标	标准差 σ	冲突性	信息量 C	权重
宏观经济风险	0.095 3	3.76	0.358	0.169
政府债务风险	0.158 2	4	0.633	0.300
家庭部门风险	0.061 6	4.345	0.268	0.127

5.4.3 区域金融压力指数实证结果

1. 区域金融压力指数构建

金融压力指数是一个能够反映某地区或某个金融子市场的总体风险情况的指标，可以通过观察金融压力指数的走势来判断系统性金融风险的相对大小。

本书运用金融压力指数有以下前提条件：

（1）金融压力指数可以反映金融系统的风险水平，即金融压力指数越大，系统性金融风险越大。

（2）系统性金融风险不仅由金融体系决定，还会受到金融体系外部变量的影响。如果经济形势好转，将有助于缓解金融系统面临的压力，减少系统性金融风险的积累。

（3）金融压力指数作为系统性金融风险的度量，它只能反映系统性金融风险的相对大小，无法判断指数处于什么位置时会爆发危机。

金融压力指数的计算公式为

$$\mathrm{FSI}_t = \sum_{i=1}^{n} \omega_i X_{it}$$

其中，FSI_t 为某地区第 t 年的金融压力指数；ω_i 为二级指标 X_i 的权重；X_{it} 为二级指标 X_i 在第 t 年的标准化数据。

2. 区域金融压力指数的测度结果

本书计算了我国 30 个省（区、市）（不包括西藏、香港、澳门、台湾）2009~2021 年的金融压力指数。

30 个省级区域的 FSI 平均值在样本期间的变化趋势如图 5.3 所示。30 个省级区域的平均 FSI 在 2009 年存在制高点，这可能是受到 2008 年金融危机的影响，我国的系统性金融风险迅速积累。2010~2012 年 FSI 保持在低位，并且比较平稳。2012 年之后金融压力指数呈现不断上升的态势，这说明我国系统性金融风险在逐渐增大，有必要采取有效的防控措施来抑制风险的进一步积累。2017 年 FSI 相较于 2016 年降低，是 2012~2021 年的风险爬升趋势中唯一指数出现下滑的年份。2017 年被称为金融业“史上最严”监管年，为遏制乱象高发，监管政策密集落地并精准打击，强监管强问责背景下金融脱虚向实效果明显。2018 年 FSI 再次大幅上升，可能受中美贸易摩擦升温影响，美国实行“税改”政策及开启加息通道，加剧了我国保持出口与汇率之间平衡的压力；而国内在经济增长减速的大背景下，多处高风险点凸显，局部性金融风险有蔓延成区域性、系统性金融风险的趋势。2020 年之后，在经济潜在增速下行、新冠疫情暴发与中美贸易摩擦加剧的内外冲击下，FSI 略有抬升，而 2021 年 FSI 下降，可能受益于疫情防控得当和监管“持久战”下多年的深层次建章立制成效明显，并且监管政策与产业政策在执行层面进行了适度纠偏，减轻了对企业和投资者的冲击，降低风险集中释放的可能性。

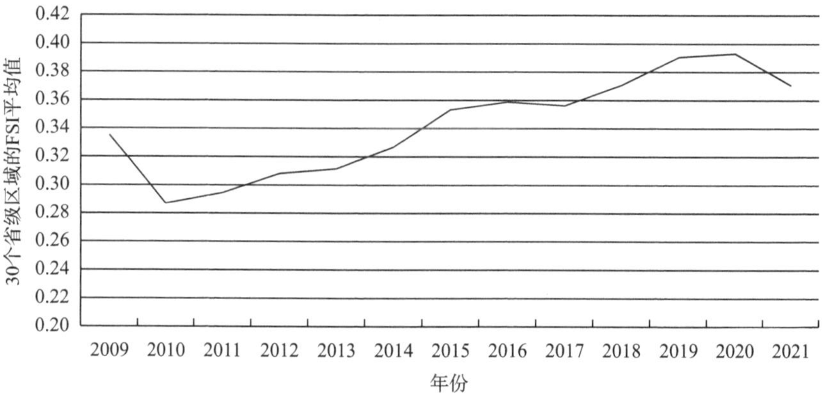

图 5.3　2009~2021 年 FSI 平均值变化趋势

就我国而言，由于不同地区的经济社会发展等各方面的差异较大，区域性金融风险也可能存在地区差异，东部地区经济社会发展较充分，金融体系成分复杂，但金融系统抗压能力较强；西部地区经济脆弱，但金融体量较小。通过计算各区域 2009~2021 年 FSI 平均值，可以发现风险较大的大多数是西部地区和东北地区，中部和东部地区风险相对较小（表 5.8）。长三角地区的系统性金融风险压力排名位于中间偏上位置。

表 5.8　2009~2021 年 FSI 平均值较小的地区排名（前 12 名）

排名	省（市）	FSI 平均值	排名	省（市）	FSI 平均值
1	北京	0.276 1	7	山西	0.300 7
2	广东	0.278 7	8	湖北	0.305 8
3	河北	0.291 8	9	安徽	0.306 4
4	河南	0.293 7	10	福建	0.306 8
5	陕西	0.297 5	11	四川	0.308 7
6	山东	0.297 6	12	湖南	0.310 3

5.5 区域系统性金融风险识别与责任分担

5.5.1 系统性金融风险识别与风险等级

金融压力指数能够度量系统性金融风险的大小，可以直观地反映系统性金融风险的变化趋势，以及用于比较地区之间系统性金融风险的相对大小。但是金融压力指数并不能告诉我们当指数值多大时会引发巨大损失，或者爆发金融危机。本书通过构建系统性金融风险识别指数 SFRII 对风险所处等级做出判断。当 FSI 超过其平均值两倍标准差时，则认为处于较大风险状态。

SFRII 的表达式为

$$\mathrm{SFRII} = \frac{\mathrm{FSI} - \mu}{2\sigma}$$

其中，μ、σ 分别为 FSI 的均值和标准差。

图 5.4 展示了我国 2009~2021 年平均 SFRII 的变化情况，我国平均 SFRII 均小于 1，这表明我国金融系统总体上是比较稳健的。与 FSI 波动趋势相似，SFRII 在 2009 年明显出现了一个峰值，这说明在 2008 年金融危机期间我国确实处于风险增大的状态。2010 年 SFRII 迅速回落，这说明我国为应对金融危机而采取的调控措施取得了很好的效果。2010~2013 年的 SFRII 保持在低位，且小于 0，说明这一时期的系统性金融风险较小。2014 年之后 SFRII 呈现上升的趋势，说明我国系统性金融风险在 2014~2020 年逐渐增大。

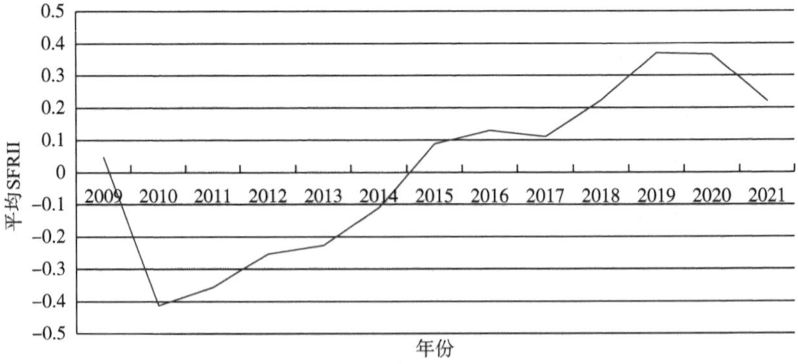

图 5.4 2009~2021 年平均 SFRII 变化趋势图

在构建系统性金融风险识别指数的基础上，本书把系统性金融风险的状态分为四个等级，分别是安全、低风险、中风险、高风险。具体判定标准如表 5.9 所示。

表 5.9　系统性金融风险状态判定表

FSI	$(-\infty, \mu-2\sigma)$	$[\mu-2\sigma, \mu)$	$[\mu, \mu+2\sigma)$	$[\mu+2\sigma, +\infty)$
SFRII	$(-\infty, -1)$	$[-1, 0)$	$[0, 1)$	$[1, +\infty)$
状态	安全	低风险	中风险	高风险
代码	0	1	2	3

5.5.2　风险等级分布与责任区划分

1. 风险等级分布情况

1）历年处于各风险等级的省级区域数量

根据表 5.10 和图 5.5，2009~2014 年大多数省级区域都处于低风险状态，但 2009 年中风险省级区域较多，到 2010 年时中风险省级区域迅速减少，出现了 1 个高风险省级区域，总体而言，2010~2014 年我国金融体系又恢复到比较安全的状态，低风险省级区域远远多于中风险省级区域。2015 年开始中风险省级区域迅速增加，甚至数量多于低风险省级区域。2017 年之后高风险省级区域也有所增多，2019~2020 年处于中风险的省级区域最多，可能是受 2020 年新冠疫情影响，新冠疫情的高度传染性和不确定性给社会经济正常运行带来全方位的系统性冲击，各地区的风险等级也相应提高。我国近几年系统性金融风险在增大，需要予以重视。总体来看，我国近几年金融体系处于中风险状态。

表 5.10　2009~2021 年处于各风险等级的省级区域数量

年份	0-安全	1-低风险	2-中风险	3-高风险
2009	0	20	10	0
2010	0	27	2	1
2011	0	26	3	1
2012	0	24	5	1
2013	0	25	4	1
2014	0	22	7	1
2015	0	14	15	1
2016	0	14	15	1
2017	0	14	14	2
2018	0	11	16	3
2019	0	9	17	4
2020	0	9	17	4
2021	0	12	17	1

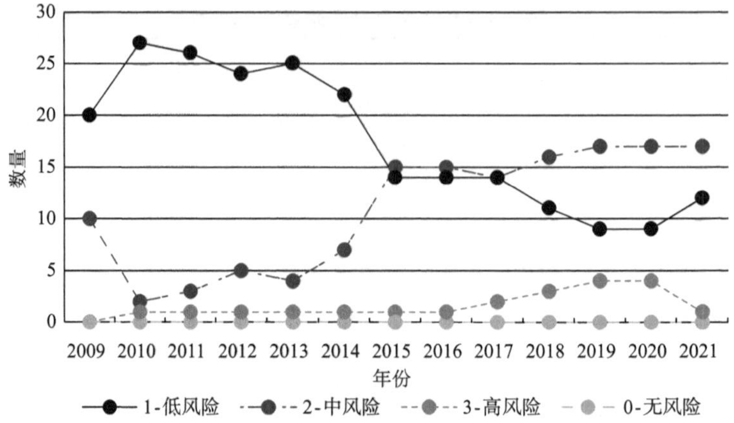

图 5.5　2009~2021 年处于各风险等级的省级区域数量变化

2）历年各省级区域所处风险等级

根据系统性金融风险识别指数 SFRII 所处范围确定 30 个省级区域的风险等级，以直观地了解风险等级在时间和空间上的分布情况。30 个省级区域在样本期内基本处于低风险和中风险，出现高风险的情况较少。受金融危机影响，2009 年大多数省级区域的风险等级相较 2010 年高，之后 2010~2014 年我国金融体系恢复到较安全的状态，低风险省级区域占据多数。2015 年起，中风险省级区域数量增加，高风险省级区域的数量也在 2017 年后显著增加，因此我国 2017~2021 年的系统性金融风险相比过去有显著的上升，需要采取有效的监管措施。

2. 系统性金融风险防控责任区的划分

在合理度量各地区系统性金融风险，计算系统性金融风险识别指数（SFRII），并确定风险等级的基础上，我们能够根据各地区风险的相对大小及风险等级确定各地区应承担的风险防控责任。即系统性金融风险大、风险等级高的地区应该承担更多的责任。在责任区的划分上，首先把 30 个省级区域划分为几个风险区，不同的风险区应承担不同程度的责任。划分风险区时，我们仍然采用 SFRII 确定各省级区域所处的风险区。根据上文的结果，我国 2017~2021 年处于中风险状态的省级区域最多，因此有必要把中风险省级区域进行进一步细分，具体划分标准见表 5.11。

表 5.11　系统性金融风险防控责任区划分标准

SFRII	$(-\infty,0)$	$[0,0.5)$	$[0.5,1)$	$[1,+\infty)$
风险区	低风险区	中低风险区	中高风险	高风险
责任区	一般责任区	次要责任区	主要责任区	重点监管区

由于 2017~2021 年的风险较高，因此依据这五年的平均 SFRII 来划分系统性金融风险防控责任区。北京及东部地区的安徽、福建、广东、山东、河北和中部地区的河南、山西、陕西、四川为低风险区，属于防范系统性金融风险的一般责任区。长三角地区，东北三省和部分中西部地区湖南、湖北、重庆、新疆、江西等属于中低风险区，是防范系统性金融风险的次要责任区。

总的来看，西部地区和华南地区是防控系统性金融风险的重点关注区域。东部发达地区在 2017 年前的风险水平较高，但随着国家政策收紧，地方管控举措较为严格和完善，近几年风险水平逐步下降。虽然西部地区在经济发展水平上和东部发达地区有巨大的差异，但是普遍表现出了较高的风险状态，这需要进一步分析不同区域的主要风险来源。

5.5.3　各防控责任区的主要风险来源分析

在把我国 30 个省级区域划分为 4 个责任区的基础上，进一步分析各责任区的主要风险来源。由于 2017~2021 年风险较大，而且距离现在更近，因此研究这 5 年的风险来源更有意义。首先计算各省级区域银行业脆弱性、资产泡沫风险、宏观经济风险、政府债务风险、家庭部门风险这五个二级指标 2017~2021 年的平均值，以及各地区 2017~2021 年的金融压力指数的平均值。然后计算五个二级指标对金融压力指数的贡献率，最后比较五个二级指标的贡献率大小，从而确定主要的风险来源。

各二级指标的贡献率的计算公式为

$$\mathrm{CR}=\frac{\omega_i x_i}{\mathrm{FSI}}$$

其中，ω_i 为第 i 个二级指标的权重；x_i 为第 i 个二级指标的值；FSI 为金融压力指数。贡献率（CR）表示该二级指标在金融压力指数中所占份额。

1. 重点监管区

A 省和 B 省是重点监管区，通过表 5.12 和图 5.6 分析其二级指标贡献率，可以发现地方政府债务风险对总的金融压力指数的贡献非常大，远远超过其他指标，这揭示了 A 省和 B 省的高风险主要来源于地方财政收支。近年来西部地区经济发展迅速，但 A 省原生经济基础薄弱，幅员辽阔，财政收支差额大，而且交通、通信、教育、文化、卫生等方面基础设施有待进一步完善，加上材料、设备和人工等成本上升，进一步增大了 A 省的财政负担；B 省财政收支规模虽不断增加，但财政收入总量较小，支出增长快，财政收支矛盾十分突出。因此，这些地区应该调整财政支出结构，增大支出效益，进而提升地区生产总值和财政收入，形成良性循环。

表 5.12　重点监管区二级指标对 FSI 的贡献率

省份	银行业脆弱性	资产泡沫风险	宏观经济风险	政府债务风险	家庭部门风险
A 省	0.263 6	0.097 4	0.117 9	0.429 4	0.091 7
B 省	0.293 5	0.109 7	0.140 2	0.346 4	0.110 0

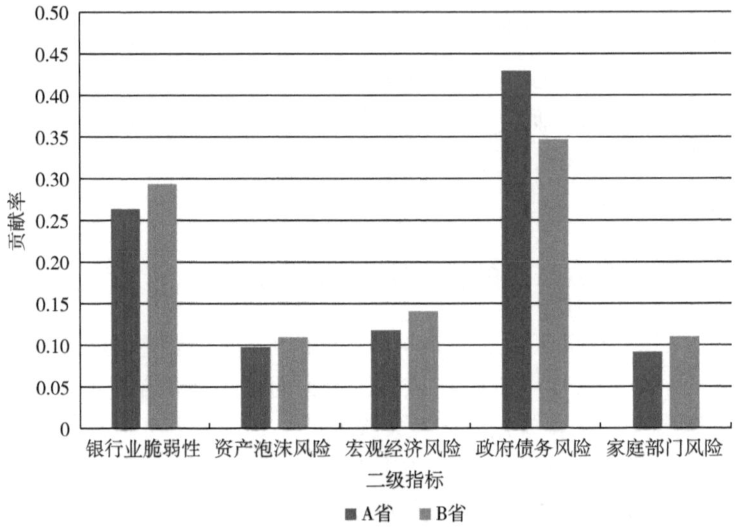

图 5.6　重点监管区二级指标贡献率

银行业脆弱性对系统性金融风险的贡献率仅次于地方政府债务风险，A 省、B 省创造利润的能力较低，而且金融业发展不完善，缺少多种融资方式，导致其银行业承担较大的风险。

2. 主要责任区

主要责任区由中高风险省级区域组成，主要有华南地区的 C 省、D 省、E 省和西部地区的 F 省，如表 5.13 所示。华南地区的主要风险源也是政府债务风险，同时银行业脆弱性也占有较大的比重。这些区域可能由于经济落后、产业结构不合理、企业效益低下等，其抵御风险的能力较弱。其中 E 省的银行业脆弱性是唯一高于政府债务风险的中高风险地区，受到中央的重点政策支持，加上自身第三产业发展势头较为强劲，相较于其他华南和西部地区而言，E 省的财政压力不大。银行业脆弱性主要体现在这些区域普遍存在金融业发展不完善的现象，缺少多种融资方式，导致其银行业承担较大的风险。

表 5.13　主要责任区二级指标对 FSI 的贡献率

省级区域	银行业脆弱性	资产泡沫风险	宏观经济风险	政府债务风险	家庭部门风险
C 省	0.267 0	0.167 6	0.148 0	0.285 6	0.131 8

续表

省级区域	银行业脆弱性	资产泡沫风险	宏观经济风险	政府债务风险	家庭部门风险
E 省	0.304 6	0.143 1	0.160 1	0.255 1	0.137 1
F 省	0.290 9	0.163 1	0.136 3	0.297 6	0.112 1
D 省	0.257 4	0.197 3	0.145 0	0.260 6	0.139 7

3. 次要责任区

次要责任区由中低风险省级区域组成，包括东部经济发达的省份、东北三省及部分中部地区，但这些区域的系统性金融风险的主导因素并不相同。分析各省级区域二级指标对 FSI 的贡献率，可以发现银行业脆弱性仍然占据主导。次要责任区中，对于东部经济发达地区，资产泡沫风险对 FSI 的贡献率次之，甚至出现了资产泡沫风险贡献率高于银行业脆弱性的情况，这些地区应该注意调控房地产市场，防止过多资金流入楼市。对于东北和中部省份，银行业脆弱性和政府债务风险仍是系统性金融风险的重要影响因素，其中中部地区的宏观经济风险也占有较大的比重。

4. 一般责任区

一般责任区属于低风险地区，主要包括华北地区、东部和中部部分地区，银行业脆弱性依然是这些区域系统性金融风险的主要来源。华北地区核心区的主要风险来源则是资产泡沫风险和宏观经济风险，与其他地区完全不同。由于其特殊的政治和经济地位，华北地区核心区风险管控的力度和侧重点也异于其他区域。虽然华北地区核心区常年处于低风险区，其区域金融压力指数最低，但依然需要关注房地产市场和宏观经济结构抵御风险的能力。

5.6 本章小结

世界范围内金融危机频发，近年来新冠疫情、俄乌战争和巴以冲突等重大国际事件已成为系统性金融风险的重要新增外生冲击变量。我国现阶段的经济金融特征决定了我国的区域性、系统性金融风险更加容易爆发，而且爆发后的影响更大。特别是，我国除了存在一些共性因素外，系统性、区域性金融风险的防范及危机救助机制也需要根据这一特殊性做出相应的特殊安排。

5.2 节研究了金融分权的框架，为后续理论解释和对策研究提供理论基础。5.3 节从我国地方政府行为的视角研究我国区域性金融风险的生成机制。通过观察我国经济金融的实际运行，发现我国区域性金融风险的生成具有特殊性，即我国地方政府行为是导致区域性金融风险生成的重要力量。随后，对区域性金融风险向系统性金融风险演化的路径进行深入探讨，分析了区域性金融风险的传染渠道，根据我国银行主导型金融结构的特点，对现有文献针对我国区域性金融风险传染情况进行大致总结，并归为“真正的传染”、跨区域投资、资产负债表关联、政治影响及影子银行五条不同渠道，并对转嫁条件进行了分析。最后，从三个层级阐述系统性金融风险防控责任主体与划分依据。

5.4、5.5 节对我国不同地区的系统性金融风险进行测度，划分相应的风险等级，并分析不同责任防控区的风险来源。5.4 节从银行业脆弱性、资产泡沫风险、宏观经济风险、政府债务风险和家庭部门风险五个风险源选取 12 个指标，运用标准离差法和CRITIC赋权法为指标赋予权重，合成我国30个省级区域2009~2021年的金融压力指数。结果显示，30 个省级区域的平均 FSI 在样本期间（2009~2021 年）呈现出明显的上升趋势。系统性金融风险较高的省级区域主要位于西部和东北地区，中部和东部地区省级区域的系统性金融风险相对较小。

5.5 节通过构建系统性金融风险识别指数（SFRII）来判断风险所处等级，并根据 SFRII 所处范围，把系统性金融风险的状态分为四个等级，分别是安全、低风险、中风险、高风险。样本期内我国平均 SFRII 均小于 1，我国金融体系总体上是比较稳健的。2009~2010 年的 SFRII 迅速回落，这说明我国为应对 2008 年金融危机而采取的调控措施取得了很好的效果。2010~2013 年的 SFRII 保持在低位，且小于 0，说明这一时期处于低风险状态。2014 年之后 SFRII 呈现上升的趋势，表明我国系统性金融风险在 2014~2020 年有所增大，2021 年 SFRII 回落，与 FSI 走势一致。从风险等级在空间上的分布来看，我国中风险省级区域呈增加趋势，2018~2020 年还出现了 3~4 个高风险省级区域，这说明我国近几年系统性金融风险在增大，需要予以重视。总体来看，我国金融体系处于中风险状态。

第 6 章　中国系统性金融风险防控政策的协同效应分析

6.1　引　　言

6.1.1　研究背景

防范化解重大风险，特别是防止发生系统性金融风险，是金融工作的根本性任务，也是金融工作的永恒主题。随着 2017 年第五次全国金融工作会议的举行，一系列金融风险防范政策措施良好执行和落实，防范化解金融风险工作取得了一定成效。系统性金融风险上升趋势得以有效控制，成功防止了系统性的区域性金融风险集中出现，并经受住了新冠疫情等极端情况的考验，金融形势逐步稳定且健康发展。

党的十八大以来，我国金融业发展取得举世瞩目的成就。一是金融机构体系逐步显现出功能完整、形式多样的状态。144 家中资银行进入“2021 年全球银行 1000 强”榜单，4 家银行和 1 家保险公司成为全球系统重要性金融机构[①]。二是金融数字化转型进展迅速。数字信贷、移动支付、线上保险等业务百花齐放，普惠金融服务日益增强，金融产品种类不断丰富。三是对外开放新格局逐步开拓。截至 2021 年末，50 多项对外开放措施被推出，金融市场准入条件大幅度放宽。四是多层次、多结构金融市场体系得以建立。截至 2021 年末，股票、债券等直接融资占新增社会融资总量的 37%，国内融资结构持续优化[②]。五是构建现代金融监管框架。强化央行、国家金融监督管理总局和证监会的议事决策、统筹协调和监督问责职能，持续探索建设宏观审慎管理、微观审慎管理、行为监管与功能监

① 资料来源：2021 年 6 月由英国《银行家》杂志发布的“2021 年全球银行 1000 强”排名。

② 资料来源：持之以恒防范化解重大金融风险. http://www.qstheory.cn/dukan/qs/2022-05/16/c_1128649547.htm，2022-05-16。

管相结合的新金融监管体系。

在 2022 年 5 月中国银保监会党委发表的文章《持之以恒防范化解重大金融风险》中，重点强调了防范化解重大金融风险取得的六项重要成果[176]。具体来看，一是金融资产脱实向虚势头得到扭转；二是各种突出风险点的传染性外溢性明显收缩；三是社会金融秩序基本实现“由乱到治”转变；四是防范化解金融风险长效机制逐步夯实；五是金融反腐和处置风险一体推进；六是金融监管透明度和法治化水平日益提高。中信证券首席经济学家在接受《金融时报》记者采访时表示，近年来，防范化解金融风险取得了一系列的阶段性成果，有效维护了我国金融体系稳定性，同时也为实体经济平稳发展奠定了坚实基础。新冠疫情和俄乌冲突导致风险挑战增多，我国经济发展一直面临着复杂、严峻和不确定的宏观环境，这也给金融体系运行带来了潜在风险。对此，前述文章强调“持之以恒防范化解重大金融风险”，并提出积极应对发达国家宏观政策与法律的外溢性影响、稳妥防控和化解中小金融机构风险等八项重点任务。

系统性金融风险这一概念更多为人熟知，而金融又与风险相伴而生，随着金融行业在我国的快速发展，各行业、各部门之间联系越来越密切，整体金融风险的结构日益复杂、种类逐渐增多，一旦风险爆发，后果更加严重。因此，我们将关注重点更加具体地放在了系统性金融风险防控上，以切实按照习近平总书记的要求，为防范化解系统性金融风险献计献策。系统性金融风险对经济金融系统有着整体性的影响，需要通过宏观控制，调节内外诱发和影响的因素进行防范。由于这种金融风险的系统性，实施防控的目标和措施也要系统地应对。为此我国政府出台了一系列政策，从不同层面和角度、不同目标和措施形式，构成了较为完整的政策体系。

中国某三角洲长期以来是我国经济金融最发达的区域，也是最具发展潜力的区域。2018 年底，我国将该三角洲区域一体化上升为国家战略，2019 年又将该三角洲区域扩大至三省一市全域。在区域金融协同发展下，该三角洲地区的经济金融系统逐渐融合联通，相互联系和影响的程度加深[177]，其潜在系统性金融风险的外溢是具有典型性的，其系统性金融风险的防控政策是否能够协同实施显然是值得关注的，为此，本章将以该三角洲地区为例，就其系统性金融防控政策的协同效应进行研究。

6.1.2 研究意义

1. 理论意义

从现有的参考文献来看，针对防控系统性金融风险的研究，大多都是研究影响因素或者传导机制，而对于系统性金融风险防控政策的研究，大多是定性构建政策体系，或针对某一政策，如财政政策，研究政策影响和政策方向，或选取某两个政策研究其实施过程中的协同效应。然而系统性金融风险是受多方因素综合影响的，系统性地整体实施政策措施，会形成具有系统性的政策体系，关注一个具有代表性的区域的系统性金融风险防控政策系统内部的协同效应，可以更有整体性地衡量评估政策本身的协同程度，分析施策效果，从而进一步综合地考量施策的合理性和有序性。

我国对系统性金融风险的研究目前已逐步趋于成熟，随之产生了大量的研究成果，其中一个主要原因是当前复杂经济金融形势的推动。有关系统性金融风险测度方法和预警方法的更新完善，是学术界对这一主题的研究重点，这就要求我们重点关注系统性金融风险防控的组织框架和宏观审慎管理工具的运用、风险内在生成机理研究及重中之重的风险测度方法和预警方法的完善研究。降低并防止系统性金融风险的产生，是我们对系统性金融风险研究的最终目的，这就要求我们着重关注风险测度方法和预警方法，避免风险发生之后的事后无奈处置。

2. 现实意义

2020 年，面对疫情的严重冲击，我国及时推出数十项金融支持政策，经济基本盘得以稳定，成为当年唯一实现正增长的主要经济体。2021 年以来，在疫情反弹和国际环境恶化的背景下，我国经济金融工作在需求收缩、供给冲击、预期转弱的背景压力下，面临新的挑战和更高要求。同时要看到，我国发展具有诸多有利条件，经济金融具备良好基础。我国主权信用坚如磐石，人民币国际化程度和水平不断提升，国际经济界和金融界始终看好中国的增长潜力。

经济平稳运行是防范化解金融风险的基石。要着眼于扩大有效需求，增加和改善金融供给，支持全面加强基础设施建设和发挥消费对经济循环的牵引带动作用，为外贸平稳发展提供便利化金融服务。落实落细各项金融纾困政策，支持交通物流循环畅通，强化小微企业和“三农”金融服务。为金融支持创新体系的进一步发展提供政策支持，为关键核心技术攻关创造条件，加大对相关企业的扶持，在当前“碳中和”背景下，以大力发展绿色金融产品为宗旨，加大对战略性新兴产业、先进制造业的中长期资金支持，推动煤炭的清洁利用，支持能源资源保供稳价，防范绿色低碳转型中可能产生的金融风险。

政府决策部门、政策制定部门对潜在的风险爆发，不仅需要基于对金融风险爆发点的深入研究制定对策，也要通过评估已有的防控政策框架去协调预防。该三角洲地区全力促进区域经济一体化，金融一体化又是其中关键，针对该区域系统性金融风险的防控着重研究，将防控政策系统归纳总结，进行政策量化，分析政策系统的协同效应，有利于把握全局，整体考量该三角洲地区系统性金融风险防控的政策协同，为政策系统的评估和政策制定的调整提供参考和建议。

6.2 政策协同的理论基础

20 世纪 70 年代初期，政策脱胎于公共行政的领域，成为一个独立的研究领域。对于政策的理解，学界内颇有争议，获得普遍认可的是“政府制定主体论”。这一观点认为，公共政策属于规范性文件的范畴，政府借此来管理社会公共事务、处理社会公共问题[178]。同时除政府之外的非政府组织、社会公众等共同参与到政策制定的过程中。公共政策的概念分两种。广义上的公共政策指的是为管理社会公共事务、处理社会公共问题，政府主体及各利益相关者所采取的致力于实现公共利益最大化的动态过程，这一过程包括政策制定、政策执行、政策评估、政策监督等环节，各个环节既自成体系，又互联互通。狭义上的公共政策指的是公权机关为规范社会秩序、管理社会事务所制定的规范性文件，包括法律、条例等形式[179]。本书采取的是政策的广义概念，将政策视为动态的过程，认为公共政策是指政府主体为了达成公共目标所选择的具有约束力的制度规定和行动，其制定出台的各种规范性条例、文件是直接表现形式。中央到地方各级政府之间都有与其等级匹配的政策权力，且公共政策的有效辐射范围限定在明确的区域边界内。

协同，近似于协调、协作、合作等，指不同事物之间的相互影响，在整体系统发展进程中，其作用体现在能协调各事物之间的合作关系[180]。在一个功能完整的系统中，要想结构内的子系统和元素达到促进系统发展的功效，需要二者相互作用、相互协调，协同的作用由此体现。协同理论，就是研究元素、事物之间相互协作，相互配合，对整体产生积极的增强效果的一门学问。协同效应则是整个大系统之中，各个子系统之间协调配合产生的，能够作用于系统整体的最终效果[181]。协同度作为反映系统内各个要素之间，以及环境与系统之间相互作用的强度、结合的紧密程度、相互联系的程度的指标，它可以衡量系统从无序转变为有序的发展程度，是协同效应最主要的核心测算指标[182]。协同体现出不同系统之间或者同一系统内部各部分、要素之间相互配合，强化契合，从而逐步统一化的趋势。

较为完整的协同学理论认为，自然界和人类社会中的事物虽存在多种形态，但都可分为无序和有序两种状态，并且二者具备相互转化的可能性。无序表示混乱，有序则产生协同。含有多种事物意味着含有多个子系统，一个较大的系统之中，如果各个子系统一直存在冲突矛盾，不能协同发展，则整体的大系统将缺失整体性，呈现一种无序的发展态势，最终将导致系统的瓦解和淘汰。如果众多子系统之间能够协调配合，那么协同效应会让原有的系统结构得以发展和进步，进而使整体系统发挥新功效，这将远超出原有子系统功能之和。

序参量、自组织原理和协同效应，是协同学理论的三个基本内容[183]。

序参量是在大系统演化过程中产生的，可以代表大系统更新的结构功能和有序程度的参数，实质上是衡量在大系统中子系统之间合作效果的标准。序参量的出现，能够有助于人们对系统生物整体的运动与发展过程做出度量。

自组织是指系统中的指令目标源于系统组织的内部，而非外部，是由于整体系统内子系统之间相互作用而自发形成的，具有自生性、内在性。

政策协同指的是多个政府主体在沟通对话的基础上，在政策制定和政策执行方面加强协作，缓解政策冲突，减少政策障碍，提升政策效能，最大化公共利益。主要有四个方面的显著特征：①合作性，公共政策的有效性依赖于不同系统通力协作；②作为提升政策效果的手段，协同是一个贯穿政策全过程的动态过程；③政策协同无法彻底消除矛盾，只能促进资源的更合理配置，达成所追求的政策目标；④政策协同的本质在于共同利益最大化。从“政府制定主体论”的角度，公共政策协同有纵向和横向之分，纵向协同体现为中央与地方各级政府间的协同；横向协同体现为地方同级政府间的协同[184]。

政策协同，也称作“联合政策”“一致政策决策”等，叫法不同，本质相同，即不同的政府部门，或者说政策制定主体，通过沟通协商，促使其制定实施的政策可以相互协调、融合，共同解决跨区域存在的问题，最终实现共同的政策目标。政策的协同需要政府部门各方的协调合作，减少部门冲突。经济合作与发展组织认为，政策协同在横向、纵向、时间三个维度上表现为：单个政策的目标与内容的协同，宏观上的政策目标、原始政策意图与最终实施效果的协同，政策运行稳定性与可持续性的协同。

6.3　防控政策的统计分析与量化标准

6.3.1　防控政策的梳理

2016 年，为提高规划工作的前瞻性和科学性，加强与《中华人民共和国国民经济和社会发展第十三个五年规划纲要》的有机衔接，中国人民银行启动编制《“十三五”现代金融体系规划》。2017 年，随着党的第十九次全国代表大会召开，防范化解金融风险作为三大攻坚战之一成为全国金融系统的重要工作规划，完善健全金融监管体系，严守不发生系统性风险底线的相关政策规划和措施实施也受到广泛重视。2018 年，引起全国、全行业广泛关注和高度重视的《关于规范金融机构资产管理业务的指导意见》，由四部委（中国人民银行、银保监会、证监会、外汇局）联合发布，系列政策的制定与实施，提升了对金融机构的资产管理业务进行指导的能力，是迄今为止“强监管”下最为重量级的监管政策。2021 年 3 月 11

日，第十三届全国人大四次会议表决通过了，关于国民经济和社会发展第十四个五年规划和 2035 年远景目标纲要的决议，可以看出我国近年来在经济金融系统宏观稳定上颇有成效，但仍存在结构性问题。

从央行近几年发布的《中国金融稳定报告》来看，宏观层面上，我国的系统性金融风险防控政策是以宏观审慎监管为主，金融风险监测评估为辅；宏观经济政策的结构性调控起到较为间接的调节作用，主要仍是有维持经济金融系统整体稳定的效果。除此之外，我国也在加快金融体系中支付、清算、征信等基础设施系统的现代化建设，坚持金融改革进一步深化，培养良好的投资者素质和意识，营造更健康的经济金融环境。

2008 年之后，由于世界性经济危机带来的教训和警示，我国也开始加强对系统性金融风险的防范和控制，因此，在搜集政策的过程中，本章将样本期定位在 2011~2021 年，主要搜集该时间段内国家制定发布的、现行有效的政策文件。就我国的情况而言，目前需要防范的系统性金融风险主要来自经济体系内部。2008 年国际金融危机以来的十多年里，随着中国金融资产规模的不断扩大，在风险向银行、债务等部门集中的趋势影响下，风险集中是我们需加防范的重中之重。众所周知，宏观杠杆率是关乎金融稳定的第一问题。从国际比较的视角来看，我国的总体宏观杠杆率水平尽管低于发达经济体的平均水平，但仍需将防控系统性金融风险的着力点放在国内经济体系上，密切关注国内金融风险的敞口。

同时，我国在防范化解系统性金融风险的过程中，必须高度警惕外部风险传导与内部风险交织的叠加效应。尽管中国人民银行等金融监管部门在防范化解系统性金融风险方面已经积累了较丰富的经验，政策工具箱里的相关工具也较为丰富，但我国在管理复杂金融系统方面的能力仍需加强。在金融市场高水平开放的背景下，我国金融业的整体竞争力仍有待提高，金融制度环境与国际接轨程度也有待提升，宏观审慎政策要做到“宏观、逆周期、防传染”可谓说易行难。

增强微观主体活力与实体经济竞争力是防范化解系统性金融风险的前提，而要切实防范化解该风险，就必须做到高水平的政策落地与监管政策的协调。防范化解风险是实现宏观经济政策目标的重要保障而非终极目标。从经济学意义上来说，要想最大限度发挥金融的作用，如给实体经济提供新鲜血液，增强实体经济流动性，进一步达到财富增值效应，均须建立在杜绝系统性金融风险发生的前提下。为此，我国在确立防范化解系统性金融风险的政策基准之后，理应进一步明确金融服务于实体经济的相关指标，控制经济金融化的行为边界，持续加强以制造业尤其是先进制造业为代表的实体经济的竞争力，要想提升对核心金融信息的管理控制，发挥实体经济的作用，需要进一步完善检测系统的灵敏度和防控能力，并且对于可能的突发事件，要提升反应能力，做好应对措施，做到金融政策与发展规划、财政政策、信贷政策、产业政策的有效协调，形成政策合力，减少宏观审慎政策在这一过程中所出现的误差。所有这些，应当是提升宏观审慎政策执行能力的基本要素。

由于系统性金融风险防控政策整体以审慎、监管为主，因此，在综合分析整理参考文献的基础上，本章将系统性金融风险防控政策的范围定义在金融基础设施建设、金融行业监管、金融机构业务监督管理规范、机构风险监测评级与评估、地方政府债务管理、风险防范信息支持等内容中。在政策制定主体选择上，本章选取了全国人大、国务院、财政部、地方财政局、中央和地方的人民银行、国家和地方外汇管理局、证监会、银保监会，将近 20 个政府部门和机构作为政策搜集参考的主体。

6.3.2　统计分析

1. 中国防控政策制定颁布时间的频数统计

图 6.1 显示的是，2011~2021 年，适用于我国金融风险防控的政策制定颁布时间的频数统计。在受到 2008 年世界金融危机的冲击影响后，系统性金融风险的防控政策制定颁布的数量，在我国整体上呈现出一个增加的趋势，虽然在 2014 年以后，发布数量有了些许的回落，但在防范化解金融风险的宏观目标，以及《关于规范金融机构资产管理业务的指导意见》出台显示的极强监管力度和决心的影响之下，2017~2021 年系统性金融风险的防控政策制定颁布的数量逐步增加，2021 年数量略微下降。

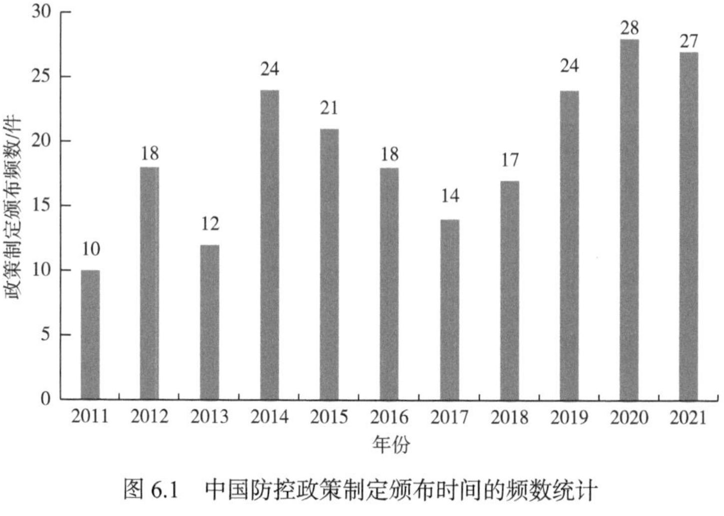

图 6.1　中国防控政策制定颁布时间的频数统计

随着政策颁布数量的不断增加，我国整体系统性金融风险防控政策体系也在不断地努力完善和健全。但是，防控政策系统中的政策数目越来越多，这些政策的协同程度如何，政策体系的进化是否是有序的，这些问题还有待考量。

2. 中国防控政策制定颁布区域的频数统计

图 6.2 显示了 2011~2021 年适用于我国金融风险防控的政策制定颁布区域的频数统计。国家层面的政策文件制定颁布数量超出各省（区、市）区域内的政策颁布数量。这可以看出其间我国对金融风险尤其是系统性金融风险的防控从来没有放松过。一方面，国家层面的主体对于“系统性金融风险”的防控关注更多，发布的政策文件多是宏观层面的指导规划，或是全国范围可以通用的法律法规、规范方法，只有中央层面在这方面做好较为周到的分析和把控，才能对地方治理做出统率和指导；另一方面，省（区、市）区域的体量较小，区域在防控系统性金融风险这一方面联系不够紧密，该三角洲地区省市防控政策的制定发布影响范围较小，且多为传达落实国家层面的意见。

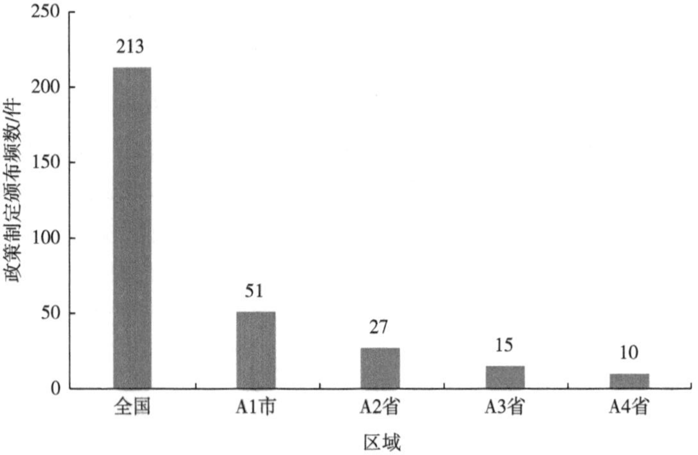

图 6.2　中国防控政策制定颁布区域的频数统计

总的来看，全国性的防控政策以数目取胜，对该三角洲地区系统性金融风险防控的指导和影响较多，区域性的防控政策颁布虽然可能发挥因地制宜、精准处理的作用，但单从数量上来看还有待加强。国家层面的政策制定主体协调合作的联系较强，而区域层面的主体则在治理上联系不够充分。

6.3.3　量化标准

1. 政策量化标准的建立

要对该三角洲地区系统性金融风险防控政策进行定量的评估分析，需要建立政策量化指标的评价标准。本章参考张优[185]的政策量化评价方法，建立具体的专家评分标准，为政策本身的内容和政策力度进行赋值，由研究人员专家组进行综合评价打分。

对于政策内容的具体赋值标准见表 6.1。

表 6.1　政策内容赋值标准

政策内容赋值	赋值标准
5	有明确的政策目标，或制定了强制性的实施方案，明确了部门分工标准和责任义务，有目标实现的保障措施，有清晰的考核奖惩标准
3	有明确的目标和分工，各部门自行制定具体的任务工作完成标准，无强制实施的方案和奖惩方案
1	仅有大致目标，提及相关条款，无清晰的实施计划和应对措施

2. 政策力度赋值标准

政策力度赋值标准，如表 6.2 所示。在政策力度赋值标准部分，由于本章只给出了 5 分、3 分、1 分的赋值标准，因此认为，2 分、4 分的量化标准分别介于 1~3 分和 3~5 分。

表 6.2　政策力度赋值标准

政策力度赋值	赋值标准
5	全国人大及人大常委会颁布的法律法规
4	国务院颁布的条例、指令、规定，一行两会的部令
3	国务院颁布的暂行条例，一行两会和各部委颁布的条例、规定
2	一行两会的意见、办法、暂行规定，地方各部委的实施方案，地方人民银行的规章制度
1	地方各部门的指引、通知、公告

注：一行两会，指中国人民银行、中国证券监督管理委员会、中国银行保险监督管理委员会

3. 政策量化数据的收集评估

依据已经确定好的政策类目和量化标准，本章邀请了 16 位研究人员（包括金融从业人员、相关金融风险研究小组成员等），进行多轮量化评估。为确保不同的研究人员能对同一政策给出相近的分数，我们对 16 位研究人员分组进行了系统的培训。在充分学习理解量化标准的基础上，组内评分人员能够对标准表格中未提及的相关细节达成统一，以此确保量化数据的真实性和量化结果的合理性。

在得到 16 位研究人员最终的该三角洲地区系统性金融风险防控政策的评分结果后，为确保量化结果的内部一致性，对政策力度和政策内容两个量化指标的数据进行了同质性信度检验，计算出 Cronbach's α 数值（表 6.3），两项数据均大于 0.8，整体是可靠的。

表 6.3　同质性信度检验

量化指标	Cronbach's α
政策力度	0.871
政策内容	0.891

6.4 构建防控政策的协同效应评价模型

6.4.1 政策研究子系统的划分

在我国系统性金融风险防控政策协同效应的分析部分，本章选取复合系统协同度模型来做实证分析。复合系统协同度模型是通过计算协同度，来测量一个整体系统中各个子系统之间协同作用的模型。协同度越高，协同作用越强，协同效应越好，系统的演进就越是积极、合理、有序。

对于复合系统协同度模型在该三角洲地区系统性金融风险防控政策的实际应用，本章将搜集到的全国和该三角洲地区各主体制定颁布的，适用于防控该三角洲地区系统性金融风险的政策作为研究的系统整体。因此，需要对防控政策系统整体内部的子系统进行分类。本章选择了两种子系统分类方法，以便从政策区域性和政策内容的类型两种角度分析协同效应。

1）基于政策区域分为全国性政策子系统和地方性政策子系统

将国家层面主体制定颁布的，虽然影响作用范围是全国，但包括了该三角洲地区的系统性金融风险防控政策归为全国性政策子系统；将该三角洲地区内部各个主体制定颁布的系统性金融风险防控政策归为地方性政策子系统。通过考察全国性防控政策和该三角洲地区地方性防控政策之间的协同程度，来分析该三角洲地区内国家和地方防控政策的协同效应。

2）基于政策类型分为意见指导性政策子系统和规则措施性政策子系统

以防控政策本身内容的类型分为两大类，综合评估该三角洲地区系统性金融风险防控政策在内容制定和实施上的协同效应。

意见指导性政策，包括国家和该三角洲地区各主体为防控系统性金融风险而制定颁布的金融有关行业发展、金融业务规范和金融机构规范的指导、意见性政策，多起到规划指导、传达治理防控意见建议的作用。规则措施性政策则是为了进行金融业务管理、金融风险监督、金融机构监管而出台的具体规则、措施、办法等类型的政策。

6.4.2 复合系统协同度模型的建立

本章参考关溪媛的方法建立复合系统协同度模型[186]。如 6.4.1 节，将在两种政策分类方法中都分为两个政策子系统的该三角洲地区系统性金融风险防控政策视为复合系统 $S=\{S_1, S_2\}$，其中 S_1、S_2 可分别代表两种分类方法中该三角洲地区系统性金融风险防控政策整体系统的两个子系统，由于模型计量方法相同，故统一描述。确定子系统之间的协同度，要首先求得各子系统在每个年份的有序度，并考察有序度的变动。因此，需要预先建立功效函数。

先假设序参量分量 $M_{i,j}$（i=1,2,⋯,n；j=1,2,⋯,m）为第 i 个子系统的第 j 个指标，此处的 $M_{i,j}$ 对应子系统中分类政策具体的效果指标，$\alpha_{i,j} \leqslant m_{i,j} \leqslant \beta_{i,j}$，$\alpha_{i,j}$ 和 $\beta_{i,j}$ 分别为系统稳定的临界点上序参量的上下限。以 $m_{i,j}$ 为标准化的功效系数，计算公式如式（6.1）所示，表示序参量 $M_{i,j}$ 对系统整体的贡献程度，在政策系统中表示政策效果指标对于预期政策目标的实现程度。

$$\begin{cases} m_{i,j} = \left(M_{i,j} - \beta_{i,j}\right) / \left(\alpha_{i,j} - \beta_{i,j}\right),\ m_{i,j}\text{ 为正向功效} \\ m_{i,j} = \left(\alpha_{i,j} - M_{i,j}\right) / \left(\alpha_{i,j} - \beta_{i,j}\right),\ m_{i,j}\text{ 为负向功效} \end{cases} \tag{6.1}$$

式（6.1）中，$0 \leqslant m_{i,j} \leqslant 1$，功效系数越大，序参量分量对于子系统的有序度就有越大的贡献程度。

设子系统 $i\left(i = 1,2,\cdots,n\right)$ 的综合序参量，即子系统 i 的系统有序度为 u_i，u_i 作为子系统有序度，其数值越大，系统的有序程度越高。若有序度呈现逐年上升的趋势，那么可以显示出子系统在向更高程度的有序、合理的层次去发展的态势。

u_i 可以通过式（6.2），对子系统内各个指标的功效系数进行线性加权求和计算得出：

$$u_i = \sum_{j=1}^{n} \lambda_{i,j} \cdot m_{i,j},\ \text{其中，} \sum_{j=1}^{n} \lambda_{i,j} = 1 \tag{6.2}$$

j(j=1,2,⋯,m）为各个序参量的权重系数，本章采用熵权法，以指标离散程度来测算权重大小，确定较为客观的 j。具体操作如式（6.3）~式（6.6），首先对功效系数指标 $m_{i,j}$ 进行比重变换，再计算熵值 h_j，得到熵冗余度 v_j 后，再求得指标权重。

$$s_{i,j} = m_{i,j} \Big/ \sum_{i=1}^{n} m_{i,j} \tag{6.3}$$

$$h_j = -k \cdot \sum_{i=1}^{n} s_{i,j} \cdot \ln s_{i,j},\ \text{其中} k = \frac{1}{\ln n} \tag{6.4}$$

$$v_j = 1 - h_j \tag{6.5}$$

$$\lambda_j = \frac{v_j}{\sum_{j=1}^{m} v_j} \tag{6.6}$$

在通过上述方法得到子系统的有序度后，假设在初始时刻 t_0 和系统演化的下一个时刻 t_1，每个子系统的有序度为 u_i^0 和 u_i^1，则可以定义复合系统协同度为 C，计算公式如下：

$$C=\delta\cdot\sqrt[n]{\prod_{i=1}^{n}|u_i^1-u_i^0|} \tag{6.7}$$

其中，$C\in[-1,1]$。当（$u_i^1-u_i^0$）>0 时，取值为 1；否则，取−1。由协同度计算公式可以得知，对于该三角洲区域的金融风险防范决策与综合管理系统来说，在分析政策决策子系统的有序性演变情况的过程中，分析政策信息系统的协调情况。如果协同度 C 的值越高，政策信息系统的协同效应就越好，政策的协调发展水平也越高；值为正且较少变化时，则表明政策复合系统的协调水平达到了很低的程度。如果协调度 C 值处于负数时，则政策信息系统并不处在协调发展的阶段。

综上而言，复合系统协同度模型可以综合地考虑两分类或者多分类子系统的运行状况，以此作为衡量和评价某三角洲地区系统性金融风险防控政策的协同效应的标准是合理、有效的。

6.4.3　两种分类下政策系统协同度指标体系的构建

在复合系统协同度模型的实际使用中，需要设定分类政策的具体指标，本章为两种子系统分类方法构建了政策系统协同度指标体系，见表 6.4 和表 6.5。

表 6.4　基于政策区域分类的政策系统协同度指标体系

序参量	具体指标
全国性政策 X_1	全国人大制定颁布的政策 X_{11} 国务院及其他国家层面部门制定颁布的政策 X_{12} 一行两会制定颁布的政策 X_{13}
地方性政策 X_2	A1 市主体制定颁布的政策 X_{21} A2 省主体制定颁布的政策 X_{22} A3 省主体制定颁布的政策 X_{23} A4 省主体制定颁布的政策 X_{24}

表 6.5　基于政策类型分类的政策系统协同度指标体系

序参量	具体指标
意见指导性政策 Y_1	行业发展类政策 Y_{11} 业务规范类政策 Y_{12} 机构规范类政策 Y_{13}
规则措施性政策 Y_2	业务管理类政策 Y_{21} 风险监督类政策 Y_{22} 机构监管类政策 Y_{23}

在 6.4.2 节的量化标准中，本章对政策本身内容和政策力度两个量化指标进行了评估。对于分类政策的政策效力指标，本章将这两个量化得分综合考虑，同时，以年度数值作为最终指标的量化结果，对不同年份的政策评分结果进行加总。以“机构监管类政策”指标为例，其在第 t 年的年度数值 Y_{23t} 可以表示为

$$Y_{23t}=\sum_{i=1}^{n}B_i\times P_i$$

其中，B_i 为第 i 条政策的政策力度评分；P_i 为第 i 条政策的政策内容评分；n 为第 t 年“机构监管类政策”的具体政策数量。

6.5　政策协同程度的实证结果分析

根据已有的政策得分和计算公式，可以计算出两种分类下政策子系统各个具体指标的年度数值。在该三角洲地区系统性金融风险防控政策系统中，功效系数的核算选取 2011~2021 年每个指标的年度得分最大值和最小值作为该指标上下限的标准。

由于政策指标没有具体可以参考的上下限标准，但政策协同状况可以根据年份不同进行比较，因此在功效系数核算中，本章选取 2011~2021 年每个指标的年度得分最大值和最小值作为该指标上下限的标准。

6.5.1　基于政策区域分类政策系统的实证分析

依据模型公式，计算得出的该三角洲地区系统性金融风险防控全国性政策与地方性政策子系统中各个指标的功效系数，如表 6.6 所示。

表 6.6　某三角洲地区系统性金融风险防控全国性政策与地方性政策功效系数

年份	全国性政策			地方性政策			
	X_{11}	X_{12}	X_{13}	X_{21}	X_{22}	X_{23}	X_{24}
2011	0.01	0.30	0.03	0.12	0.16	0.01	0.09
2012	0.01	0.03	0.09	0.13	0.03	0.13	0.19
2013	0.14	0.17	0.20	0.10	0.01	0.01	0.11
2014	0.27	0.48	0.13	0.09	0.09	0.11	0.06
2015	0.40	0.21	0.13	0.01	0.12	0.16	0.01
2016	0.01	0.63	0.23	0.10	0.03	0.01	0.18
2017	0.01	0.38	0.18	0.05	0.14	0.06	0.01
2018	0.01	0.03	0.37	0.23	0.11	0.01	0.07
2019	0.17	0.42	0.56	0.14	0.10	0.06	0.02
2020	0.01	0.93	0.51	0.12	0.05	0.05	0.01
2021	0.01	0.69	0.75	0.01	0.07	0.05	0.01

根据功效系数和熵权法计算得出的权重数据进行运算，可以得到该三角洲地区 2011~2021 年系统性金融风险防控的全国性政策与地方性政策的有序度，如表 6.7 所示。

表 6.7　全国性政策与地方性政策的有序度

年份	全国性政策	地方性政策
2011	0.103 7	0.088 3
2012	0.037 3	0.125 2
2013	0.175 9	0.056 1
2014	0.288 0	0.080 5
2015	0.265 3	0.054 3
2016	0.279 3	0.087 8
2017	0.161 4	0.050 2
2018	0.166 4	0.094 2
2019	0.378 5	0.066 2
2020	0.405 3	0.051 3
2021	0.351 5	0.023 6

为了更加直观地展示全国性政策子系统和地方性政策子系统的有序度变化情况，本章以图 6.3 加以反映。

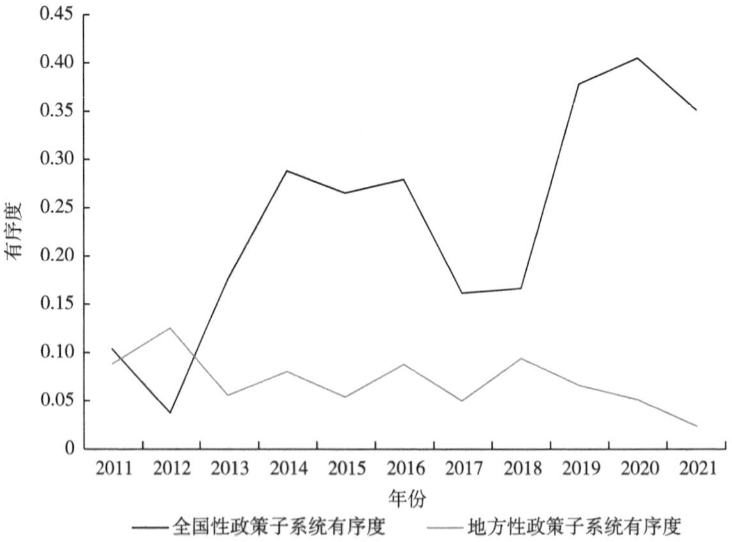

图 6.3　全国性政策子系统和地方性政策子系统的有序度

2012~2018 年，地方性政策子系统的有序度呈现下降后不断波动的变动趋势，2018~2021 年，地方性政策子系统的有序度略微下降，表明地方性的防控政策系统在 2012 年后续的发展之中，没能更高层次地向有序合理化发展，在如何进一步合理地防控系统性金融风险的政策规划和制定上还有待加强。2012~2016 年全国性政策子系统的有序度整体呈上升趋势，2017 年以后虽有波动，但回归了较高的有序水平，国家性政策的统筹规划整体上把握相较于地方来说，有序水平更高。

将有序度代入模型公式，可以计算出在政策区域分类下的复合系统协同度。图 6.4 展示了 2012~2021 年，以全国性政策和地方性政策为子系统的复合系统协同度，即该三角洲地区系统性金融风险防控政策的协同度的数据结果和变化趋势。

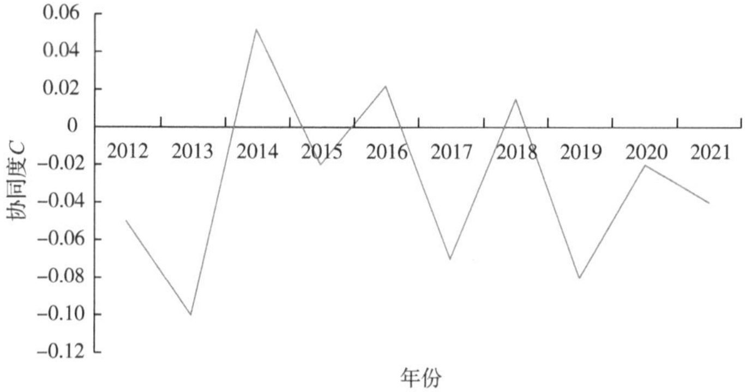

图 6.4　以全国性政策和地方性政策为子系统的复合系统协同度

总体上，全国性政策子系统和地方性政策子系统的协同度，多年表现为负值，只有少数几年为正值且数值较低，在[-0.1，0.1]之间来回震荡。

在政策区域分类子系统的复合系统下，协同度的数值不理想，即该三角洲地区系统性金融风险防控政策的协同效应不理想，很大程度上可以说明 2011~2021 年，虽然全国宏观层面在防控系统性金融风险、调节宏观杠杆率等方面较为稳健，但防控系统性金融风险的全国性政策与地方性政策之间协同度并不高，起不到协同合作、发挥出更优效果的作用。

6.5.2　基于政策类型分类政策系统的实证分析

与 6.5.1 节计量过程相似，本小节亦求得该三角洲地区系统性金融风险防控政策意见指导性政策与规则措施性政策子系统的功效系数，如表 6.8 所示。表 6.9 展示了意见指导性政策与规则措施性政策子系统有序度的数值，图 6.5 展示了意见指导性政策有序度和规则措施性政策有序度的波动变化趋势，两个子系统的有序度在 2011~2021 年都有较明显的变化特征。

表 6.8 某三角洲地区系统性金融风险防控意见指导性政策与规则措施性政策功效系数

年份	意见指导性政策			规则措施性政策		
	Y_{11}	Y_{12}	Y_{13}	Y_{21}	Y_{22}	Y_{23}
2011	0.01	0.30	0.03	0.12	0.16	0.01
2012	0.01	0.03	0.09	0.13	0.03	0.13
2013	0.14	0.17	0.20	0.10	0.01	0.01
2014	0.27	0.48	0.13	0.09	0.09	0.11
2015	0.40	0.21	0.13	0.01	0.12	0.16
2016	0.01	0.63	0.23	0.10	0.03	0.01
2017	0.01	0.38	0.18	0.05	0.14	0.06
2018	0.01	0.03	0.37	0.23	0.11	0.01
2019	0.17	0.42	0.56	0.14	0.10	0.06
2020	0.01	0.93	0.51	0.12	0.05	0.05
2021	0.01	0.69	0.75	0.01	0.07	0.05

表 6.9 意见指导性政策与规则措施性政策子系统有序度

年份	意见指导性政策	规则措施性政策
2011	0.108 0	0.091 3
2012	0.037 6	0.096 3
2013	0.169 8	0.039 7
2014	0.286 0	0.095 2
2015	0.264 6	0.088 2
2016	0.244 2	0.052 5
2017	0.162 5	0.078 0
2018	0.162 2	0.106 3
2019	0.376 2	0.102 2
2020	0.402 2	0.079 4
2021	0.354 6	0.034 1

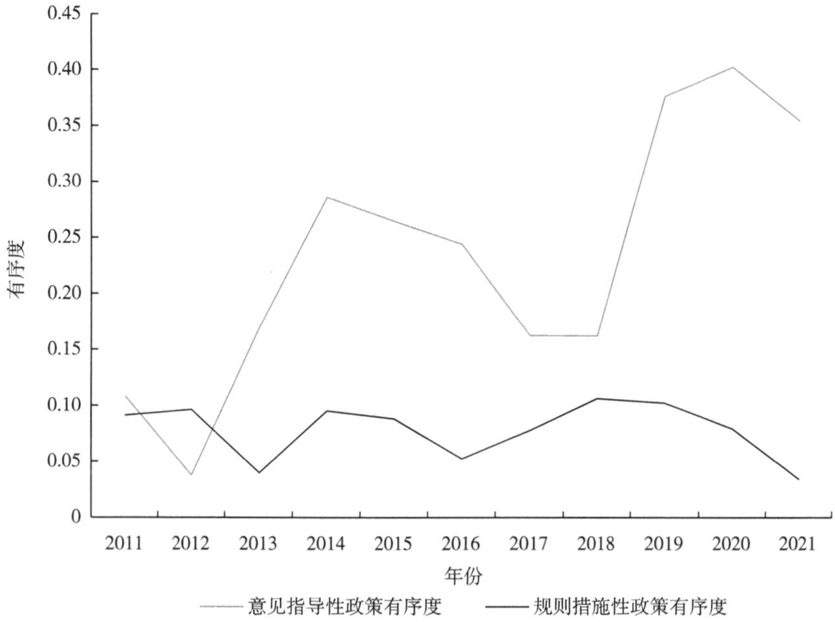

图 6.5　两种政策的有序度波动及变化趋势

意见指导性政策子系统的有序度数值，处于总体波动上升的趋势。在 2011~2012 年意见指导性政策子系统的有序度处在较低的波动水平，政策系统发展不够充分，这与当时我国系统性金融风险防控规划刚刚起步的状况是相关的。在 2016~2018 年，经历了较为大幅的波动后，意见指导性政策子系统的有序度大为提升，这说明适用于该三角洲地区的系统性金融风险防控的意见指导性政策经过了一系列的调整，其制定颁布和组合使用更为合理和成熟了。

规则措施性政策子系统的有序度数值，总体呈现出先增长，后下降，再回复反弹的变化情况。在 2016~2018 年，该三角洲地区防控系统性金融风险的规则措施性政策的子系统有序度持续增高，说明这一时期该类型的政策颁布数量和在制定颁布上的配合效果较好，以较为具体的措施和规则来防控系统性金融风险的政策在不断完善，政策子系统整体在持续发展。2018~2021 年，规则措施性政策的子系统有序度下降至较低水平，即规则措施性政策的后续协同发展无力。在这一时期，尤其是 2016 年、2017 年以后，实际的防控政策措施的效果是很好的，整体子系统有序度表现不佳，与意见指导性政策处在调整变动阶段有关。从意见指导性政策有序度在 2018~2019 年的攀升中可以看出，2018 年以后，防控系统性金融风险的政策在意见、规划和指导上更为合理，规则措施性政策子系统的发展也进一步向好。

从现实的防控政策制定过程来分析，政府部门在制定颁布系统性金融风险防控政策时，首要的目标和关注点在于“管住风险”，不一定能够将政策之间的整体协同关系综合考虑到位；而经济金融系统中风险暴露的部分得到有效控制后，如何“管好风险”、现有的政策系统是否足够协调的问题才会被各部门真正重视起来。因此，从这个角度分析，该三角洲地区的防控政策协同效应变化反复也是正常的。

6.5.3 政策协同效应的综合评价

从政策区域和政策内容的类型两个角度分析，该三角洲地区系统性金融风险防控政策的协同效应在 2011~2021 年总体上都是波动的，全国与地方、地方与地方之间的政策协同并不良好，但区域内意见指导性政策和规范措施性政策之间的协同发展的表现和未来预期是积极乐观的。

1）基于政策区域分类

基于政策区域分类的政策复合系统中，反映出该三角洲地区系统性金融风险防控政策内部、全国性政策和地方性政策之间的不协调。全国性政策的制定主体是国家层面的各个部门，地方性政策的制定主体是地方层面的各个部门。

一方面，在两类政策子系统的制定主体之间，多为传达关系，中央部门颁布指令，地方部门进行转发传达或直接执行，在政策问题的研究和政策内容的制定上联系不够密切，未能有效实现制定主体在联合决策上的协同，这样的政策制定机制对区域系统性金融风险的防控来说是不够完善的，在政策的协同效应上也会有所反映。

另一方面，全国性政策的制定是以全国的系统性金融风险防控为针对问题和主要目标的，不能够完全直接适用于该三角洲地区；而地方性政策的制定除了一部分是在中央指导意见下做出的地方性应对，其余的针对性政策也不够到位，从政策制定的具体目标这一角度来看政策间的协同性也欠佳。这一点，在该三角洲地区内部三省一市的地方性防控政策的协同度在一段时间内都较低上也能够体现出来。

2）基于政策内容分类

基于政策内容的类型分类的政策复合系统中，反映了该三角洲地区系统性金融风险防控政策内部，意见指导性政策和规则措施性政策之间先调整、后协同的演进规律。如何及时协调当期颁布的政策，是值得研究思考的问题。

意见指导性政策和规则措施性政策内容本身存在着指导与实施的内在关系，因此在协同发展和发展不够协同的时间段，也能体现出一定程度的对应。2008 年以后，由于我国政策制定部门对系统性金融风险防控的关注增加，因此制定主体增加，意见指导性和规则措施性政策子系统内部的政策数量都在不断增加，子系统内部有序性不断发展，但在数量增加的同时，配合度须提高的情况并没得到及时解决，制定主体和制定政策的内容的联系和协同都不够到位。

这样的问题受到政府部门关注以后会进行阶段性的调整，从防控政策的丰富和完善，再到进一步有序、合理、协同发展。可以具体体现在 2008~2010 年、2011~2014 年、2015~2019 年这三个发展阶段，特别是在党的十九大召开、“十三五”规划发布以后，意见指导性和规则措施性政策的有序度和复合系统协同度都有持续且显著的提升。因此，基于意见指导性政策和规则措施性政策间的协同程度分析，该三角洲系统性金融风险防控政策的协同效应的反复变动合理，未来发展趋势是较为良好的。

6.6　本章小结

本章运用复合系统协同度模型，以中国某三角洲地区为例，对 2011~2021 年我国系统性金融风险防控政策进行了统计分析、量化评价和协同效应的实证分析，研究发现，该三角洲地区系统性金融风险防控政策的地方制定主体联合发布的政策极少，主体间的协同程度较低，而国家层面的防控政策制定主体联合发布政策较多，联系较为密切，协同程度高。防控政策的年度发布数量总体上随着时间不断增加，防控政策体系正在不断地扩充，也在不断调整和完善。

在系统性金融风险防控政策中，全国性政策子系统与地方性政策子系统相比较为合理有序，全国性政策和地方性政策的协同效应不强，仍需协调；意见指导性政策和规则措施性政策的协同效应虽然在 2011~2021 年整体表现不佳，但是意见指导性政策子系统和规则措施性政策子系统的有序度的发展还算乐观，且两种分类的政策存在阶段性协调传导的内在关系，所以此分类下的两种政策之间的协同效应的未来发展预期较好。

在该三角洲地区内部的地方性政策的整体系统中，四个子系统之间的协同效应同样较弱，也突出反映了在该三角洲地区的三省一市之间的防控政策在制定颁布时的协调配合不够充分。

基于以上研究结论，本章以促进该三角洲地区系统性金融风险防控政策的协同发展为目标，提出几点政策建议。

其一，加强政策制定主体间的相互协调、联系和合作。该三角洲地区内部的各个政策制定主体要加强协同，包括该三角洲地区三省一市之间的政策制定主体的协同，以及该三角洲地区地方的政策制定主体与国家层面政策制定主体的协同。中央与地方之间、地方与地方之间政策制定部门联系加强，有助于联合决策，在系统性金融风险防控政策的制定上更具科学性、合理性、一致性。

其二，进一步加强系统性金融风险防控政策内容制定的协同。防控政策的协同，需要增加全国和地方政策在制定内容上的针对性和有序性。防控政策针对的风险问题和施策方面能够相互协调配合，使整体防控政策系统更加完善和全面。防控系统性金融风险的意见指导与规范措施能够进一步相互匹配、对应，达到“指哪儿打哪儿”的效果。同时，地方性政策尤其要“因地制宜”，这也需要政策制定过程中对区域内部存在的系统性金融风险隐患有充分的关注和研究，从而“精准拆弹”，促进地方性防控政策子系统内部的进一步优化。

第四篇　系统性金融风险防控：全球比较与借鉴

第 7 章　金融危机与系统性金融风险防控案例

7.1　引　　言

全球经济发展史同时也是一部金融危机史[187]。从荷兰的郁金香泡沫事件、英国的南海泡沫、法国的密西西比泡沫到 19 世纪 30 年代席卷西方发达国家的大萧条、20 世纪 80 年代的拉美债务危机、1997 年的亚洲金融危机、2008 年的全球金融危机、2012 年的欧债危机等，可以说金融危机已经贯穿了近代人类经济社会发展的各个阶段。尽管近几十年来全球的经济与金融理论有了明显的进展，并且西方发达国家应对重大危机事件的经验日益丰富、政策工具也日趋多样，但是金融危机并没有因此而消亡，反观近几十年金融危机爆发的频率，反倒呈现出频率逐步加大的趋势。尤其是 2008 年美国的次贷危机和 2009~2012 年的欧债危机，它们的危害及影响极为深远，这也使得整个宏观经济学的理论研究遭到前所未有的挑战。事实也再次证明，我们对金融危机的认知还有待深入。

正如作家马克·吐温所言，“历史不会重演，但会押着同样的韵脚”。我们有必要从不同时期的重大危机中寻找出每次危机发生、演变和深化的共性特征，以此为本书的政策建议部分提供必要的历史经验借鉴。考虑到我国经济的规模与体量、金融市场的特点、经济新常态下潜在的各种不同的风险类型，以及未来一旦“明斯基时刻”到来可能引发的风险溢出与传染机制，本章选取 1997 年的亚洲金融危机、2008 年美国次贷危机及 2009~2012 年的欧债危机，分别进行归纳梳理，阐述其发生原因、演变脉络、风险传染机制、政策干预及其效果，同时总结这些危机事件演变的过程及各国干预政策成败的共性特征，希望能为其他章节的理论建模和实证分析提供有益的借鉴。另外，本书第 8 章基于这些危机演变及政策干预的经验教训，提出应对中国潜在系统性金融风险的若干建议。

7.2 美国的次贷危机

7.2.1 次贷危机事件

受2000年前后的互联网泡沫破灭和2001年“9·11”事件打击的影响，美国经济处于衰退的边缘。美联储为了恢复经济，大量印发货币，并企图人为修改经济的发展轨道来遏制衰退，从而造成货币超发，市场流动性过剩。从2001年1月到2003年6月，美联储连续13次下调联邦基金利率，使利率从6.5%降至1%的历史最低水平①。货币宽松和低利率的环境降低了借贷成本，刺激了资本市场的投资欲望和美国民众的消费欲望，适逢房地产市场逐渐兴起，在“超前消费”和“享乐主义”的文化背景中，金融机构投机氛围愈加浓重，其甚至降低信用贷款要求，引诱美国民众蜂拥挤进房地产领域，美国的房地产价格水涨船高。

20世纪90年代以来，美国通过多项立法放松金融监管，刺激经济发展，金融创新和金融投机日益盛行[188]。房价高预期和低利率促使大量资金流入房地产市场，利益驱动下的金融机构降低贷款标准，在优质贷款市场饱和之后将目光转向次级贷款市场，鼓励民众动用超出自身能力的资金去购买房屋。随之提供次级贷款的机构在二级市场上不断打包或抵押这些次级贷款，既转移了风险，又有了充足的资金来发放更多贷款。购买这些抵押贷款的金融机构将它们再次进行打包，即实行资产证券化，形成住房抵押支持证券（mortgage-backed security，MBS）出售给投资银行，投资银行再将其包装成债务抵押债券（collateralized debt obligation，CDO）出售给保险公司和对冲资金等金融机构。次级贷款经过层层包装，多重证券化，全球投资者难以识别所持有证券的“内核”，也让资产证券化的创新设计者无法预估债务违约情况，风险被大大低估。房地产价格的陆续攀升和良好预期导致了抵押资产证券市场的火爆，吸引全球众多偏好高风险、追求高额利润的投机者，其中不乏影响力巨大的金融机构。产品的多重嵌套增大了与底层抵押贷款的距离，大量的信用和风险被创造出来，也使得单个证券化产品就牵涉难以计数的利益相关者[189]。2006年，美国次贷总规模已高达6 400亿美元，是2001年的5.3倍②。在美国政府隐性的创新担保下，次贷衍生品的市场规模已经突破60万亿美元。随着美国经济的逐渐恢复，低利率的市场环境下通货膨胀压力再次凸显。随

① 资料来源：网易．中银宏观：从历史上的降息周期看美联储的本轮降息．https://www.163.com/dy/article/EN9DNIA80519QIKK.html。

② 资料来源：央视网．https://news.cctv.com/financial/20081013/103256.shtml。

后，美联储从 2004 年 6 月起开始连续 17 次上调美国联邦基金利率，达到 5.25% 的高位①。

1. 第一阶段：危机爆发前期阶段（2007 年 2 月至 2008 年初）

利率的上升拉高了购房人的偿债压力，快速攀升后的房价也失去继续上涨的动力，房价降温，房屋转手愈加困难。因无法获得足够资金偿还次级贷款，购房人抵押房产被银行收回，而房产价值下降使得银行即使将房屋拍卖也无法弥补损失，次级债接连违约，衍生品体系逐渐崩塌，优质债、信用卡债、企业债等业务也出现重挫，偿还成本急剧上升，危机一触即发。

2007 年 2 月起，自汇丰银行宣布需要针对北美次级贷款业务计提近 106 亿美元的违约准备金开始，次贷危机拉开序幕。在市场刺激下，这场由于信贷过度繁荣、资产证券化过度扩张和异化引发的“大火”越烧越旺。

因多国金融机构都有参与美国次级贷款的交易，危机迅速蔓延至其他经济主体。贝尔斯登、花旗、美林证券、摩根大通、瑞银等机构都发生大规模损失，投资者的恐慌情绪开始蔓延，如表 7.1 所示。

表 7.1　次贷危机爆发前期重要事件

时间	事件
2007 年 2 月	汇丰银行宣布北美住房贷款按揭业务遭受巨额损失，减记 106 亿美元相关资产。当日股市大跌，其中恒生指数下跌 777 点，跌幅 4%
2007 年 4 月	美国第二大次级抵押贷款公司新世纪金融公司因无力偿还债务而申请破产保护，裁减员工比例超过 50%
2007 年 8 月 2 日	德国工业银行宣布盈利预警，因为旗下的一个规模为 127 亿欧元的“莱茵兰基金”参与了美国房地产次级抵押贷款市场业务而遭到巨大损失，后来更估计出现了 82 亿欧元的亏损
2007 年 8 月 6 日	美国第十大抵押贷款机构——美国住房抵押贷款投资公司 2007 年 8 月 6 日正式向法院申请破产保护
2007 年 8 月 8 日	美国第五大投资银行贝尔斯登宣布旗下两只基金倒闭
2007 年 8 月 9 日	法国第一大银行巴黎银行因投资了美国次贷债券蒙受巨大损失，继而宣布冻结旗下三只基金。此举重挫欧洲股市
⋮	⋮

2. 第二阶段：全面扩散阶段（2008 年 3 月至 9 月）

次贷危机愈演愈烈，2007 年以来，美联储和政府实施多轮注资救市举措，尝试注入流动性，但依然无法缓解资金困局，楼市指标急剧恶化，市场恐慌情绪迅速蔓延。巨头金融机构纷纷倒下，在信用缺失和资金紧缺的传导下，其他行业也

① 资料来源：美联储：连续 17 次加息 利率从 1%升至 5.25%，https://www.chinadaily.com.cn/hqcj/2007-06/11/content_891746.htm，2007-06-11。

难以“独善其身”，商品市场陷入混乱，全球信贷紧缩严重，危机全面扩散。2008年第二季度，家庭和金融业贷款增长缓慢，银行借贷市场几近停滞，流动性萎缩，企业融资成本剧增，债券价格持续下跌，跌幅创20年纪录。在楼市降温、次贷危机恶化、经济增速放缓的情况下，美国失业率也陡然上升，成为美国经济不容乐观的最直接征兆，具体事件如表7.2所示。

表7.2 次贷危机全面扩散阶段主要事件

时间	事件
2008年7月	美国房地产抵押贷款巨头“两房”遭受700亿美元巨额亏损，最终被美国政府接管，三大股指全面跌入“熊市”
2008年9月	美国第三大投资银行美林证券被美国银行收购，美国保险巨头AIG陷入困境
2008年9月15日	美国第四大投资银行雷曼兄弟公司陷入严重财务危机并宣布申请破产保护
2008年9月~10月	雷曼兄弟的破产，彻底击垮了全球投资者的信心，包括中国在内的全球股市持续暴跌，三周内全球股市蒸发4.6万亿美元
2008年9月下旬	华盛顿互惠银行被美国联邦存款保险公司接管，成为美国有史以来倒闭的规模最大的银行
⋮	⋮

注：AIG，American International Group，美国国际集团

3. 第三阶段：全球金融危机升级（2008年9月以后）

次贷风险的进一步加剧与扩大，导致了全球金融风暴。美国银行将大量高风险的次级抵押贷款产品打包成新的衍生品向全球市场销售这一行为导致了原本仅限于在美国特定区域内出现的按揭贷款危机，迅速地通过各种渠道演变成了一场波及全球互联网金融市场的大浪潮。在2008年9月14日前，次贷经济危机对世界经济所造成的伤害还仅仅只是由发达经济体主要金融机构所参与的次级债引发的直接伤害。但由于在9月15日后雷曼兄弟等美国主要金融机构集体破产，全球信贷紧缩程度加剧，多国股市急剧下挫，全球金融危机再次升级。欧洲、亚洲等地区因受到美国次贷危机影响程度不同，呈现的危机状况也不尽相同。除了受波动影响最大的发达经济体，新兴经济体金融市场也同样表现出颓势，经济发展状况不尽如人意，全球经济出现普遍衰退。

从危机演变的时间顺序看，次贷危机的总体演变脉络如图7.1所示。

7.2.2 美国系统性金融风险防控存在的缺陷

1. 监管的重叠与空白

美国金融监管实行的是“双线多头”的监管体系，自上而下实行纵向金融分权。“双线”即联邦和州政府这两条“线”共同享有监管权，“多头”指两条不同

的“线”下分业监管机构[190]。

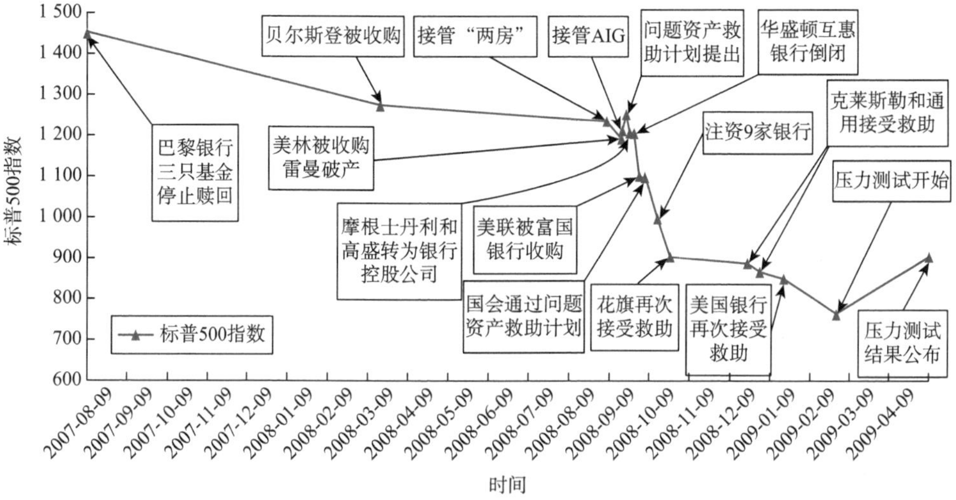

图 7.1　次贷危机演变中的标志性事件

资料来源：Wind 资讯及相关资料整理

由表 7.3 可以看出，仅是负责银行监管的金融机构既有联邦层面的美联储、货币监理署等机构，还有各州层面的银行监管机构，监管职责有很大的重叠，没有精确的权责划分，不同监管机构的监管标准不一致，极其容易出现监管混乱，继而产生监管套利的可能性。

表 7.3　美国监管体系框架图

监管范围			监管机构
银行机构	联邦注册银行		货币监理署（Office of Comptroller of Currency，OCC）
	州立银行	美联储会员银行	州银行监管部门 美联储
		参加保险的非会员银行	州银行监管部门 联邦存款保险公司（Federal Deposit Insurance Corporation，FDIC）
银行控股公司（含金融控股公司）			美联储
证券机构（证券公司、证券交易所）			美国证券交易委员会（United States Securities and Exchange Commission，SEC）
保险机构			州保险监管部门
储蓄机构			储蓄机构监管署（Office of Thrift Supervision，OTS）
期货机构（期货公司、期货交易所）			商品期货交易委员会（Commodity Futures Trading Commission，CFTC）
消费者保护（防欺诈）			联邦贸易委员会（Federal Trade Commission，FTC）

在监管立法领域，先是 1933 年大危机后出台《格拉斯–斯蒂格尔法案》（Glass-

Steagall Act），实行严格的分业监管，加强监管力度。随后社会投资消费需求旺盛，为了进一步刺激经济，1999 年美国发布《金融服务现代化法案》（Financial Services Modernization Act），亦称《格雷姆–里奇–比利雷法案》（Gramm-Leach-Bliley Act），废除了 1933 年制定的《格拉斯–斯蒂格尔法案》有关条款，在保持银行、证券、保险分业监管的格局上推行金融自由化，消除不同业务之间的经营隔阂，结束了美国长达 66 年之久的金融分业经营的历史。这种混业经营、分业监管的模式促成了美国金融业延续多年的繁荣，华尔街一派欣欣向荣，各国政府争相效仿。如今次贷危机爆发，其背后正是美国监管体系的“推波助澜”，监管缺失和当局“无视”使得风险随着金融产品疯狂创新、海外投机资本炒作而出现“滚球式”增长。

2. 金融监管改革落后于金融创新

在金融危机爆发之前，得益于低利率和宽松的政策环境，美国经济快速发展，金融创新产品不断涌现，信用扩张下金融市场一片欣欣向荣。新的金融产品的出现意味着新的风险缺口的产生，投资者的投资组合日益多样化，银行资产负债表中的风险被隐藏，信贷风险传播越来越广泛。在巨额收益预期和“利己主义”的驱使下，金融机构并没有履行分散风险的职责，而是采取多种方式转移规避风险。创新环节中的风险规避其实都是在底层次级贷款的基础上进行操作，一旦次级贷款出现违约，风险沿着证券化资产链上移，如果共同良好预期不复存在，由信用支持的衍生品体系将迅速崩塌，复杂的风险规避网络成为风险绑定工具，加剧了风险的传染性和冲击力，所有投资者“一损俱损”，进而引发严重的金融危机[191]。

从上述金融创新角度来看，如果监管部门能干涉其中某一环节，将大大减缓金融衍生品增长速度。然而监管改革与金融创新脱节，自由化下的监管路径难以调整，依赖机构自律而纵容矛盾激化。具体而言，首先，是没有采取相关措施抑制“源头问题”的出现：放贷机构降低贷款要求，仅仅提供资产抵押，偿付能力和信用水平低的客户也能获得贷款。其次，投资者过于依赖信用评级机构，但是这些机构未能准确地了解次级抵押贷款所涉及的风险，只看到表层产品的风险规避，无法做出合理、真实的风险评估。最后，资产证券化的过度扩张放大了各个环节的风险，也抬高了金融机构的杠杆，信息不对称下的监管机制无法完全识别风险。例如，房地美（Fredie Mac）和房利美（Fannie Mae）先是凭借政府信用担保购买次级贷款，接着通过资产证券化打包出售，金融机构购买这些次级债，又对其进行拆分、包装和重组，并创造和销售了一系列全新的次级抵押工具。在这一系列过程中，金融衍生品多次裂变，在掩盖原有风险的同时，又有新的风险敞口产生。由于对金融衍生品的设计和交易缺乏适当的监管，任何一个环节出问题都会导致灾难性的后果。次贷危机的爆发正是因为住房抵押贷款环节出现问题。因此，在加强金融创新的同时，必须完善金融监管体系，使监管模式适应现代金融产品的创新。

7.2.3　应对与启示

1. 应对措施

第一，对金融业注资。

面对逐步蔓延的危机，美国为了增强市场的流动性向金融市场注资，挽救投资者的信心。

如表 7.4 所示，美联储持续大规模的注资一定程度上缓解了市场流动性的部分问题，安抚了民众情绪，让被注资的企业重获信心，以刺激经济的复苏。

表 7.4　美国在危机期间向金融市场的注资情况

时间	美联储投放流动性事件
2007 年 8 月 9 日~8 月 31 日	美联储连续十几次向市场注资，累计注资额多达 1 472.5 亿美元
2008 年 9 月 15 日	美联储向美国银行体系注资 7 000 亿美元
2008 年 10 月 3 日	美国通过总金额 8 500 亿美元的救市方案
2008 年 10 月 14 日	美国总统布什宣布，美国政府决定年内动用已经获得批准的 7 000 亿美元救市计划中 2 500 亿美元直接收购九家大型金融机构的股权

第二，国有化的干预。

20 世纪 70 年代，不主张政府积极参与市场和国民经济。在高通胀和金融创新盛行的背景下，政府放松金融监督，国家对经济形势的评价不当，未能尽快进行干预和控制。因此，美国开始了国有化政策，发行了大量政府债券，从一些主要金融机构购买了部分股票和不良资产，政府在危难时刻伸出援助之手，掌握了自己手中的金融生命线。此后，政府制定了帮助企业融资的指导方针。通过国家的投资，市场恢复了活力和信心。被政府接管或支持后，一些次级信贷机构有机会重新制定新的贷款程序，以减少客户失败带来的成本损失。与此同时，缓解了借款人的压力，稳定了国民的情绪。房利美和房地美是在美国抵押贷款市场发挥最大作用的特殊金融机构，在破产前夕被政府收购。否则，美国经济可能进一步恶化甚至停滞。这一措施也是美国国有化的代表性工作。

第三，加强金融监管。

金融部门的持续创新和规模首屈一指，为社会带来了巨大的利益。但是飞速发展的金融衍生品大大增加了监管的难度，政府只看到了资产负债表的数据，然而资产证券化及其他衍生交易不仅涉及大量表外业务，而且有相当部分是通过在极短的时间内完成头寸的改变和对冲来实现的，这些杠杆没有办法体现在报表里。监管方法的落后使得信息不对称成为严重影响监管效率的重要因素。随着 2008 年 3 月公布金融改革计划，美国对金融监管框架进行了彻底改革。美国已将美联储监管机构的范围扩大到次级信贷机构、保险公司、对冲基金和其他金融机构，细分不同金融机构的业务，不同业务由不同监管部门调查监督。

2. 对中国的启示

第一，谨防房地产泡沫给我国经济带来损失。

房地产是重要支柱产业，为我国经济发展做出了巨大贡献。中国房地产经历 20 余年的快速发展，供需不均衡下的房价水涨船高。房屋作为生活刚需，居民购房需求依然旺盛。信贷机构开始通过降低信贷标准、增加购房人数、扩大客户范围，获得更多利益。与此同时，随着低价买房、高价转手的“炒房”行为越来越火爆，非理性消费行为促使房地产泡沫不断膨胀。因此，我们需要遏制我国房地产价格的波动，稳定房价，减少房产投机行为。贷款机构应规范贷款利率，制定严格的抵押贷款标准，执行严格的信贷要求，杜绝房贷违规的现象发生。

第二，加强对金融衍生品市场的监管。

随着金融创新的快速发展，金融衍生品层出不穷，金融衍生品市场蓬勃发展。但由于我国资本市场波动较大，存在衍生品市场暂未成熟、信息披露制度不健全、投资者素质参差不齐等问题，因此要强化金融衍生品市场的监管手段，健全相关监管披露体制，做好客户合适度评估，重视风险管理工作，防患于未然。

第三，加强金融机构的内部控制和行业自律。

近年来，许多大型金融机构的倒闭使金融机构和监管机构认识到金融机构内部控制和自律的重要性。如果仅靠监管当局的外部监督，远不能达成金融监管的目的，同时还会加大有效监管的难度。监督管理机关应当通过审查商业银行的内在风险和资产管理流程，保证商业银行具备完善的内部估值和监督机制，确保偿付能力。激励商业银行通过内部信用评估方式来更加精确地评估经营风险，并提供足够的资本来缓解风险。

7.3 欧债危机

7.3.1 欧债危机事件

2008 年，美国次贷危机爆发，波及全球资本市场。为应对此次危机，各国均采取了宽松的货币和财政政策，该举措在一定时期内有效地抑制了全球经济的大幅下滑，但长时间的量化宽松也使得各国流动性泛滥，通胀压力剧增。欧洲部分国家试图通过扩大财政支出刺激消费和投资，带动经济复苏。但这对于在美国次贷危机前经济发展状况较差、已是债台高筑的国家而言，无疑是雪上加霜，再次恶化了财政状况，加速债务危机的爆发。欧债危机历经了三个阶段，具体如下。

1. 第一阶段：希腊主权债务危机（2009 年 10 月至 2010 年 5 月）

2009 年 10 月，新一届希腊政府发现财政预算缺口，发现上届政府瞒报真实财政状况，并公布了实际财政赤字与债务率，远超欧盟《稳定与增长公约》规定的上限值。随后三大国际评级机构纷纷下调希腊政府主权信用评级，市场避险情绪升温，希腊股市遭受重挫。

2. 第二阶段：危机蔓延，欧元区多国动荡（2010 年 6 月至 2011 年 7 月）

希腊的债务危机引发人们对欧洲各国主权债务的关注，葡萄牙和西班牙因其财政状况不佳，国际主权信用评级被下调。同样，爱尔兰和意大利也因为较为糟糕的金融状况引发了市场担忧。一旦一个国家的偿债能力遭受市场怀疑，那么该国相对稳定的国债市场难以筹集到资金，推高国债的筹资成本，资金流入越来越少，这可能会导致政府债券的中断，引发债务危机。尽管欧元区已经启动救援机制，但多个国家还是依次陷入危机：2010 年 11 月，爱尔兰爆发了债务危机。2011 年 3 月，葡萄牙也发生债务危机。究其原因，在于在市场冲击到来时，救援机制无法迅速做出反应，事后防控对遏制风险的传染和危机的爆发无法起到本质作用。2011 年 7 月 21 日，欧盟制订了实施欧洲救助机制的新计划，提高了 EFSF（European Financial Stability Fund，欧洲金融稳定基金）的权威，丰富了救助内容。其中包括预防性操作，以及在一级市场和二级市场进行购买债券行动等，为市场提供流动性。

3. 第三阶段：欧债危机影响全球经济（2011 年 8 月至 2012 年上半年）

在这个阶段，危机主要表现在三个方面：第一，希腊问题形势严峻，危机尚未解决；第二，经济衰退背景下，高举债国家爱尔兰、西班牙、葡萄牙和意大利也接连曝出债务和政府流动性问题；第三，危机持续发酵，主权债务危机开始蔓延至银行业，银行资产负债表恶化，信贷萎缩，法国、德国等欧元区核心国的流动性也相继出现问题。2011 年 8 月之前，欧盟通过设立危机救助机制——金融防火墙来尝试遏制危机的传染蔓延，但是见效甚微，危机依然由希腊一国的主权债务危机演变成欧元区的经济危机。从边缘国家到欧元区核心国，从政府债务危机到银行流动性危机到欧元危机，如此快的风险扩散速度和深层次的危机影响充分暴露了欧元区经济、政治体制的缺陷。此外，希腊作为欧盟成员国的去留问题“悬而不决”，反复刺激市场情绪。在欧元区经济衰退、通胀严重、决策混乱和危机后续不明的预期下，市场不信任情绪蔓延，大批资本撤离欧洲，欧元对美元汇率跌幅严重，全球多个交易市场资产价格下挫，金融市场持续动荡。

7.3.2 欧元区系统性金融风险防控存在的缺陷

欧债危机的持续蔓延严重危及欧盟多国的经济稳定，借美国次贷危机的前车之鉴，全球资本对欧洲经济发展普遍持悲观预期。为了规避风险，大批资本撤离金融市场，导致全球股市下滑，经济指标也出现恶化倾向。欧债危机的全面爆发不仅有其自身原因，也反映了欧元体系本身固有的一系列长期、结构性和系统性问题[192]。

第一，希腊和葡萄牙等这些最早爆发债务危机的欧元区国家的经济基础薄弱，危机的爆发给这些国家造成了严重的经济损失。为了恢复经济，这些国家需要通过增加财政支出来刺激经济增长。然而，财政预算收入无法支持财政预算支出的大幅增长，因此政府必须通过增加公共债务或者推高财政赤字获取更多资金来拉动社会经济主体的消费和投资。与此同时，在经济衰退的背景下，失去原有财政基础的高福利制度对政府而言是个巨大的支出负担，重度老龄化、高福利下的劳动力懈怠和短缺加重了社会抚养压力，拖累国家经济发展，高额税收政策也难以覆盖政府的赤字，高企的政府债务“雪上加霜”。此外，国际评级机构高估了发达国家的主权贷款，忽视了债务国的长期债务问题。欧盟没有针对信用评级机构的立法。因此，欧元区成员国在国际市场上拥有强大的融资能力。然而，随着市场开始密切关注债务问题，标准有所下降。普尔和其他评级机构下调了希腊和其他国家的国家评级，这进一步加剧了市场恐慌，导致危机爆发。

第二，欧元区经济、金融管理体制本身也存在着诸多缺陷，主要有以下几点。

（1）货币政策与财政政策分离。一国的财政和货币政策必须相辅相成、相互依存。但是欧元区国家只有货币政策达成了高度一致，财政政策却是由各个主权国家来制定。虽然各个国家的经济调控政策不尽相同，但在欧元任意流通、各国制定政策制度的纲领和方向要与欧盟出台的对应规定一致等前提下，欧元区国家经济金融发展联系密切、错综复杂，经济一体化趋势越来越强烈。这也意味着一旦某个国家出现较大的经济金融问题，严重至造成欧元汇率大幅波动时，风险会迅速沿着资金链在欧元区多国扩散。作为宏观调控的两大手段，货币政策和财政政策只有混合使用才能发挥最大作用。然而欧盟区由于各国财政政策和货币政策的割裂，危机爆发时难以一致协调使用两种政策“对症下药”。

（2）由于欧元区各国经济发展不平衡，统一的货币政策不能适应不同国家的需求。在欧元区，包括希腊在内的一些成员国近年来经历了严重的经济衰退，如经济竞争力下降、高失业率和房地产泡沫膨胀等，财政赤字不断累积，当金融危机来临时也是受危害影响最深的一方。欧盟成员国里经济实力较强的法国、德国等，经济指标表现优秀，出口强劲，经常账户盈余也在增长。由于各国经济受到危机的影响程度不同，对货币政策措施的需求也有所不同。欧债危机爆发后，希腊等遭受危机影响最严重的国家应对危机、挽救经济的最好方式是降低利率，刺激投资，打开货币窗口，注入流动性。然而对受影响程度较低的经济强势国而言，货币贬值和低利率会过快放大经济中的不稳定性，加剧通胀。在由强势国主导的欧盟经济体系背景下，单一货币政策无法切实有效地解决希腊等国的资金短缺问题，反而逼迫这些国家的政府更多地依赖高成本的主权债务筹集资金，违约风险大幅提升，加剧了问题的严重性。

（3）欧元区在确保成员国遵守财政纪律方面存在制度漏洞。虽然欧盟在《稳定与增长公约》中规定了财政赤字和公共债务占 GDP 比重的上限，但没有出台对应惩罚措施来确保成员国控制赤字和债务规模，也没有相应的超出上限的风险警告声明，这种政策性软约束无法限制因资金短缺难以发展经济的成员国不断"探底"的借贷行为。此外，由于各国数据统计口径不一致，政府的"不自律"诱发"造假""瞒报"等多种行为，同时缺乏有力的监督手段及审计不到位等，各成员国发布的统计数据的真实性和准确性已经遭到质疑。

（4）欧元区缺乏有效危机救助机制，在成员国出现危机时无法及时相救。当危机爆发时，欧元区国家缺乏对危机的调整和应对体系，《稳定与增长公约》中也明确指示，风险自负，各国之间不得相互救助，欧元区其他成员国也无意牺牲自己的利益去分担风险。因此，各成员国在引入希腊救助体系的过程中表现出各种分歧和矛盾，暴露出危机管理能力的缺陷。之后 2010 年 5 月设立 EFSF，以 17 个股东成员国的共同信用为担保，向全球发行欧债为欧洲市场注入流动性。随后 12 月，欧盟在此基础上设立欧洲稳定机制（European Stability Mechanism，ESM）。然而目前所有的救援机制更多是一种"事后救助"，既无法起到事前预防的作用，在危机爆发时刻也难以立即响应，无法及时提供流动性，错失将危机的火苗扼杀在摇篮里的机会。

（5）欧债危机不仅仅是经济和财政问题，也跟欧盟、欧元区及成员国复杂的政治架构密切相关。不仅仅是经济治理制度的"二元性矛盾"阻碍欧元区成员国危机时快速出台行之有效的治理方案，其复杂多元的政治框架也使得在危机治理协商中欧盟各国"众口难调"，难以达成一致。欧盟的政治整合程度远比不上经济一体化的速度，松散的政治体系下成员国无法拟订强有力的解决方案去应对局部危机引发的全局危机事件，反而会因为各成员国、各组织机构不同的发声给市场传达混乱信号，成员国经济稳定性、偿债能力等遭到世界质疑，市场恐慌情绪加剧，投机性增强，危机更快蔓延。同时从现实状况来看，危机国大多是经济基础薄弱、在欧盟事务上的"弱势群体"，欧盟决策的走向往往受强势国家的影响较大，在上述前提下的政治联盟难以出台切实解决危机国问题、利益分配得当的治理政策。

7.3.3　应对与启示

1. 欧洲的短期应对

欧债危机时期，为了应对危机蔓延，欧盟推出了两个政策工具加以应对。一个是于 2012 年 1 月启动的新欧洲金融稳定基金，即 EFSF 2.0 版；一个是 2010 年

12 月设立的欧洲稳定机制，被誉为欧洲金融防火墙。其中相较于 2010 年 5 月提出的 EFSF，2.0 版本的 EFSF 在原有基础上丰富了应对危机的手段和工具，各国可以利用该基金去进行危机“预防性操作”。EFSF 本是一个只有三年期限的临时机制，仅靠该基金治理危机还远远不够，因此建立了永久性救助机制——欧洲稳定机制，在危机时期形成“三足鼎立”的救援体系：短期内依靠 EFSF 干预市场，中长期依赖欧洲稳定机制实现永久救助，长期配合欧洲央行再融资计划。三者取长补短，有效遏制了欧债危机的蔓延和升级。

欧洲金融稳定机制被视为欧元区的金融防火墙，对欧洲的危机救助而言具有“里程碑”式的意义[193]。该机制设立的目的和援助方式，如表 7.5 所示。

表 7.5　欧洲金融稳定机制设立的目的和援助方式

目的	援助方式
（1）为欧元区面临巨大财政问题的国家提供支持，维持整个欧元区的稳定。 （2）设立永久的防火墙，预防危机重演。 （3）提供一个强大的流动性机制，给危机国直接贷款。 （4）一方面充当缺乏流动性但仍具偿债能力的国家的最后贷款人，另一方面将为无力偿债国家提供一个债务违约解决机制	（1）和 EFSF 一样，给申请援助的危机国提供直接的贷款援助。 （2）给欧元区财政状况比较稳定并具有一定经济实力的成员国提供预防性贷款，用于加强投资者对这些国家的信心。 （3）贷款给成员国政府，让其用于本国银行业的资本重组。 （4）到一级市场购买欧元区国家新发国债，减轻高负债成员国通过资本市场融资的压力。 （5）干涉二级市场，ESM 可以购买已发行的、在市场上交易的国债

但从该机制的内涵和救助机理来看，欧洲金融稳定机制主要服务对象是欧元区的弱势国家，发达经济体并不适用，主要原因有以下两点：其一，欧洲救助机制的救助实质是将申请救助危机国的债务负担转移给 17 个成员国，共同出资为危机国提供支持。接受救助的前提之一是由欧洲央行评判申请救助国是否真正陷入金融危机，是否能承担其国家债务。哪怕大型经济体只是申请对国债市场的“预防性”干预，都可能会引发投资者恐慌情绪，造成市场动荡。其二，一旦爆发危机，大型经济体的资金需求远不是救助机制能够提供的，并且申请救助的同时意味着失去欧盟救助机制的股东身份，其在救助机制中的出资份额将由其他国家承担，加重他国的救助负担。若是其他国家不愿接受多出来的份额，该份额将会消失，救助基金相应也会减少。

但除了欧洲金融稳定机制，欧洲还有一道隐蔽的防线，就是欧洲央行。在欧债危机持续蔓延期间，欧洲央行采取了多种货币政策措施，试图缓解危机国的流动性缺失，稳定市场信心。在希腊主权债务危机爆发前期，欧洲央行就通过公开市场操作的方式，在二级市场上持续买入危机国的债务。之后在爱尔兰、葡萄牙危机中欧洲央行也采用了同样的方式为危机国注入流动性。截至 2011 年 11 月底，其累计购买欧债超过 2 000 亿欧元。但短时间内如此巨大的资金支出对于欧洲央行而言也是不小的负担，且不具有可持续性，并且从市场反馈来看，还需要进一步的操作。

除此之外，欧洲央行还通过调低主导政策利率、结构性操作和微调等常规性政策工具应对危机。主导政策利率在次贷危机期间被调整至 1%，一直到 2010 年都维持在 1%的低位。之后为了抑制通胀连续两次上调利率，这也成了压倒负债国的最后一根稻草。欧债危机爆发，欧洲央行于 2012 年 7 月再次下调主导政策利率，甚至达到 0.75%的历史最低位。

但常规性货币政策工具无法解决“零利率”和流动性缺失下政策传导受阻导致的货币政策失效，因此，从 2010 年起欧洲央行也在配合使用非常规性货币政策工具，如证券市场计划（stock market plan，SMP）；同时为了刺激银行发放信贷，缓解“资金荒”的困境，欧洲央行在 2011 年 12 月 8 日推出新的货币政策工具——长期再融资操作（long-term refinancing operation，LTRO），放宽再融资期限，将原本的 1 年延长至最多 3 年，总规模超过 1 万亿欧元。欧债危机过程中的政府干预，如图 7.2 所示。

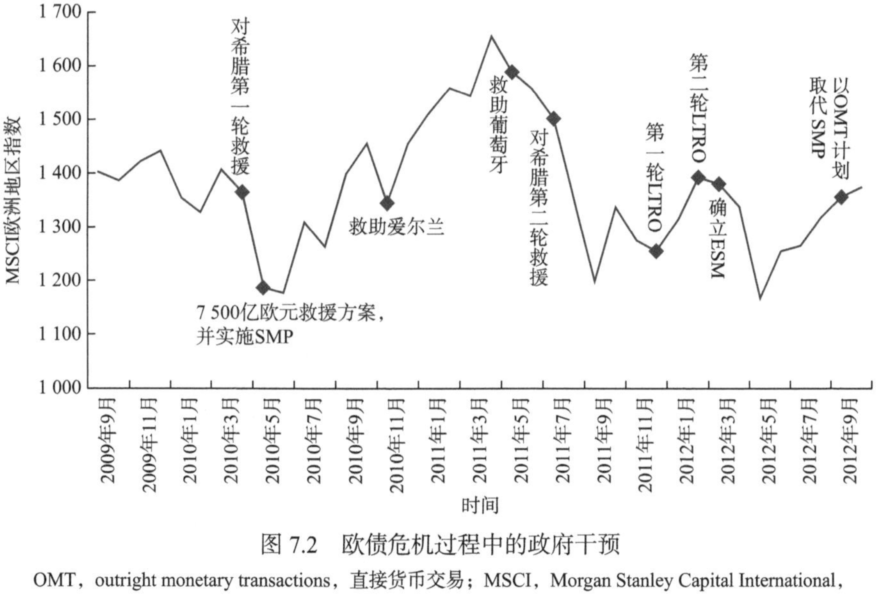

图 7.2　欧债危机过程中的政府干预

OMT，outright monetary transactions，直接货币交易；MSCI，Morgan Stanley Capital International，摩根士丹利资本国际公司

资料来源：周皓等[194]

总的来说，欧洲央行的扩张性货币政策为克服市场恐慌、稳定市场信心、缓解市场流动性紧张和恢复债券融资做出了积极贡献。自 2012 年以来，债务负担严重国的债券收益率开始大幅下降，危机国的主权融资能力有所提高，银行的短期融资成本基本上已恢复到危机前的水平。2012 年 4 月后，欧元区银行系统的储备

资产增至800亿欧元。欧洲央行提供的流动性在一定程度上缓解了银行体系的流动性短缺。

2. 启示

第一，积极应对欧洲债务问题对中国的冲击。

首先，降低因外需减少出口萎缩带来的影响。出口企业做好相应准备措施，降低出口受限带来的影响；政府则要扩大内需，调整经济发展结构。其次，强化对国际投机资本的监控和严管。不论是1997年的东南亚金融危机还是次贷危机还是欧债危机，多个金融危机的爆发背后少不了世界投机资本的推波助澜，扰乱金融秩序，加剧了金融市场的动荡；但依然有不少"快钱""热钱"在伺机等候机会进入中国市场。因此监管单位还应对国际投机资本加强监测和预警。再次，完善人民币汇率机制，使汇率原则上保持稳定。最后，平衡促进国际收支，实行"严进宽出"政策，控制外汇储备的增长。

第二，全面审视中国的政府债务问题。

欧债危机爆发的源头之一是政府过分举债发展经济，导致债务规模超出自己的清偿能力范围。虽然我国财政赤字和公共债务余额一直保持良好水平，在世界规定的风险水平之下，但也应该从外汇储备、外汇债务规模、债务结构等方面综合评判我国主权债务的稳定性和健康状况。同时关注我国地方债务问题，随着地方政府债务的快速增长，其潜在的巨大风险隐患不可忽视。党的二十大报告提出，维护金融安全"守住不发生系统性风险底线"，因此要平衡地方财政收支，加强对新增地方政府债务的控制和监管，完善地方政府融资渠道。此外，着重关注银行等金融机构的负债情况，降低不良资产的占有率，合理放贷，分散风险。

第三，欧债危机为我国制定货币和财政政策提供借鉴。

由于欧盟缺乏与统一的货币政策配套的财政政策，过于自主的财政政策增大了成员国之间信息不对称、道德风险等机会成本，危机时期难以协调一致达成共同治理意见。因此我国应该完善货币政策和财政政策的制度建设，加强货币政策和财政政策的协同作用，取长补短，提高二者配合使用效率和有效性。

第四，欧元区政治经济问题为亚洲货币合作提供了借鉴。

1997年亚洲金融危机以来，国际上有关成立亚洲共同货币区的呼声高涨，但根据蒙代尔的最优货币区理论，只有成员国在要素自由流动、经济趋同等情况下，加入共同货币区才会带来福利增进。仅是东南亚地区，人文宗教、历史背景、政治形态等因素的巨大差异使得东南亚各国经济政治发展状况"大相径庭"，更何况地域辽阔，包含众多国家的亚洲区域。欧债危机的爆发就是欧盟体系不成熟的体现。希腊经济发展水平落后，债务水平不符合加入欧元区的标准。为了能加入欧元区，其联合高盛公司定制的"货币掉期交易"掩盖公共债务，最终真相败露，债务危机迅速传染至整个欧元区。从此来看，共同货币区带来的福利和便利诱发经济基础较差的国家为了加入产生“机会主义”，从而加剧共同货币区的不稳定。因此，现在看来，亚洲设立共同货币区的条件尚未成熟。

7.4 亚洲金融危机

7.4.1 亚洲金融危机事件

在这个有着 11 个国家的群岛上，特殊的地理位置，使得东南亚成了东西方的沟通桥梁，加之其位于热带，便于生产经济作物，无论是资源还是地理环境，都可以说是得天独厚。20 世纪 90 年代初，东南亚诸国迎来了经济发展的全盛时期。经济的高速增长，让资本的流动性也获得了同样的高速增长，如此发展模式带来了东南亚诸国银行信贷额的爆炸式增加，短期外债也到了近十年最高水平（主要投资于房地产）。此外，缺乏弹性的汇率制度也没有考虑到汇率风险。如此种种都为亚洲金融危机埋下了伏笔。

1994 年底，墨西哥的经济危机引起了一波全球性的金融紧缩，泰国经济同样岌岌可危，出口带动经济的发展模式难以为继，出口额大幅度下滑，国家外汇储备慢慢消耗殆尽，房地产市场也危在旦夕，刚刚在墨西哥全胜而退的国际投资资本，再一次闻到了血的味道。1997 年 5 月，以索罗斯为代表的国际货币投机商开始了第一次尝试，沽售巨额泰铢，泰铢对美元汇率应声下跌。面对投机商咄咄逼人的攻势，泰国央行与新加坡央行联手入市，三管齐下，试图守住泰铢阵地，不惜启用了 120 亿美元回购泰铢，禁止本地银行拆借泰铢给离岸投机者，大幅提高息率。但国际投机商并没有给泰国喘息的机会，打出了一套连续的组合拳：①筹集资金，狠抛泰铢。泰铢贬值形势严峻，泰铢兑换美元的汇率接连突破最值。②1997 年 6 月，投机商开始出售美国国债，泰铢再次贬值，而泰国此时仅有的 300 亿美元外汇储备已弹尽粮绝，无力弥补贸易逆差。最终 1997 年 7 月 2 日，泰国败下阵来，宣布放弃固定汇率制，实行浮动汇率制，泰铢兑换美元的汇率陡然下降 17%，泰铢汇率彻底崩盘。国际投机者不曾停息，通过做空继续打压泰铢汇率，从而通过中间商赚差价，使泰国财富大量缩水，市场萧条，企业倒闭，但这仅仅只是个开端。

泰铢危机很快就蔓延到印度尼西亚、马来西亚和菲律宾，从而带来了一场影响整个东南亚群岛的金融风暴。1997 年 8 月 14 日，印度尼西亚宣布印度尼西亚盾自由浮动，到 10 月，印度尼西亚盾与 7 月相比已贬值 36.6%，并一直持续到 1998 年；在菲律宾，1997 年 7 月 11 日，菲律宾中央银行宣布实施浮动汇率，紧接着 1997 年 8 月 8 日，比索汇率突破 30∶1 防线，到 9 月底跌至 33.53∶1，进入 1998 年，比索汇率下跌的步伐还在继续，菲律宾央行的外汇储备在 1997 年底也仅剩 90 亿美元，杯水车薪无济于事。继 7 月 11 日菲律宾比索实行浮动汇率制，就好像打开了潘多拉魔盒，8 月下旬至 9 月上旬，印度尼西亚、马来西亚、韩国、新加坡等国货币相继与美元脱钩。各国货币汇率均发生激变，纷纷下跌。回顾 1997 年动荡的下半年，从 7 月到 10 月的显著特点就是，从泰国开始的金融危机以燎原之势扩散到东盟区内的邻国，各国的表现为汇率下浮，股市下跌。之后泰国实行浮动汇率制度，引起了多米诺骨牌效应，使得东盟诸国包括印度尼西亚、马来西亚、菲律宾、新加坡等国在内的外汇市场强烈震荡，纷纷宣布货币贬值。东南亚金融危机，逐渐开始走向全面爆发。

在东南亚各国货币接续贬值的波及之下，中国台湾外汇市场于 1997 年 7 月中旬显现出强烈的台币贬值预期心理，同年 10 月，在弃守汇率和国际投机的双重冲击下，台湾币值和股市双双下滑。与此同时，在经济危机和东南亚诸国市场波动的连锁反应下，中国香港 10 月的股市暴跌也喷井式暴发。仅以 10 月 27~28 日两日计，港股急挫 2 000 点。1998 年 8 月，恒生指数在国际投机资本的一路攻击下一直跌至 6 600 多点。中国香港特区政府反应敏捷，在绝境中反击，依靠财政储备不断吸纳港币，抬升港币的估值，并且中国香港特区政府自身拥有强大的外汇储备和强有力的中央做后盾，通过干预股市与期市，大力提高银行同业拆借利率，构建投机者借入港币限制等措施，将汇市最后稳定在 7.75 港币兑换 1 美元的水平。历经一个月的鏖战，国际投机资金血本无归，无法重现在墨西哥和东南亚的“辉煌时刻”，打破了国际游资把香港作为“超级提款机”的企图，投机商无奈只得落荒而逃。直到 1999 年初，亚洲金融危机才宣告结束。亚洲金融危机演变的时间脉络，如图 7.3 所示。亚洲金融危机的传导链条，如图 7.4 所示。

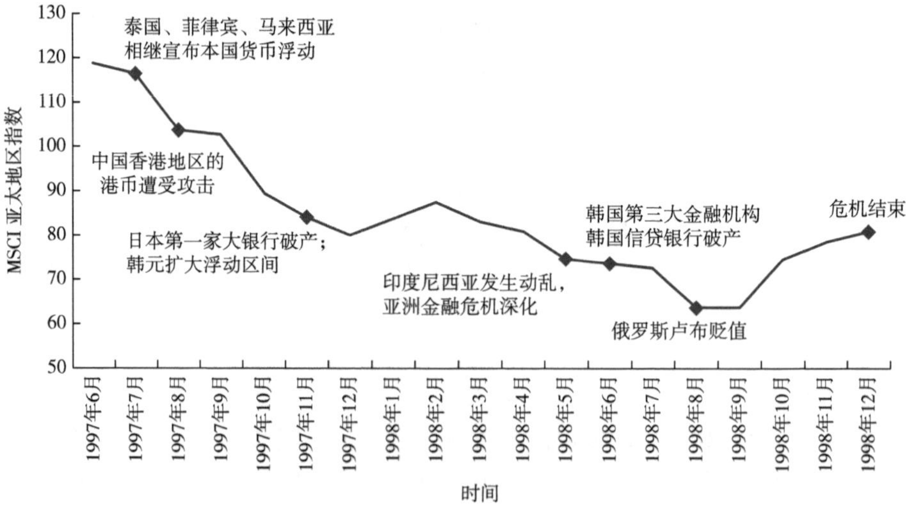

图 7.3　亚洲金融危机演变的时间脉络

资料来源：Lagergren 等[195]；唐玮婕[196]

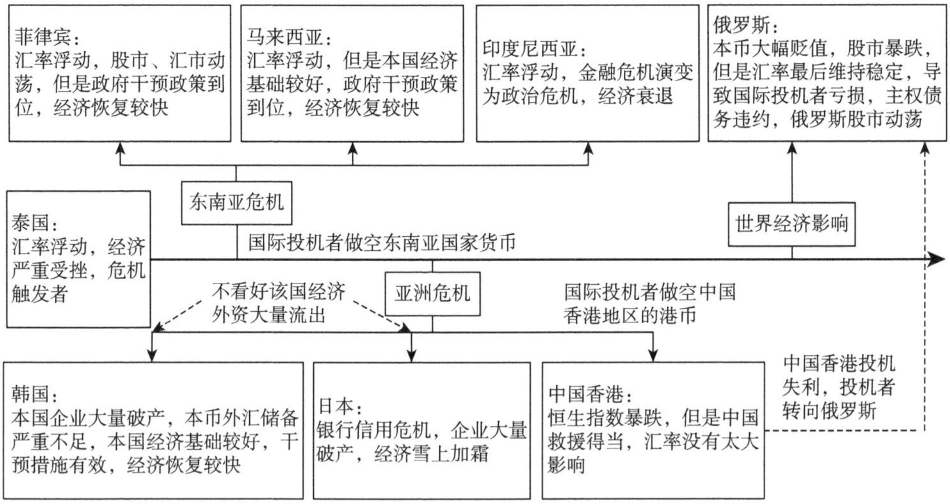

图 7.4 亚洲金融危机的传导链条

资料来源：周皓等[194]

7.4.2 各国系统性金融风险防控存在的缺陷

1. 日本

1992 年经济泡沫被戳破之后，尽管日本痴迷于以赤字财政政策为主的宏观调控，却不见成效，不仅没有明显遏制经济低落趋势，反而累积了巨大的财政金融风险，使宏观调控基本陷入了不可挽回的地步。从财政政策来看，多年来政府累积了巨额负债，使财政走到了崩溃的边缘，依然丧失了持续调控能力。亚洲金融危机后日本政府采取了扩大内需的一系列政策，但债务余额依然在快速增长。从货币政策来看，不良债权过多导致货币政策传导机制不畅，零利率政策基本失灵。泡沫破灭和亚洲金融危机使日本金融机构不良债权十分突出。不良债权数额过度攀升，银行为了能够降低风险，采取了极为苛刻的“慎贷”或“惜贷”，这对以间接金融为主的日本来说，毫无疑问阻塞了货币政策传导机制，使资本难以在民间流通，企业特别是中小企业更是雪上加霜，面临间接融资困难问题；受危机影响，风险投资、股市接连“遭灾”，直接融资成本也敲响了警钟。双重打击之下，日本央行通过公开市场业务等举措向商业银行提供资金供应，又通过商业银行在中央银行存款等形式回流到中央银行，形成了资金在金融业内部，也就是中央银行和商业银行之间的内循环，无法形成资金在生产和服务领域的外循环，制造业无法获取资金，中央银行的货币政策的扩张作用传递不到经济部门，货币政策严重失灵。

从调控政策的连续性来看，由于政策“朝令夕改”，破坏了政策的可持续性和连贯性，挫伤了市场的信心，进而影响了政策效果。此外，由于日本政府的过度干预模式没能及时转向，主导产业选择失误，资金仍然选择涌向房地产及其相关产业，引发了泡沫经济，影响了产业升级。第二次世界大战后，日本政府为了遏止经济颓势，缓解资金紧张压力，加强了对金融的控制，鼓励银行大规模贷款，银行信用由政府背书，造成了银行放贷混乱，随意性使银行业每况愈下，极容易形成银行超贷、企业超借。金融业监管不力、自律不严对日本危机后的经济复苏造成极大的阻碍。

2. 韩国

亚洲金融危机爆发前，韩国坚持金融市场自由化原则，认为政府干预金融市场的效果最终是弊大于利。在此基础上，韩国金融监管可谓是鱼龙混杂，其金融监管体制实施的是多元化的分业监管模式，并“坚定不移”地认为减少干预等同于放松监管。鼓励金融自由化和私有化，放松资本项目流入管制，外资进入金融业如同进入无人之境，并且金融监管缺失，监管效率低、力度弱。金融监管纪律形同虚设，毫无意义，金融业潜在风险进一步扩大。1997 年，亚洲金融危机的爆发使韩国国内的金融部门受到了不小的冲击，一些经营不善的金融机构被迫倒闭或被收购，金融机构数量由 1997 年底的 185 家变为 1998 年底的 108 家。

1997 年亚洲金融危机爆发后，韩国改变其一贯的行政风格，展现出雷厉风行的整改态势，对金融管理机构改革和金融监管手段双管齐下。在金融管理机构改革方面，1998 年韩国成立了直属国务院的金融监督委员会，通过委员会掌握对金融监管的法律法规的司法解释权力；1999 年又设立金融监督院，利用监督院代表国家强制力，紧握在金融监管和检查活动中的执行权力。1997 年韩国成立存款保险公司，通过国家信用背书，将以往“体系庞杂”的存款保险业务汇集在一起，由存款保险公司单方面受理。保险公司连环出击，其一，存款全额保证支付取代存款部分保证支付制度，用来保证金融市场“调良稳泛”之势；其二，扩大保险对象内涵，将证券和保险涵盖在内；其三，韩国政府乘胜追击，将对投保金融机构的检查监督权力也添加在存款保险公司职权之内。存款保险公司检查监管核心在于风险性监管，就是传统意义上对金融机构不良资产的处置。资金运用大概分为三个方面：近两成的资金用于存款保证支付；近三成的资金流向资产重组中存在融资比例、资本负债比例失调的金融机构；剩下近一半的资金利用在存款保险公司集团体系内的流动性，整合、兼并部分“气息奄奄”，将要分崩离析的金融机构。整合执行两步走战略，整合前存款保险公司对被整合金融机构进行责任追究认定并追责；整合后存款保险公司“打包”被整合金融机构的坏账，将其全部递交给韩国资产管理公司处置。到此为止，来势汹汹的改革过后，金融监管部门职能离开中央政府，从财政部和中央银行剥离开来，集中到金融监督委员会、金融监督院和存款保险公司。

同时韩国政府也在不断优化金融监管执行力的改革，首先是扩大信息披露深度，韩国金融监督委员会给国内银行业设置了一个时间周期表，要求商业银行按照时间要求公开发布其资产负债表状况、主要的业绩指标及违约贷款的具体条款和细节。金融监督委员会在金额的要求上，可谓是事无巨细，要求信息披露中金额限定必须包含全部超过 50 美元的贷款，这一举动几乎涵盖了银行业所有的业务。另外，为了确保审计的准确性，韩国金融监督委员会罗列了一个关于审计业的审计名单，只有位列名单之上，才有能力去对商业银行和上市公司进行审计工作。在审计工作上，金融监督委员会更是添加了一个刁钻刻薄的条件，审计单位必须与被审计单位公开的信息挂钩，用审计师信用做背书，如果信息有误或者遗漏，审计对象会受到严惩，挂钩的审计师也会被金融监督委员会除名。金融监督委员会同样对信用评级做出了调整，勒令韩国国内金融机构要从金融监督委员会认证的国际信用评估机构方拿到对应的信用评级。为此，为保持金融体系的稳健，韩国对金融机构采用了谨慎的监管原则。

韩国金融改革称得上行之有效，但获得成效也仅仅是昙花一现，改革仍存在漏洞：一是金融监督委员会的成立，形成了权力真空，权力无法下放，就必须跟随国家政策变动，无法实现金融监管独立性。二是回收财政部和央行权力，让金融监督委员会一家独大，很有可能出现过度控制的情形。三是韩国银行业作为资金流通的重要桥梁，就要做到及时把握金融业的动态信息。改革后的结果却不尽如人意，银行业与金融业的信息互换无法到位。

3. 泰国

泰国作为亚洲金融危机的起爆国，由于主要债权国日本的撤资和固定汇率下的本国商品出口竞争力下降，外汇储备不足以维持当时的固定汇率制度，国际投机者乘虚而入，对泰铢大量做空。从泰国放弃钉住美元的汇率制度开始，引发了外汇挤兑危机、资本泡沫崩裂的连锁反应，然后持续发酵为外债危机，进而对泰国金融市场和实体经济造成双重打击，金融危机不断深化，最终泰国出现商业银行和企业大量破产。总的来看，泰国危机防控失效的原因主要有以下几个方面。

第一，实行固定汇率制，影响本国商品的出口竞争力。1995 年起，泰国开始施行固定汇率制，政策带动泰铢升值，泰国商品被迫涨价，影响到了泰国出口竞争力，经济高增长的光环下，危险就这样被“饰非文过”。1994 年 2 月，美国开启了新一轮的加息周期，至 1995 年 6 月联邦基金利率由 3%飙升至 6%，自此美元开始长达多年的走强周期。1995 年 4 月至 1997 年 6 月泰铢崩溃前，美元指数由 81.6 大涨至 95.3，泰铢仍坚持跟紧美元，依旧维持在 1 美元兑换 25 泰铢左右。由于固定汇率制的实施，泰国商品的出口竞争力受到极大的影响。

第二，允许境外资本参与混业型跨国融资。泰国的资本账户自由化程度超前，这导致泰国外债水平并非政府所能控制。1991~1996 年，短短 6 年间，泰国累计经常账户逆差就到了 550 亿美元，可外汇储备不降反升，6 年合计增加至 372 亿美元。

由此产生的差额不得不通过大量涌入的国际资本进行弥补，随之而来的是泰国国债不断攀升，1990 年末外债余额仅 281 亿美元，至 1996 年末增加至 1 128 亿美元。

第三，鼓励金融资产无限制创新。曼谷国际金融中心（Bangkok International Banking Facilities，BIBF）等激进的金融业开放举措，使得泰国银行业债台高筑。泰国在 20 世纪 90 年代初推出 BIBF，大踏步放开资本的流动性，许可国外资金涌入国内的本国和外国商业银行，过于激进的措施，让银行业"囤积"了大量外债。1993~1997 年，在泰国银行业中，仅仅是商业银行，其外债数额在危机爆发前夕的 1997 年 6 月就累积到 455 亿美元，占全部外债之比达到 47%的峰值，其中 325 亿美元为通过 BIBF 融入的外债。

第四，外汇储备难以弥补短期债务，推升流动性风险。外债不断攀升的直接原因就是企图用外债缓解国际收支差额，1996 年底泰国外债占外储之比超过 300%。其中一年内到期的短期债务占外储之比在 1994~1996 年分别达到 96%、119%和 123%。东挪西借的债务还需要不断举借新的债务才能持续，可一旦债务链条出现断裂，这种庞氏骗局式的举债模式将因为流动性枯竭而耗尽外储，引发债务违约。

第五，国际收支脆弱。1997 年之前，利用制造业的突破，泰国出口增长飞跃式前进。泰国在 20 世纪 80 年代末到 90 年代初就遇到了制造业瓶颈，并完成了部分产业升级。在电子产品制造业助力下，泰国出口能力显著增长，泰国用电子产品点亮了"亚洲四小虎"的璀璨光辉。1986 年泰国出口仅占 GDP 的 25.6%，十年后上升至 39%。令人惋惜的是，出口贸易额升高并未改变经常账户逆差状况。泰国经常账户从 20 世纪 60 年代起到危机前便一直基本维持逆差，其中在 80 年代后逆差还被进一步扩大，到了 90 年代也仍未扭转。危机前两年，泰国经常账户逆差均超过 GDP 的 8%。究其原因是收入增长导致进口消费的增长，同时不断扩张的投资也带来更大的进口需求。

4. 马来西亚

比照泰国，马来西亚也犯了同样的错，持续产生经常账户逆差，还坚持"紧咬"美元的汇率制度，林吉特汇率被高估。1990~1996 年，马来西亚经常账户持续逆差，逆差占 GDP 之比在 1995 年达到−9.7%，1996 年为−4.4%。经常账户逆差的较大规模背后代表着，要通过资本账户的流入来维持外汇储备的增加。

外债并非马来西亚危机发生的主要隐藏性风险，且水平并未脱离掌控。在危机前夕，马来西亚外债水平始终处于一个易于掌握的水平，1996 年总外债约为外汇储备的 1.5 倍，而泰国、印度尼西亚、韩国同时期比例分别达到 3 倍、7.2 倍和 4.4 倍。1996 年马来西亚短期外债占外储的 42.3%，与泰国（1.3 倍）、印度尼西亚（1.8 倍）和韩国（2.1 倍）相比，并未对大局产生不可逆影响。马来西亚不管是在外债水平，还是在银行业对外债的依赖程度上都在泰国以下，系统体系并未失控，较为稳健。

银行业未能掀起滔天大浪，股市就引起了外资的注意，成了短期大规模资金外逃的跷跷板。相对而言，马来西亚银行业较为稳态，但投机家用大量资金在开放度极高的股票市场上埋下了一颗定时炸弹。1993 年马来西亚经历大牛市行情，一年内股指扩大两倍，破历史高位。1993~1996 年，外资不断流向马来西亚股市，1996 年底马来西亚股市中外资持股余额为 293 亿美元，是外汇储备的 1.12 倍，数量和比例远高于泰国、印度尼西亚、韩国等诸多东南亚国家。

5. 印度尼西亚

印度尼西亚与其他诸国相同，也面临经常账户持续逆差，依赖资本账户的流入，以便维持国际收支的脆弱平衡。1994~1996 年，印度尼西亚经常账户逆差分别占 GDP 的–1.7%、–3.3%和–3.4%。虽然在相对数上，印度尼西亚要优于泰国和马来西亚，不过从绝对数来说，1986~1996 年，印度尼西亚累计经常账户逆差达–398 亿美元，同样也是在一个时期，外汇储备不降反升，由 48 亿美元增至 178 亿美元，意味着资本账户流入超 500 亿美元，为后续 1997~1998 年的资本外逃和金融动荡埋下隐患。

对外不加以限制资本账户额，毫无计划举借外债，形成了极高的外储流动性风险。印度尼西亚早于其他诸国推行资本账户开放，工信部门无休止举借外债，印度尼西亚同样缺乏监管，造成了过度借债的现象。20 世纪 90 年代初，印度尼西亚外债连续多年是外汇储备的 10 倍。1995~1996 年，有所改善，外债总额相对外储略降至 7 倍，不过也是拆了东墙补西墙，短期外债占外储之比达到接近 2 的水平。等同于每年印度尼西亚要考虑如何解决几乎两倍于外储的还债压力，迫使其进入债务滚动或扩大借债的状态，间接提高外储流动性。

相比于泰国，印度尼西亚银行体系借款需求较小，政府和非金融企业占据借债的主要比例，汇率波动快速传导入实体企业，使其损失惨重。以至于印度尼西亚经济恢复更富挑战性。1997 年印度尼西亚外债总额高达 1 360 亿美元，半数由非银行企业借贷，数额为 679 亿美元，另外一半，银行部门仅占其中 10%，政府部门借款为 40%。本币大幅贬值对实体企业产生的影响最大，从资产负债表得以展现，破产企业数量急剧上涨，而且政府救助无从下手，为此，印度尼西亚经济恢复始终处于缓慢状态。

7.4.3　应对与启示

亚洲金融危机的根本原因是亚洲部分国家经济发展模式的不可持续性、金融体系的脆弱性及国内政治的腐败。从外部冲击来看，一方面，拉美国家和中国等国家出口增加导致亚洲五国经常账户赤字、外汇储备来源不足；另一方面，作为亚洲国家主要债权国的日本大量撤资和从 2015 年 4 月起日元的持续贬值，导致资本持续外流。从危机的跨国蔓延来看，主要原因有：国际投机者持续对亚洲国家货币的做空行为，导致本国货币面临巨大的贬值压力；亚洲金融危机开始后，外界对亚洲国家经济发展前景普遍不看好，使得外资持续大量流出，导致外汇挤兑危机以及国内资产泡沫的破裂；国际援助因素方面，自墨西哥比索危机后，美国国会禁止使用外汇平准基金援助其他国家，这导致美国主动干预平抑危机的力度较低。

在今天看来，亚洲各国政府对危机的干预效果各不相同，各国经济的恢复程度也各有差异，具体表现如下：第一，在货币政策和金融体系的重建方面，亚洲五国的措施看似相似，但干预效果却不相同，其根源在于各自的经济基础、经济发展战略和政府执行力度的差异。第二，政府更迭方面，在经历政府换届之前的各国的危机干预措施基本失效。例如，印度尼西亚时任领导人干预措施的失效直接导致了其辞职，泰国则直接导致了其主要领导人的连任失败，而韩国则是象征性地采取了稳定汇率和购买不良贷款的措施，把改革的难题留给了下届政府。第三，投资者信心直接影响了政策干预效果的成败。亚洲金融危机的扩散与国际资本的恐慌性流出有直接关系，由于亚洲各国家间经济联结紧密，出于审慎原则，一旦一国出现金融危机，其他国家的资本也会大量从该国家或者存在关联的国家撤出，所以，稳定投资者信心非常重要[195]。通过对亚洲金融危机深层次原因和应对措施有效性的分析，在防控系统性金融危机方面，可以得出以下几点启示。

1. 稳健金融体系是经济可持续增长的基石

爆发金融危机的国家往往具有一个共同特征，即金融体系看似强大实则脆弱，主要体现为“一高一低”，即高不良贷款率与低资本充足率。东南亚诸国的经验为我们敲响了警钟：必须警惕经济周期规律。“备豫不虞，为国常道”，在经济繁荣时期不应进行无节制的扩张，以避免高额信贷在这种无休止扩张下转化为高不良贷款率，进而防止在经济低迷时高不良贷款率无法得到弥补，最终致使金融机构在经济不景气时期走向破产。一方面，高不良贷款率反映出金融机构在信贷投放过程中的风险管控不力。当经济繁荣时，过度乐观的预期可能导致金融机构放松信贷标准，大量发放贷款。然而，一旦经济形势发生逆转，这些贷款很可能成为不良资产，给金融机构带来巨大压力。另一方面，低资本充足率意味着金融机构抵御风险的能力较弱。在金融危机爆发时，资本充足率低的金融机构更容易陷入困境，甚至面临破产的风险。因此，我们应从东南亚诸国的经验中吸取教训，加强对金融体系的监管，提高金融机构的风险管控能力，合理控制信贷扩张规模，确保金融体系在经济周期的不同阶段都能保持稳定。

2. 汇率应该既灵活又稳定

历史证明，出口导向的发展中国家，要形成稳定、可持续、富有竞争力的汇率政策。一方面，给出口企业提升竞争力，提供动力源泉；另一方面，有利于形成稳态的出口环境，保证汇率不会影响出口企业的有序发展。相比之下，非灵活的汇率安排下，高估货币，国际收支危机和货币危机接踵而至；低估货币，泡沫经济和通货膨胀纷至沓来。当一种货币面临贬值压力时，灵活的汇率制度似乎能使货币贬值幅度更小。

3. 稳中有序推动资本管制自由化进程

资本管制自由化进程能带动资本流动性，资本流动性越高，越能弥补国内储蓄与投资缺口的差距，从而拉动发展中国家实现相较于没有资本流入条件下更高增长率的发展过程，不过，亚洲国家的经验告诉我们：一个落后经济体，尤其是金融体系不完整、企业管理水平落后的经济体，其资本过快的自由流动会带来汇率的过分波动，加之落后经济体的经济周期与发达国家不完全一样，且货币政策还要彰显国家的独立性。如果推行固定汇率，就意味着不得不放弃货币政策的独立性。鱼和熊掌不可兼得，想要同时保证汇率稳定和货币政策独立性，就会产生流动性泛滥或者信用紧缩。“套利交易”会给金融机构创造大额收益，可是，金融机构的无限制信贷催生了股票市场和房地产市场的双重泡沫。当泡沫被戳破时，多数金融机构会面临停滞或者破产的危机。金融机构的领头羊倒闭更是会产生银行挤兑与极大的信用恐慌。同时，资本外逃和经常账户赤字会带来货币危机。金融机构崩溃推动金融危机驶向更深的深渊。韩国财阀体制下，大财团扩张，需从外部举借大量贷款。期限结构错配引起的流动性困难造成韩国的债务危机，债务危机会引发货币危机，进一步扩大金融危机和经济危机。明显的特征就是，在危机爆发后，债务的重要程度才根植于韩国政府心中。新兴市场体量小、实力弱，难以自我防御外部法器的进攻。就算是中国体量如此之大的经济体，都无法保证能击退外部的每一次恶意冲击。侵略和洗劫式攻击后，国际投机者大发横财，留下了零星的篝火和满地的灰烬。虽然中国对资本管制有着十分严格的条例，1997年以后的许多年份中，每年仍有超过 100 亿美元的资本从中国出逃。然而，中国却能在数次危机之中化险为夷，原因有目共睹，中国对资本实施了严格的管控，如果中国放弃管控，中国经济可能要遭受远超于泰国等其他国家的强势攻击。不言而喻，在金融体系仍不完整、汇率制度不够灵活及宏观经济环境多变之时，放弃资本管控无异于“缴械投降”。

7.5　本 章 小 结

莫为风波羡平地，人间处处是危机。回顾全球数次金融危机，主要矛盾都集中于快速积累的债务和不可持续的杠杆。高杠杆是风险起源，加杠杆初期，对冲性融资为主，经济增长与加杠杆实现良性互动；中期，投机性融资活跃，资产价格逐渐偏离基本面；末期，投机性融资及庞氏融资占比过大，经济金融体系极度脆弱，危机一触即发，迎来“明斯基时刻”。

无论是2008年次贷危机、2009年欧债危机还是1997年的亚洲金融危机，发展初期皆为流动性危机，资产负债表衰退和债务—通缩循环是金融危机向经济危机传导的机制。从本质上来看，超发货币、金融自由化、监管不严、金融放贷失控、持续做空是危机的基石。从导火索看，政策转向、监管变换、流动性退潮等外部冲击是危机的导火索。从传导机制看，金融危机通过资产负债表衰退向银行危机、经济危机传导，国内危机通过贸易、外需、金融市场等链条向全球传导。从影响看，危机将对现有经济态势、金融体系、社会稳定造成全方位的打击。从应对看，减缓流动性危机，弥补偿债能力，有效抑制风险蔓延，危机的破坏程度会通过政策制定的及时性与有效性来展现。

回看2008年次贷危机，流动性过剩、过分购房政策刺激甚至骗局、超前的金融创新等多方面因素造成了2001~2007年美国房地产、股市、金融产品等各类资产泡沫。由于繁荣时期美国金融监管存在重叠与空白，监管改革落后于金融创新，其与国家金融监管的更新与完善无法真正地做到与金融全球化及自由化步调一致，面临货币政策收紧，2008年美国金融海啸爆发，破坏程度可谓是摧枯拉朽，并快速蔓延成国际金融和经济危机。美国通过货币、财政、金融等多方面措施稳定金融市场，经济快速复苏，带来的是世界经济长时间无法“自愈”，十数年后仍然在阴影下徘徊。

纵观从2007年开始的全球金融危机，开始阶段起始于私营部门的次贷，里程碑事件是雷曼兄弟的倒闭，后续的欧债问题则可以视为金融危机延伸阶段，即危机从市场与企业层面蔓延到政府层面，标志性事件就是希腊债务危机。1997年之前诸多亚洲经济体获得经济高增长，产生了“亚洲奇迹”。随着金融自由化的深入和亚洲地区高利率的持续，巨额的国际资本不断涌入，衍生出资本市场泡沫。

正如美国经济学家海曼·明斯基（Hyman Minsky）所言，经济好的时候，投资者倾向于承担更多风险，随着经济向好的时间不断推移，投资者承受的风险水平逐渐增大，直到超过收支不平衡点而崩溃，最终导致资产价格的崩溃。近些年来我国要时刻防范可能出现的区域金融风险与系统性金融风险，高度警惕“明斯基时刻”。具体而言，债务水平是衡量“明斯基时刻”是否即将到来的最重要的经济指标，防范系统性金融风险特别要关注债务结构上的不平衡问题。

第 8 章　系统性金融风险防控的制度安排与政策建议

8.1　引　　言

自改革开放以来，系统性金融风险的防范和化解始终是监管当局关注的重点工作。2017 年，习近平总书记在全国金融工作会议上指出，“防止发生系统性金融风险是金融工作的永恒主题。要把主动防范化解系统性金融风险放在更加重要的位置，科学防范，早识别、早预警、早发现、早处置，着力防范化解重点领域风险，着力完善金融安全防线和风险应急处置机制”①。在此之后，党的十九大报告也提出“健全货币政策和宏观审慎政策双支柱调控框架”的决策部署，主要还是为完善宏观审慎政策治理机制，提高我国防范化解系统性金融风险的能力做出努力，防止风险的跨业、跨市与跨境传播。

2022 年 4 月，央行为完善事前防范、事中化解和事后处置的一体流程化制度印发《中华人民共和国金融稳定法（草案征求意见稿）》，填补了我国宏观审慎政策框架的关键部分，此前 2021 年两会期间该提议也被多位人大代表提出，说明维护金融稳定已经成为我国重点关注的问题，不仅关系到金融业的健康发展，更与宏观经济与社会稳定相关。2022 年 5 月 12 日，中国人民银行副行长在“中国这十年”新闻发布会上表示，中国人民银行会同有关部门和地方政府，按照“稳定大局、统筹协调、分类施策、精准拆弹”的基本方针，全力做好金融风险防范化解工作。经过集中的攻坚，有效地处置了我国金融体系在过去几年甚至几十年积累的风险点，目前金融风险整体收敛可控。

如今我国的“双支柱”构架仍处于初级阶段，在宏观审慎政策上也仍有待提

① 资料来源：新华社. 全国金融工作会议在京召开[EB/OL]. http://www.gov.cn/xinwen/2017-07/15/content_5210774.htm，2017-07-15。

升之处，金融监管框架也需进一步完善。因此，本章从金融标准建设出发，针对我国金融审慎监管和货币政策的“双支柱”决策的现状，完善已有的金融监管框架，并通过优化针对混业经营的金融监管体制、夯实稳定金融市场运行举措、完善地方政府绩效考核方式、进一步提高金融服务实体经济的能力等措施来防范系统性金融风险。

8.2 金融标准建设

2022 年一季度，中国人民银行会同市场监管总局、银保监会、证监会联合印发《金融标准化“十四五”发展规划》，其主要目标是到 2025 年，与现代金融体系相适应的标准体系基本建成，金融标准化的经济效益、社会效益、质量效益和生态效益充分显现，标准化支撑金融业高质量发展的地位和作用更加凸显。顾名思义，金融标准化就是对金融市场的各个行业各个方面制定统一标准，包括术语、代码、文件格式、数据处理、产品要求、日常管理等，能够在一定程度上提升金融产品的服务质量，巩固金融监管能力，保护金融消费者权益，助力金融科技安全和质量管理，支持金融业双向发展，推动金融业更加安全、可持续地发展。

目前在全国金融标准化技术委员会（简称金标委）的统筹之下，我国正在构建适应新时代金融发展所需的制度与新型标准体系，这一体系由政府主导制定的强制性金融国家标准、推荐性金融国家标准、推荐性金融业标准和由市场自主制定的金融团体标准、金融企业标准五个层次组成。我国金融标准的制定一直由金标委负责，虽然之前取得了很大进展，但该体系发展不充分、标准数字化转型速度慢、相关领域复合型人才匮乏的问题仍然存在。

2022 年 2 月的《金融标准化“十四五”发展规划》中，金融数字化频繁出现，此外，值得重点关注的是我国对绿色金融、数字货币及金融科技等领域的标准化建设。随着数字经济的到来及金融科技的飞速发展，数字化、智能化、个性化的金融服务层出不穷，信息交互、数据存储、技术管理等多重风险的叠加，使得金融标准化体系的建设尤为重要。我国也强调要加快对大数据、商用密码、区块链、人工智能与云计算等互联网技术标准制定的步伐，使得金融科技能够做到健康发展与有效应用。此外，应当进一步完善对证券业通用的基础标准，促进金融市场的各个行业高质量高标准平稳发展，为资本市场数字化转型提供有力支撑。并且要严格分离金融与非金融业务，划清金融与科技服务的界限，以防不法之徒以科技名义从事金融服务业务。

为与金融标准化体系相适应，央行应更加全面地规整市面上的金融产品、金融业务，并注重货币政策与监管政策相协调，维护金融稳定的长效机制，措施如下。

一是严格防控风险，把握一些导致央行的优质资产大幅减少的金融产品，避免资产负债表中的风险累积及过于量化宽松的货币政策导致金融风险增加。央行可以进一步完善金融市场基础设施建设及金融风险的监测预警建设，在完善金融市场的价格发现功能和利率传导机制的基础上，重点监测金融周期、杠杆与债务高企的行为，将监测到的影响我国系统性金融风险的活动、企业及机构等纳入宏观审慎管理当中。

二是鼓励金融机构发行安全性较高的金融产品,如国债或者地方政府债券等。发行此类具有较高安全性的金融债券，会扩大合格担保品在金融市场上的供给，降低违约风险和流动性风险。推进绿色金融标准体系与普惠金融建设，为绿色企业与低碳项目提供高效的服务平台，完善金融助力碳市场建设的架构。

三是积极配合国家宏观财政政策实施货币政策。疫情期间央行迅速降息、释放大量贷款额度、全面降准、定向降准助力经济恢复，2020 年以来新设多项专项再贷款工具，从扩大内需和稳定物价两方面进行调节。未来应当采取见效快、针对性强的措施，切勿低估经济下行压力。发挥宏观审慎政策结构性的靶向调控作用，加强金融行业的风险监管与评估，充分实施最后贷款人政策，通过判断该机构倒闭是否会引发连锁反应、是否会推升系统性金融风险及救助能否助其恢复至正常水平等，来决定是否对危机中濒临倒闭破产的金融机构进行救助扶持。

未来我国应当大力推进金融标准供给、持续提高金融标准实施效能，加快提升金融标准国际化水平，积极开展金融标准化研究，并抓紧培养新时代金融标准化人才队伍。

8.3　金融监管框架的改革进程与促进

虽然经济体制改革和科学技术的进步可以有效缓解中国经济增长潜力的下降速度，但是我国未来的经济发展受到环境成本（过去以重工业为主导的经济模式造成环境恶化，治理成本增加）、劳动年龄人口下降（人口老龄化导致储蓄率降低，并进一步引发经济增长减缓）、消费者偏好（从商品转向服务的结构性变化）等结构性因素的制约。出于高杠杆率会导致金融风险增加、经济增长潜力降低的考虑，中国应注重宏观金融稳定、加强金融监管。

1995 年尼克·里森在东京交易所违规进行股指期货合约交易时，造成英国巴林银行 14 亿美元的损失；2004 年轰动一时的“中航油案”造成 5.5 亿美元的损失；

杰洛米·科维尔利用银行漏洞买卖欧洲股指期货造成法国兴业银行 71 亿美元的巨额损失。这些损失金额令人咋舌，擅自进行违法业务的始作俑者们，小至公司业务员、大至公司高管，给原本在行业前列的企业带来了极大的损失，造成公司破产、企业员工失业等重大不良影响，因此企业内部需要建立合理的公司经营机制，监管当局需要加强对金融衍生交易的监管。

对于投资者来说，在金融衍生产品交易时交易双方支付适量保证金并严格遵守金融机构内部交易活动的规章制度，可以降低一定的违约风险。对于金融机构来说，需及时向央行进行信息披露，对信息披露中的虚假记载、误导性陈述及重大遗漏等问题依法承担责任。明确从业人员的行为规范、完善公司治理结构、把业务员和决策者的权力限制在合理的范围之内，以减少操作风险，维护金融机构正常经营。对于监管当局来说，央行会同有关部门应按照实质重于形式及实事求是的原则，全面、持续、穿透式地监管金融控股集团的资金流向、运营行为及经营风险，有效地防范金融风险在不同行业及不同市场之间的传递。此外，央行也应同有关部门建立信息共享机制，如央行请国务院银行、保险、证券监督管理机构提供金融机构的检查报告、监督评级报告等。

如图 8.1 所示，我国于 2018 年对商讨多年的金融监管框架改革做出了明确的体制回应，新的监管框架就代表着新的发展阶段。我国“一行三会”框架的建立花费了近 11 年时间，在此过程中逐渐从央行中分离出各个部门的监管职能，形成专业的监管部门。该框架形成的主要目的在于要提高监管的专业性和货币政策的独立性，进一步促进金融服务实体经济。虽然在此框架运行期间，我国在经济上获得了翻天覆地的变化，但随着新时代的变革，其短板也逐渐显露。其中最重要的问题在于这种监管框架已经不再适用于目前的金融创新背景，另外，监管套利、协调性低、相互掣肘与影子银行等现象频繁发生，使得金融市场内部风险加大。因此，我国在 2017 年提出要积极推进现代金融监管框架的建立，切实防控风险，积极促进金融服务实体经济与金融深化改革。

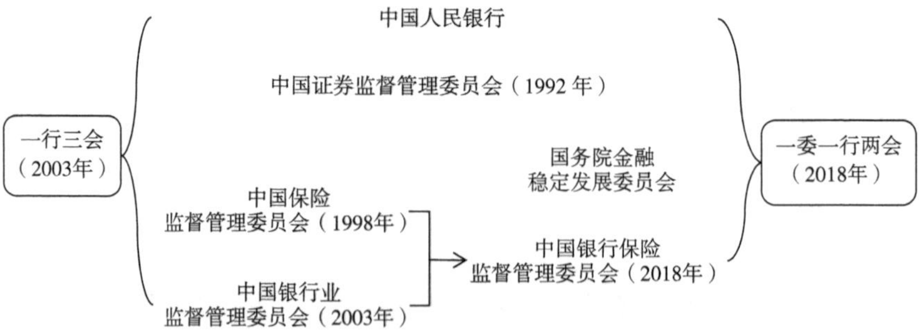

图 8.1　2023 年 5 月前的中国金融监管框架图

“一委一行两会”的框架是在“一行三会”的基础上总结出来的，其居高定位，专门设立了他国未设立的国务院金融稳定发展委员会；系统宏广，从国民经济的角度对金融体系进行监管，首次将现代金融纳入宏大的系统之中，明确了各部门监管工作的要点；理顺机制，对原本制度制定者与执法者合一的结构进行改进，从而促进了监管与“双支柱”政策的协调与配合，如图 8.1 所示。

2023 年 3 月，中共中央、国务院印发了《党和国家机构改革方案》。在中国银行保险监督管理委员会基础上组建国家金融监督管理总局，成为国务院的直属机构。至此，中国金融监管体系从“一行两会”迈入“一行总局一会”的新格局。证监会也由国务院直属事业单位调整为国务院直属机构。两者成为国务院直属的并行监管机构，进一步强调了金融风险监管合作的重要性。总体而言，此次改革延续了 2017 年以来从“分业监管”向“综合监管”的发展趋势，既有利于提高管理效率、减少监管套利、降低金融风险等，还可以保护金融消费者及广大中小投资者的权益。

与此同时，我们还要清醒地看到我国金融监管法律及规章条例还不健全，现有金融监管机构的人员素质和监管手段相对滞后，缺乏实时性和主动性，因此，仍需要加强政府对金融创新的监管能力，具体措施如下所示。

（1）尝试建立综合性的金融监管体系。央行定期与国家金融监督管理总局、证监会针对重大金融问题及金融政策进行深入沟通，推动我国金融业向混业经营发展。制定金融监管法规、完善金融监管体系。随着经济全球化的发展，外资大量涌入中国，存在某些金融监管机构未能覆盖的领域。这需要建立监管机构的信息共享机制，使监管机构能够全面、及时地掌握一手资料，有针对性地查漏补缺。

（2）外部监管与金融机构内部治理相结合，建立金融监管总框架和制度规范。金融机构积极提供“有温度”的金融服务的同时，提高员工的法律意识，对内部进行有效管理。监管当局应逐步提高监管效率、统一标准，明确各个部门的监管职责，避免出现监管边界不清、监管职责交叉的现象，制定公正透明的金融监管政策、完善金融监管框架，切实维护消费者的合法权益，服务实体经济。内外联合，防范和化解金融风险。

（3）建立风险评估与信息披露机制，不断深化金融监管工具的创新，提升具有针对性的监管能力。利用数字技术、金融科技等手段，结合人工智能、大数据与区块链等新技术，建立案例库、风险库，健全普惠金融的服务体系。

（4）合理规划中央和地方的金融监管权，将二者进行有机结合，适度对地方政府进行放权，调动其监管的积极性。中央正式实施由“一行三会”转变为“一行总局一会”的垂直金融监管体制新框架，必须坚持“中央作为金融监管主导，地方监管作为有益补充”的原则，划清中央与地方监管权的界限，科学界定地方金融监管职责和风险防范处置责任。

8.4 金融审慎监管与货币政策的协同

8.4.1 提出协同机制的监督和考评方式

货币政策是指国家央行通过调整货币供应量和利率等手段，调控经济运行和实现宏观经济政策目标的一种经济政策。而宏观审慎政策是指通过监管措施，防范和化解金融系统中的风险，维护金融体系的稳定和可持续发展。

协同，就是指两个或多个不同部门或机构之间在某些领域或方面开展合作，互相促进，形成合力。货币政策和宏观审慎政策的协同，就是指通过两者之间的合作，相互配合，实现更好的经济效果。

一方面，宏观审慎政策与货币政策间存在替代性，二者具有类似的传导机制，均是通过影响企业资产负债表将作用传递至宏观经济，进而影响金融体系的稳定性。在某些情况下一种政策不适用时，还可用另一种政策来实现目标。另一方面，宏观审慎政策与货币政策间存在互补性。许多实证研究验证了货币政策确实可以通过影响利率、资产价格、信贷量及汇率等渠道影响金融体系的稳定，如降息降准为社会提供流动性，进而干预市场利率，而长时间低利率政策会加大企业与金融机构的债务杠杆，增加市场上的非理性投资者，使得资产泡沫不断积累[197]。此时，需要协同实施稳健的宏观审慎政策和偏紧的货币政策。二者缺一不可，若缺少其一，另一类政策自身很难实现金融稳定的目标。

货币政策和宏观审慎政策的协同对于实现经济的稳定和金融体系的安全具有重要的意义。通过协同作用，可以提高经济政策的精确度和有效性，增强金融体系的稳定性和抗风险能力，促进经济的健康发展。政府和央行应该加强沟通和合作，优化货币政策和宏观审慎政策的协同机制，实现政策的有机配合和相互促进。

Aikman 等在求解最优组合时用危机的发生概率来衡量金融市场的稳定程度，发现货币政策与宏观审慎政策的关系在常规模型参数下及面对不同冲击模式时，二者有时表现为替代关系，有时则表现为互补关系[198]。例如，在面对成本上升的正向冲击时，实施收紧的货币政策（提高利率）及放松的宏观审慎政策（放松逆周期资本缓冲），此时二者呈现替代关系，同向操作，使得政策叠加，二者在传导机制方面具有一定的相似性，达到类似的共同目标。同理，在面对风险溢价上升的冲击时，实施宽松的货币政策和积极的宏观审慎政策，此时二者呈现互补关系，一个政策需要与另一个政策配合使用，缺少其中一个，目标就无法实现。

Aikman 等研究的模型表明：有很多参数会对最优的政策组合造成影响，如利率与产出关系、价格黏性等。政策制定者偏好是其中一个关键的因素，需要结合本国的具体国情，将影响货币政策与宏观审慎政策之间的参数与经济周期所处阶段、金融结构特征、政策传导机制相结合，建立适用于本国宏观情景的模型。Aikman 等总结的不同类型冲击下的最优政策组合，如表 8.1 所示。

表 8.1　Aikman 等[198]中不同类型冲击下的最优政策组合

冲击	货币政策	宏观审慎政策	关系
信贷量上升	放松	收紧	替代
总需求上升	收紧	放松	替代
成本上升	收紧	放松	替代
风险溢价上升	收紧	放松	互补
信贷量和总需求同时上升	放松	收紧	互补
信贷量上升，总需求下降	收紧	收紧	替代
信贷量上升，风险溢价下降	不变	收紧	中性
信贷量和总需求上升，风险溢价下降	收紧	收紧	互补

在实务当中，中央银行通常会担当最后贷款人的角色，以金融稳定为最终目标对处于危机中的金融机构进行干预并提供资金上的救助，如为金融机构提供货币流动性。然而，央行并非负责金融稳定的唯一机构或主要机构。因此，负责制定货币政策的货币当局及负责制定金融稳定政策的宏观审慎当局之间的协调机制至关重要。

在席卷全球的金融危机后，许多央行都在积极完善宏观审慎政策。一是要将货币政策对金融稳定的影响及宏观审慎政策对宏观经济的影响纳入各自的政策分析框架。二是对货币政策与宏观审慎政策有机结合的分析框架进行充分的研究。二者有时呈现替代性，需要避免重复叠加，有时呈现互补性，缺一不可。一方面，需要货币当局和宏观审慎当局设计最佳的货币政策和宏观审慎政策配合模式；另一方面，需要对政策效果进行定量评估，校准两类政策的调整力度，提出最佳政策组合的建议。

8.4.2　已有框架下政策的完善

对于我国来说，“维护物价稳定、促进经济增长、充分就业”是我国货币政策努力的方向。2016 年，央行就开始引入宏观审慎评估（macro prudential assessment，MPA）对宏观经济进行调控，保障预期 M2 及绿色产业等结构性指标的落实，鼓励将同业指标加入考核当中的风险控制行为。此外，监管部门使用多种宏观审慎工具，通过资本监管指标（如最低资本要求、逆资本要求）、流动性风险监管要求（如流动性比率、优质流动性资产重组率）、杠杆率等参数指标来进行多层次监管。

我国各部门在宏观审慎管理与评估方面存在着监管重叠问题。2017 年，我国成立国务院金融稳定发展委员会，而 2018 年的《国务院机构改革方案》将银监会、中国保险监督管理委员会（简称保监会）合并为银保监会，至此“一行三会”调整为“一行两会”。这些作为都体现了我国对解决金融监管协调问题、监管职能上的重叠问题的决心。

结合前人的经验总结，根据国际理论和相关实践对政策框架的完善提出如下措施和建议。

首先，要对货币政策在宏观决策中的定位有清晰的认识和界定，在法律层面明确央行的金融稳定责任，解决其目标定位不明确的问题，进一步在政策方面做到良好协调，完美配合；其次，应当量化评估 MPA 机制，以货币政策目标为主，兼顾金融稳定目标，有效利用金融压力测试监控金融业的经营状况，借鉴各国压力测试的方法，构建适合我国国情、经济结构及发展状况的压力测试模型；最后，加强央行和金融监管部门的互通性和协调性及对最优政策组合的考虑，将决策协调、落实好，明确各方职责，避免政策重叠、政策冲突，使货币与财政政策良好配合，达到作用最大化。

8.5　完善压力测试机制以应对潜在金融风险

8.5.1　压力测试的内涵及其作用

金融压力测试是指对金融机构进行一系列的模拟测试和分析，以评估其在不同压力情景下的抗风险能力和稳定性。它旨在识别金融机构在经济衰退、市场剧烈波动或其他不利情况下可能面临的风险，并为监管机构和金融机构提供预警信号，以采取相应的风险管理措施。对金融机构进行金融压力测试的作用主要体现在以下几方面。

第一，风险识别和评估。金融压力测试可以帮助监管机构和金融机构识别和评估金融体系中存在的潜在风险，包括流动性风险、操作风险、信贷风险和市场风险等。通过模拟不同的压力情景，可以揭示金融机构在不同风险条件下的弱点和脆弱性。

第二，风险管理和决策支持。金融压力测试可以帮助金融机构制定和优化其风险管理策略。通过分析不同压力情景下的表现和风险敞口，金融机构可以制定更有效的风险管理措施，并对其资本和流动性进行合理配置，以应对潜在的风险。

第三，监管政策制定。监管机构可以利用压力测试结果来评估金融体系的整体稳定性，并制定相应的监管政策和措施。通过对金融机构的压力测试进行监控和评估，监管机构可以更好地把握金融体系的风险状况，防范系统性金融风险的发生。

8.5.2 金融压力测试机制及其运行

金融压力测试机制是指一套评估金融机构在不同压力情景下的抗风险能力和稳定性的方法和程序，主要包括情景设定、风险指标和测量方法、数据采集和分析、模型选择和建立等方面。情景设定是指设定不同的压力情景，以评估金融机构在不同经济和市场情况下的抗风险能力。风险指标和测量方法是指选择和测量一系列风险指标，以反映金融机构的风险敞口。数据采集和分析是指收集和分析金融机构的相关数据，以提供可靠的压力测试结果。模型选择和建立是指选择和建立合适的模型，用于模拟和分析金融机构的抗风险能力和稳定性。金融压力测试机制的运行框架包括以下几个步骤。

首先，设定压力测试情景，根据经济和市场环境，设定不同的压力情景。比如设定一个经济衰退的情景，纳入 GDP 下降、失业率上升和房地产市场崩溃等因素，这个情景将测试金融机构在经济衰退环境下的抗风险能力。其次，收集和分析数据，收集金融机构的相关数据，并对其进行分析，以评估金融机构在不同压力情景下的风险敞口。例如，收集银行的资产负债表、利润表和风险敞口报告等数据。然后对这些数据进行分析，评估银行在经济衰退等压力情景下的风险暴露程度。例如，分析银行的不良贷款率、资本充足率和流动性指标等。再次，选择和建立模型，根据金融机构的特点和监管要求，选择合适的模型，建立模型，进行模拟和分析，以评估金融机构的抗风险能力和稳定性。例如，选择一个宏观经济模型来模拟经济衰退情景下的 GDP 下降和失业率上升。然后选择一个市场风险模型来模拟股票市场和债券市场的剧烈波动。选择一个信用风险模型来模拟借款人违约的风险。最后，评估和报告结果。根据压力测试的结果，评估金融机构的风险状况，并形成报告，为监管机构和金融机构提供参考和决策支持。例如，基于模型的模拟和分析，评估银行在经济衰退等压力情景下的风险状况。根据评估结果，生成压力测试报告，包括风险指标的变化情况、潜在风险暴露区域及建议和措施。这些报告将作为监管机构和金融机构决策的重要参考。

这个运行框架是一个循环的过程，需要定期进行评估和更新，以适应不断变化的金融市场和监管环境。此外，压力测试的结果应及时与相关方沟通和共享，以提高信息透明度和风险管理的效果。

8.5.3 压力测试模型

目前学者们对于系统性金融风险的测度方法有许多种，包括前面提到的 CoVaR、MES、SES 和 SRISK 法，其主要是用来衡量某一时期各金融机构的风险贡献度，并对各机构进行横向对比和排名，更加适用于政策机构对金融机构的审慎监管。金融压力指数与风险测度不同，二者在针对性上有些许差异。风险主要是针对“预期”，而金融压力则是现有情况的实时体现。

金融压力指数往往是时效性较强并可以长期跟踪的，它既可以识别压力事件，又可以方便政策制定者判断政策投放的时间。简单来说，金融压力指数主要是通过对多个市场各个维度的经济指标进行加权合成，因此，对指标的加权方法是构建金融压力指数的关键。加拿大学者 Illing 和 Liu 通过方差权重法、因子分析法与市场规模对指标进行赋权，合成 FSI 指标衡量金融市场压力[199]。美国堪萨斯州联邦储备银行创建了 KCFSI（Kansas City financial stress index，堪萨斯城金融压力指数）指标体系，与金融压力指数不同的是，由于汇率的波动无法有效撼动美国的宏观经济，KCFSI 减少了对汇率市场的考虑，增加了对银行股价波动的考虑。Cardarelli 等基于等方差权重法对标准化的指标取算术平均值合成压力指数[200]。美国密苏里州圣路易斯学者 Kliesen 和 Smith 在美国圣路易斯联邦储备银行（Federal Reserve Bank of St. Louis）的资助下，利用主成分分析合成 18 个金融指标为圣路易斯金融压力指标（St. Louis financial stress index，STLFSI）[201]。van Roye 在因子分析法基础上建立动态近似因子模型构建金融市场压力指数（financial market stress index，FMSI），分析得出某些指标的增加可以被认为是经济活动减速的附加早期预警变量[202]。许涤龙和陈双莲曾采用 CRITIC 客观赋权法对金融压力进行了测度[203]。

其余方法包括英国的 FLAME（financial leverage and asset market equilibrium model，金融杠杆与资产市场均衡模型）、加拿大的 MFRAF（macro-prudential framework and risk assessment framework，宏观审慎框架和风险评估框架）、欧洲的 STAMP（systemic risk assessment and macroprudential policy toolkit，系统风险评估和宏观审慎政策工具包）、Logit 回归模型（Logistic regression model）[204]、Probit 回归模型（probit regression model）[205]、多维 GARCH 模型（generalized autoregressive conditional heteroskedasticity model，广义自回归条件异方差模型）[206]。

上述的压力测试方法多种多样，但都在一定程度上存在局限性。学者们使用的赋权方法各不相同，如等方差权重法的权重无法从经济学角度解释，主成分分析法对指标间的依赖性和关联性考虑不够，且二者均是基于正态分布假设进行的。也就是说，随着未来压力测试所涉及的时间序列长度增加，测试者将会在压力测试模型中纳入越来越多的不符合正态分布的数据点，引发事件重分类问题。即在过去的压力测试中所识别出的金融风险事件，很可能由于添加了新样本数据而被重新归类为非风险事件，进而使得测算出的指标丧失历史可比性。其余的回归模型在估计时具有较大的主观性，并且缺乏对动态性和市场联动性的考虑。

为了解决上述问题，欧洲中央银行专家 Hollo 等于 2012 年提出新的压力测试测算方法——CISS（composite index of systemic stress，系统压力综合指数）法，该方法排除市场关联性增加却几乎全部处于低水平的情况，将较高的权重赋予子市场相关性增加且其波动率也在同一时刻增加到较高水平的情况，并通过累积分布函数对指标进行转换，计算其具有时变性的相关系数矩阵，合成金融压力指数[207]。CISS 在投资组合理论的聚合上考虑了子指标之间的时变相互关系，更重视风险在多个细分市场同时盛行的情况，认为是各金融细分市场的局部风险联合作用导致了系统性金融风险。因此，CISS 法的一个重要环节就是以研究对象的金融业特征为依据，对各金融子市场代表性指标进行细节化、差异化的选取，从而更好地刻画特定对象系统性金融风险的强度和演变特征。

现有文献针对 CISS 法的应用和创新，也主要体现在金融体系细分市场的划分与基础指标的选取上。陶玲和朱迎的计算方法与上述 CISS 法有相似之处，但却存在明显不同，其采用的大多数为实体经济指标，时效性较低，且利用了主成分分析法，误差也相对较大[208]。清华大学国家金融研究院金融与发展研究中心课题组在 Hollo 等方法的基础上根据经验累积概率密度函数为指标排序赋值，重新选取金融市场指标，不对数据分布做假设，仅基于经验累积分布且该分布随样本区间的扩展进行递归处理重新计算，最终对每个市场赋予相同权重，通过指数移动加权得出中国 CISS[209]。该方法因为数据频率问题没有将房地产数据引入，丧失了一部分准确性。未来，压力测试方法应当基于动态方法建立，纳入多个市场时效性较强的数据，各个维度指标的赋权结果应当有详细的经济学解释，使得压力测试具有较高的准确性。

8.5.4　各国的压力测试探索与实践

压力测试的说法最早出现在 1995 年，IOSCO（International Organization of Securities Commissions，国际证监会组织）首次将其定义为：当非常不利的情况出现在金融市场中时，市场的变化对资产组合影响的大小。在此之后，《巴塞尔资本协议》也指出了压力测试是用于评估金融机构经营与财务状况在面临金融变量变化时受到的负面影响。2008 年美国次贷危机之前，压力测试在各国并不普遍存在。金融危机使得宏观经济严重下行的同时，也使得全球对系统性金融风险的认知和防范意识有所加强，此后美国及欧盟国家都开始定期对金融系统进行压力测试，对压力测试的重视程度不断提升，为防范和预警系统性金融风险做准备。

1. 英国金融压力测试探索

英国金融业在 2013 年成立“压力测试”框架，用于衡量金融体系对不良因素的承受能力，并将其作为实施行业监管的重要根据，利用测度结果制定宏观审慎政策进行管理，主要是对英国金融体系的资本充足率进行计算、评估与预测。随着金融体系的不断发展，产品和模式的不断更迭，压力测试也得到了进一步的完善。现在每年进行一次周期情景测试、隔年进行一次探索性压力测试，并逐步扩大测试范围。2016 年英国脱欧对其央行履行职责的方式产生影响，央行为提高“压力测试”的实用性，对该机制的内容与框架进行不断完善，如通过测试银行资本规划标准以外的更多更广泛的抗压复原能力矩阵情况，测试银行承压能力，深入探索压力如何在整个金融系统中蔓延传递。2019 年英国央行使用宏观经济市场、房地产市场、债券市场和货币市场的多个数据进行加权，从敏感性、交互传染及金融加速器方面下手，利用建模技术及预测量化模型模拟评估银行等金融机构的资产负债表和资本在不同情景下的变化程度，对要求不参与英国年度周期情景测试的金融机构提出自检自测要求，对未通过的金融机构进行整改、优化资本结构[210]。

在面对疫情冲击后，英国央行便宣布取消对其住建协会及主要银行的压力测试，有益于减少监管机构的负担，但在 2020 年 5 月和 8 月进行了桌面压力和反向压力测试，为英国银行总体上拥有必要的资本缓冲提供判断依据。此后的 2021 年，英国央行发布了与压力测试相关的重要因素和指导方案，将压力测试分为几个阶段进行并统一发布结果。其设置的压力测试情景包括 GDP 急降、宏观经济压力增大、疫情累计损失巨大，在此情景下房地产价格下跌 1/3，失业率将达到峰值，其中还特别考虑了经济结构的变化（如消费模式的变化、旅游娱乐业支出下降及消费者的预防性储蓄等情况）和贸易伙伴的经济状况，尤其是并没有设置独立的风险场景，而是模拟宏观环境的变化及多类风险的交织，进一步完善了压力测试的场景分析和英国金融政策委员会评估结果[211]。

2. 美国金融压力测试探索

我们将 2008 年以后的美国金融压力测试分为三个阶段：第一阶段为金融危机时期，美国为了解持有资产大于 1 000 亿美元银行的经营状况与资本情况，开展了监测资本估计计划；第二阶段为 2010~2012 年监管权转移时期，其由美国财政部转至美联储手中，监测资本估计计划自此改为综合资本分析评估。美联储在此基础上发布了资本计划规则，不但要求总资产超过 500 亿美元的银行控股公司要在美联储公布的压力测试情景下进行压力测试，并要求其对未来 9 个季度进行预测，提前了解金融机构在未来的资本短缺及经营风险问题；第三阶段为《多德-弗兰克法案》时期，美国根据该法案展开多德-弗兰克压力测试，目标对象主要包括 500 亿美元以上的银行控股公司及受美联储监管的非银行金融机构[212]。

美国压力测试与英国大同小异。一是设定情景，美国会在每年第四季度公布用于压力测试的指标基准，如汇率、GDP 增速、股市成交量等，将其分为三类不同的情景假设，并要求银行基于自身经营状况额外设计至少三种情景进行测试、分析与预测；二是指标的选取问题，最开始的指标中仅包含宏观经济数据，随着压力测试指标体系的完善，又加入了道琼斯指数、各类债券收益率、同业拆借利率及各类贷款利率等数据；三是对各金融机构的潜在损失进行评估，这种损失来自市场风险、信用风险及经营风险；四是通过对压力测试结果的分析，对满足资本充足率所需的资本规模进行测算，要求金融机构按照测算出来的资本规模进行补充，不满足资本充足率要求的金融机构需提交改进方案，提出实质性措施减小其经营压力，如用改善资本结构、发行新股或出售权益性资产等手段减少自身风险。

与英国不同的是，美国压力测试的相关信息会适时地公开，这种做法稳定了市场和投资者的预期，使得监管的透明度及金融机构的信用中介功能也有所提高，可为未来的压力测试提供更多的保障。

3. 中国金融压力测试探索

近 20 年来，中国金融监管机构在金融风险防控方面进行了大量的探索与实践，其中的金融系统压力测试就是非常重要的一项工作。例如，银保监会和证监会等，一直致力于加强金融风险压力的监测和防控工作。

早在 2003 年，我国开始了针对几家大规模银行的压力测试研究，将从国外购买的成熟软件应用到我国的金融体系内，进行初步的压力测试尝试，首次实践对象包括工农中建（中国工商银行、中国农业银行、中国银行、中国建设银行）和广东发展银行，对其各类风险进行了第一次的压力测试。2009~2011 年，央行和银监会联合成立我国 FSAP（Financial Sector Assessment Programme，金融部门评估规划）压力测试小组，展开了统一压力情景下的金融风险压力测试。2012 年，中国人民银行又成立了金融稳定压力测试小组，每年对银行在不同压力情境冲击下的稳健性进行评估，并不断扩大参加测试的金融机构数量，将央行“自上而下”与金融机构“自下而上”的测试结合，并以金融稳定报告形式向民众公开。2017 年，我国进行了压力测试方法的改进，联合世界银行与国际货币基金组织展开测试。在原有基础上增加偿付能力压力测试，将信用、汇率、债券市场及利率风险评价指标纳入压力测试指标中。在对流动性进行压力测试时，为扩大测试范围将交易对手撤资风险加入原有对单家机构信用违约风险的考察中，不仅利用到期期限现金流缺口分析方法，还要针对每个时间窗口计算净现金流出[213]。2018 年以来，银保监会通过制定相关规定和指导意见，要求商业银行进行定期的压力测试，并进一步大范围地扩大测试范围，从国有商业银行逐步地向城市商业银行、农村商业银行及村镇银行等地方中小银行扩展，2023 年底商业银行的压力测试基本做到了全覆盖。

根据 2023 年 12 月 22 日发布的《中国金融稳定报告（2023）》，2023 年中国人民银行对全国 3 985 家银行机构开展了压力测试。参试银行包括 6 家大型国有商业银行、12 家股份制商业银行、125 家城市商业银行、1 604 家农村商业银行、513 家农村信用社、23 家农村合作银行、1 640 家村镇银行、19 家民营银行、42 家外资法人银行和 1 家直销银行。可以看出，2023 年底商业银行的压力测试基本做到了全覆盖。此外，证监会也非常重视金融系统压力测试，并通过制定相关规定和指导意见来推动实施。例如，证监会要求证券公司和基金管理公司进行定期的压力测试。根据证监会公布的数据，截至 2023 年底，大部分证券公司和基金管理公司都已经完成了 2023 年的压力测试工作。数据显示，参与压力测试的机构在不同压力情景下的风险指标均保持在合理范围内，表明中国证券市场整体的抗风险能力较强。

在中国金融机构压力测试的运行和监管方面，中国金融监管机构也进行了多层的探索和实践，具体体现在四个方面。

第一，压力测试情景设定。中国金融机构在压力测试中通常设定不同的情景，以评估其在各种经济环境下的抗风险能力。例如，中国金融监管机构在过去的压力测试中设定了经济衰退、房地产市场大幅下跌、股票市场暴跌等情景。这些情景考虑了宏观经济环境和金融市场的变化，并对金融机构的资本充足率、流动性风险、信用风险等进行了评估。例如，在 2019 年银保监会发布的银行业风险监测指标系统中，就包括了宏观经济压力测试情景。该指标系统设定了多个情景，涵盖了宏观经济衰退、行业性风险暴露和金融市场剧烈波动等情况。

第二，数据收集和分析。金融系统压力测试需要收集和分析大量的数据，以评估金融机构在不同情景下的风险暴露程度。银保监会提出了一系列风险指标，包括不良贷款率、资本充足率、流动性指标等，用于衡量银行在压力情景下的风险暴露程度。因此，国内的商业银行进行压力测试时，需要提供资产负债表、利润表、风险敞口报告等数据，以及不良贷款率、资本充足率、流动性指标等风险指标。监管机构根据这些数据进行分析，评估金融机构在压力情景下的风险状况。此外，中国金融系统在数据采集和分析方面加强了监管要求。例如，银保监会要求银行定期报送资产负债表、利润表和风险敞口报告等数据，以便进行风险评估和压力测试分析。根据银保监会发布的数据，截至 2022 年底，中国银行业不良贷款率为 1.71%，相较于 2021 年同期的 1.73%有所下降，显示了中国银行业在经济压力下的较好抵御能力①。

第三，模型选择和建立。中国金融监管机构通常选择适当的模型来模拟不同的压力情景，并评估金融机构的风险暴露程度。同时，中国金融系统还开展了对各类金融风险的测量方法研究，包括流动性风险测度模型、信用风险测度模型及

---

① 资料来源：银保监会：2022 年末银行业金融机构不良贷款率 1.71%去年全年累计处置不良资产 3.1 万亿元，https://finance.sina.com.cn/roll/2023-02-03/doc-imyemiqr6903882.shtml，2023-02-03。

市场风险测度模型等。例如，中国监管机构选择宏观经济模型来模拟经济衰退情景下的 GDP 下降和失业率上升，选择市场风险模型来模拟股票市场和债券市场的剧烈波动，以及选择信用风险模型来模拟借款人违约的风险。

第四，评估和报告结果。根据模型的模拟和分析结果，中国金融监管机构评估金融机构在压力情景下的风险状况，并生成相应的压力测试报告。这些报告包括风险指标的变化情况、潜在风险暴露区域及建议和措施。监管机构根据报告评估结果，采取相应的监管措施，以加强金融机构的风险管理和防控能力。

综上所述，中国金融系统在金融风险防控方面进行了大量的探索与实践，其中金融系统压力测试是其重要的手段之一。通过设定情景、收集和分析数据、选择和建立模型及评估和报告结果，中国金融监管机构能够评估金融机构在不同压力情景下的抗风险能力和稳定性。这些实践不仅提高了金融机构的风险管理能力，也为中国金融系统的稳定发展提供了坚实的基础。

8.6　多措并举加强对系统性金融风险的防控

8.6.1　优化针对混业经营的金融监管体制

1930 年左右，金融机构的经营业务很少受到各国政府的限制，从而综合经营着各类业务，即混业经营。但当危机发生时，许多经济学家将危机造成的不可逆的后果归结于金融机构的混业经营，因此纷纷开始对银行的经营业务范围进行划分，严令禁止其从事范围以外的业务，即分业经营。但仍有许多国家继续坚持混业经营。随着金融业的日益发展，商业银行等金融机构为在日益激烈的竞争中取得优势已经不满足于仅从事规定范围内的业务，利润率的持续走低也迫使其经营收益较高的业务，原本实行分业经营的国家逐渐开始放松限制。20 世纪 90 年代以来，美国、日本和英国等多个国家取消了业务范围限制，标志着西方国家分业经营制度的最终结束。总体来说，在多年经营与监管制度演变进程当中，美国金融业经历了混业到分业再到混业的发展进程，英国和日本也在长期分业经营状态后确立了混业经营的监管体系，走出了方向相似而又不尽相同的混业经营演变路径。

1. 我国经营制度演变进程

纵观半个世纪我国资本市场与监管的发展，我国金融业经营模式经历了以下几个阶段，具体如图 8.2 所示。

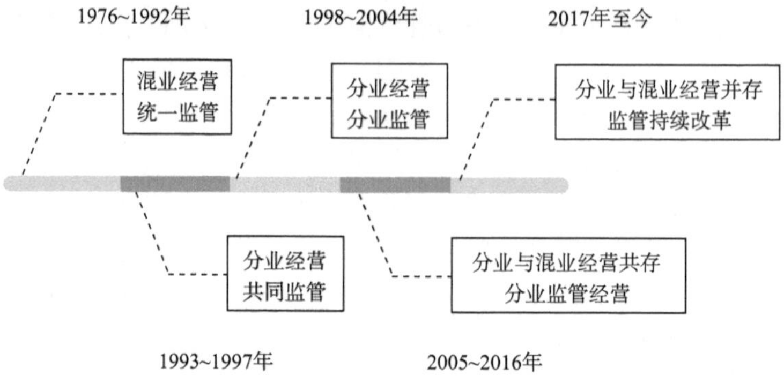

图 8.2 我国金融业经营方式演变图

早期的混业经营造成了金融市场的混乱，20 世纪 90 年代我国开始整顿金融市场秩序，通过多条法律及决议明确规定分业管理银行业、证券业及保险业。1998 年保监会的成立及 2003 年银监会的成立正式确立我国分业监管、分工合作的金融监管体制，建立金融行业分业经营、分业监管的体系。

虽然 20 多年前建立的分业经营与监管的体系奠定了我国金融市场的主要制度框架，但由于混业经营在风险化解、经营效率、同业竞争及业务互补等方面存在优势，监管当局对我国金融机构混业经营的业务限制方面仍留有适当余地。随着金融市场的规模迅速增加，金融品种的更加多元、金融市场的不可分割性质及自由化发展，对分业经营和分业监管提出了很多挑战。

我国的分业经营模式大大地限制了金融业的规模和发展，之前的金融业主要以分业经营作为基本的运作形式，与国际上的混业金融模式相比缺少竞争力，因此在改革开放的过程中建立以金融控股为主要形式的金融混业模式是金融业发展的必然要求。同时，近年来金融衍生品等金融工具的创新及监管政策放松促进了以金融控股模式为主的混业经营模式在我国资本市场的蓬勃发展。在我国的金融实践中很多公司已开启了混业经营，既经营保险业务也控股商业银行、证券公司和其他类型的金融机构。市场中混业经营的现象不断增多，金融控股公司也逐渐具有大规模、业务多元化、高关联度及多区域多行业经营的特点。

但在其快速扩张的进程中，由于以影子银行、金融自由化为特征的金融扩张周期造成了如今的分业监管模式对新时代的监管要求的不适应，因此引发了金融风险积累、资金脱实向虚倾向及监管套利等问题。中国人民银行研究局原局长徐忠也曾指出现有监管体制的矛盾在于分业监管无法适应综合经营发展趋势，这种不适应主要体现在两个跨界和四个割裂上，具体包括金融机构扩张与金融业务套利的跨界以及金融稳定职能、金融消费者保护、金融基础设施及有限监管资源的割裂。

2018 年银监会与保监会合并，银保监会正式成立。经过了近几年金融监管体系的改革，我国的监管模式也在逐渐转向综合监管方向，打好了金融机构有序混业经营的监管基础。2019 年 11 月，《国务院关于进一步做好利用外资工作的意见》发布，其中指出“深化对外开放”，“加快金融业开放进程。全面取消在华外资银行、证券公司、基金管理公司等金融机构业务范围限制，丰富市场供给，增强市场活力”。目前，混业经营成为全球经济发展的方向，我国也在向混业经营的方向尝试和探索。我国商业银行已经获取基金、信托、保险、租赁子公司等牌照，民营金融控股公司、互联网金融控股公司、地方国资金融控股公司、央企金融控股公司及纯粹型金融控股公司也可通过参股、控股、发起人等形式拥有银行、保险和租赁等金融牌照，推动金融机构的工作重心向客户转移，为客户提供一站式金融服务，增加行业内的竞争，实现优胜劣汰。总之，未来混业经营是大势所趋。

与此同时，互联网建设日益完善，催生了互联网金融行业，互联网企业可通过互联网展开资产管理并跨界从事各种金融业务，有机结合互联网技术与金融功能，建立基于网络平台的金融市场体系与金融产品体系等，如不同于传统金融的经营模式的普惠金融与碎片金融等，具体包括微信支付等第三方支付、P2P、众筹、数字货币、网银业务、大数据金融、互联网金融门户及类似零钱通类产品。二者的结合在一定程度上提高了服务效率与范围，降低了服务成本，但也相应带来了较高风险与监管困难等问题。

2. 混业经营面临的问题

无法避免的也是最重要的便是风险问题，开放就意味着风险的增加。在 2018 年清华五道口全球金融论坛上，中国人民银行金融研究所所长就金融监管和金融风险问题发表演讲，其指出混业经营存在复杂性、道德风险和监管套利、投资者保护不利等风险。相比分业经营能够以金融支持实体经济、防范风险保障安全及专业事专业干的特点来说，混业经营的确放大了金融机构间的利益冲突与道德风险，为金融监管带来了不小的挑战及跨行业、跨市场、跨区域的风险传递，加速了系统性金融风险的形成，原本需要经过长时间在各个部门间传播的风险，如今在某一个部门中就能迅速传播。

一是复杂性风险。我们认为金融机构的风险不具有可加性，即其总风险不单单是各个部门风险的加总。因此无论是投资者还是监管者都无法准确地了解混业经营金融机构内部的经营结构及风险状况，无法理清风险的来源与结构，进而无法针对性地进行监管责任的分担。二是道德风险。当金融控股集团中的非金融部门遭遇财务危机时，集团及其内部机构会给予一定程度上的资金帮助，除了直接拨款救助，还可以通过内部金融机构对其提供原本无法申请的额外贷款，间接利用政府对银行的隐性担保，刺激集团及其内部非金融机构的冒险行为，这就如同一个庞大部门既充当借款方的角色又充当贷款方角色。一旦集团整体陷入危机，央行则会对其行使最后贷款人的职责，帮助集团渡过难关。三是监管套利行为。目前我国针对不同业务所要承担风险的差异制定了不同的监管要求，因此企业可能会因业务之间监管水平的差异产生套利行为。例如，集团内部多个实体利用同样资本进行经营或集团获取债务资金之后，以股权形式注入其内部机构的过度杠杆行为。四是对投资者保护不利风险。理论上金融控股集团会追求内部的协同效应，获取更高收益。该协同效应是指公司各部门间通过内部合作创造比独立经营更多收益的效应。然而，在实务当中，这种协同效应无法满足集团的疯狂逐利心理和欲望。伴随着强烈冲动与缺乏理性的行为，集团利用内部业务的交叉进行监管套利。加之其经营规模大、复杂性高以及业务交叉性强的特点，其风险更加突出。

综上所述，混业经营虽然是发展趋势，但仍面临很多的问题，主要是来自集团内部及监管层面，但只要监管工作做得足够好，集团内部的问题也将迎刃而解。

3. 优化监管措施

第一，全面强化机构监管、行为监管、功能监管、穿透式监管、持续监管，为构建新发展格局，推动高质量发展提供有力支撑和坚强保障。2023 年 5 月国家金融监督管理总局的挂牌，意味着中国金融领域的双峰监管体系更加凸显。除国家金融监督管理总局外，央行主要负责货币政策和宏观审慎监管；证监会负责资本市场监管，增加企业债券发行审核等职责。这种分工格局，有助于减少监管空白和监管交叉，强化行为监管和功能监管。

第二，完善相关立法。虽然我国在过去 40 年已经对各个行业建立了法律体系，但随着混业经营的逐步深入，我国的相关法律也应当做出相应调整，做好监管的顶层设计，适度放开相关法律约束，支持我国金融机构向混业经营发展，审慎展开有关混业经营的立法工作，对混业经营的机构进行规范和监督，为其行为提供法律依据。

第三，建立机构内部防火墙，以达到隔离风险快速传染的目的。进行“穿透式”监管，准确把握各项金融业务的实质，通过穿透连接的方式将资金来源、中间环节及最终流向等各个步骤信息综合起来判断业务特性，执行相应监管措施。同时，互联网金融下的混合经营有时会利用不同业务进行关联交易，产生利益输送行为，造成风险的交叉溢出，扰乱公共市场秩序，因此对于互联网金融企业的监管应当更加谨慎与细致，严格账户管理，针对从事不同金融业务的主体实行差别化监管，并与地方政府进行协同配合，厘清整治责任，实施“穿透式”监管。

第四，加强信息披露。混业经营下企业经营业务多样使监管机构无法准确了解其内部运行状况，使企业容易在信息披露环节隐藏部分对其不利的信息，进而蒙蔽监管机构的视线。因此，混业经营下企业更应该被要求披露完整信息，监管机构也应当对披露信息进行有重点的关注，包括风控部门及业务部门的披露信息等。只有提高信息披露的程度，才能提高其相关性与可持续性，抑制金融机构主观进行高风险投机的非理性行为，提高监管体系与金融系统的稳定性。

8.6.2　夯实稳定金融市场运行举措

金融市场在现代宏观经济中立于核心之位，金融稳，则意味着宏观经济稳。因此应当做好稳定金融的工作，夯实金融市场运行举措，明确稳金融的着力点，既积极稳妥推出稳金融短期举措，又着力构建稳金融长效机制，夯实稳金融的经济制度基础，完善稳金融的宏观经济政策框架，健全金融风险应对机制，推动经济高质量发展。

2021 年，我国对一年来的金融风险防范工作做出总结，指出“金融风险攻坚战取得重要阶段性成果”。并且得益于疫情防控的有效措施，我国的各个市场也逐渐恢复到疫情前的运行状况，但由于信用风险的释放一般滞后于实体经济，资产劣变压力仍存。

为应对金融市场存在的潜在风险，金融机构已开始着手准备，一方面，对机构开展前瞻性评估，出于抵御风险目的增加拨备计提与不良处置力度；另一方面，开辟更多补充资本金的方法和渠道，通过永续债、优先股及二级资本债的发行对资本金进行补充，增强金融机构抵御风险的能力。

2022 年 3 月，国务院金融稳定发展委员会专题会议对我国目前的经济形势及资本市场问题进行了讨论和研究，表示目前应该保持经济在合理区间运行，资本市场的稳定运行也同样不容忽视，要高度重视全球经济形势对我国金融资本市场的各方面影响，尤其是在我国各地疫情有所反复的时候。

2022 年 4 月 6 日，央行起草了《中华人民共和国金融稳定法（草案征求意见稿）》，目的是稳定金融环境，减缓房企债务危机的持续蔓延和中概股的重创，以房地产市场和资本市场为主，防范金融风险。2021 年下半年以恒大为首的房企“爆雷”及债务违约事件引起了广大投资者的抛售潮和中央的警惕。2022 年 3 月，《政府工作报告》提出“设立金融稳定保障基金，发挥存款保险制度和行业保障基金的作用，运用市场化、法治化方式化解风险隐患，有效应对外部冲击，牢牢守住不发生系统性风险的底线”。虽然近年来我国设立了多个保障基金，但主要是针对单个行业，在面对重大危机事件时防范和处置能力有限，因此金融稳定保障基金的设立能够及时地全面地接管问题机构，点对点高效处理风险点，控制风险的传播范围。同时，该基金可以与行业保障基金等各类基金相互补充，在危机发生时，既能从宏观层面进行处理，又能对个体风险进行处置。

未来我国应当更多地利用稳健性货币政策支持实体经济，畅通利率传导渠道，提高货币政策的信贷传导效率，注重货币与财政政策的配合与协调，以金融稳定为目标将多种货币政策（降息降准等）与财政政策良好配合，保持足够的流动性和社会信贷与融资的适度增长，支持经济和金融市场的稳定恢复与发展。

8.6.3 完善地方政府绩效考核方式

《中华人民共和国国民经济和社会发展第十四个五年规划和2035年远景目标纲要》提出实施金融安全战略，稳妥化解地方政府隐性债务。近年来我国地方政府债务规模的扩张趋势迅猛，据财政部统计，截至2022年末，全国地方政府法定债务余额35.1万元，加上纳入预算管理的中央政府债务余额25.9万亿元，全国政府债务余额61万亿元。和2021年的全国地方债务余额30.47万亿元相比，全国地方债务余额同比增加15.20%。总体规模仍在扩大，目前地方政府显性债务在警戒线附近游走，债务结构在各地方的分布极不均衡，广义债务规模巨大。地方政府的借债行为主要用于地区经济建设，某个地区由于借债行为经济在短期内获得较好的发展会使邻近地区选择效仿该地区政府的借债行为发展地方经济，导致其过度负债。这种无序的效仿会导致银行信贷资源的错配，扩大系统性金融风险。

针对此类现象，我们认为应当从地方政府绩效考核方式下手，全面考虑地方政府政绩，不仅仅以单一的经济增长率作为地方政府绩效好坏的评价标准，而是综合考虑多个方面，如人民福祉、绿色经济与发展、基础设施建设、地方犯罪率、重大战略支出、收入质量、政府债务管理、公众满意度与风险水平等，合理划分中央和地方政府的财权责任，从根本上抑制官员此类行为所造成的风险扩大的现象。

党的十八大以来，我国一直致力于完善政府绩效管理，2018年《中共中央 国务院关于全面实施预算绩效管理的意见》发布，其中指出，“构建全方位预算绩效管理格局”“将各级政府收支预算全面纳入绩效管理”。2015年财政部印发《2015年县级财政管理绩效综合评价方案》，从县级政府的收入质量等6个方面设置了统一的评价标准。从2020年，我国在原有的绩效管理考核范围中纳入资金使用总体效果，形成了囊括财政预算管理和以地方政府目标责任为核心的社会事业管理的政府绩效评价体系与链式的绩效管理体系。

但从实际情况上看，统一的绩效评价体系并未真正落实，也未形成统一的思维方式对地方政绩进行评价，其评价指标的具体设计环节会受部门影响力与地方财政运行状况等多因素影响，而各地方政府的评价体系由于经济水平发展不均、资源分配不平衡及地方产业结构的不同与其总体评价指标有较大差异。综上所述，我们认为对于地方政府绩效评价体系的建立应当以综合性、科学性、合理性、及时性及实用性作为基本原则，构建能够真正反映地方财政运行水平与效率、经济增长与绿色发展相平衡与廉政程度的指标体系，采用更多可以准确量化的指标而非主观定性的指标对地方政府绩效进行评价，并兼顾其绩效产生的合规性，注重绩效产生的过程，确保数据的真实合规与法律效力。与此同时，应当将绩效评价信息作为实施政策调整、人事升迁、收支及预算管理、资源配置等的重要根据，防止由绩效评级体系做出的评估结果仅仅停留在数据层面，成为短期临时活动和面子工程，实现绩效评价管理的正面作用，促进地方政府的绩效改进工作，形成绩效评价管理的闭环，推动地方经济发展。

此外，应该加强地方政府官员的管理，避免出现因人事问题产生的“新官不理旧账”及“人走政息”问题，将地方政府政绩的蓝图一绘到底。

8.6.4 进一步提高金融服务实体经济的能力

我们认为，金融存在的根本目的便是服务于实体经济，二者共荣共生。实体经济是我国经济的命脉，2017 年全国金融工作会议中提出要让金融回归本源，更好地服务于实体经济，将其作为发展金融的落脚，二者相辅相成，共同发展。银行等金融机构将会通过为企业在融资、投资、储蓄、贷款、结算、保险、IPO、证券买卖及金融信息咨询方面提供服务，促进资金配置到更被需要的行业与企业，促进其良好发展，为实体经济注入活力，提升其收益和效率。党的十九大报告中也提出要“深化金融体制改革，增强金融服务实体经济能力”，因此金融资源应当着重服务于实体经济，在注重各地金融发展的同时，还应该注重金融资源在实体经济上的配置问题。

但随着我国的经济发展形势出现变化，金融供给力度不足导致了供需结构性失衡，随着金融衍生工具的快速发展逐渐出现资本“脱实向虚”倾向、资源在市场空转现象，金融资源向实体经济的投入比例有所减少，影响了实体经济的发展效率。据不完全统计，银行等金融机构同意我国中小企业贷款审批的比例约在 50%以下，即剩余一半以上的中小企业向银行的贷款申请均被拒绝。中小微企业融资难一直是我国重视的大问题，金融机构在疫情背景下对中小微企业的前景预期不足，加之近几年地方政府债务高企，占用金融机构贷款额度，使得金融机构更愿意将资金投入房地产等虚拟收益较高的行业，减少对中小微企业的融资。潘海峰等指出金融资源的错配导致了金融业发展对实体经济发展效率的提升作用并不显著，更多的金融资源虽然进入实体经济，但并未进入中小企业及高新技术产业，反而进入了传统高耗能产业之中，未能有效促进实体经济的高速发展[214]。除此之外，我国金融服务实体经济的质量存在缺陷，传统贷款模式已不再适合如今新兴科技行业，其对前期资金投入要求高、资金回流速度缓慢的特点使得融资成本与财务风险增加。

针对以上金融服务实体经济过程中的不足和问题，我们认为国家应当适当发挥监管作用，利用法律法规对金融机构实施强制措施，对其贷款对象中包含的中小微企业及实体经济企业的比例和质量设定最低标准，以此作为金融机构的考核内容之一，积极提高金融机构服务实体经济的主动性，促进金融机构与实体经济之间的联动与交流，形成良性循环，抑制其为追求高收益将金融资源投入虚拟经济，增大其内部风险；各类金融机构应积极进行金融产品的创新，对于不同类别的企业提供多种不同的贷款方案供其选择，如为新兴科技企业的贷款向政府申请免税或减息，为制造业企业提供抵押贷等。以供给侧结构性改革为视角拓宽企业融资渠道，使企业能够在把控自身经营风险及财务风险的同时，对投融资结构进行合理高效的安排，使其在控制风险的情况下让自身的效益达到最大。

近年来，随着互联网的快速崛起，金融机构也从中获利颇多，其利用基于人工智能、大数据和区块链等互联网技术的金融科技手段实现了内部风险评估、企业信用评估等工作，科技手段应用于交易结算、零售银行、保险、财富管理、借贷融资、支付清算等领域，为金融机构的经营提供了巨大便捷。如今金融科技的手段不断发展，金融机构可以更多地依赖于金融科技、更加客观地评价企业的信用及风险水平，对不同水平的企业采取不同的利率、还款期限及最大贷款额度，公平对待各类企业，公开评估结果，在控制自身风险的同时，将资金更多地投入实体经济与中小微企业中。但互联网技术的兴起也伴随着一系列的信用风险问题，P2P 平台频繁爆雷及网络监管空白现象频出，给金融市场造成不良影响，因此应将网贷机构、中小企业及用户信息纳入征信系统，提升企业透明度，强化数字服务金融的能力，减小金融市场风险。

8.7 本章小结

总体来看，本章主要从监管体系视角对如今的金融市场进行分析和解读。在中国金融审慎监管和货币政策的“双支柱”决策下，总结了我国金融标准建设的进程，说明了我国金融市场正在向数字化方向发展，逐渐建立标准化体系，加强对金融市场的监管措施，推动金融市场健康发展。虽然在过程中仍存在一定的缺点和不足，但我国央行与政府也一直在积极地进行改进，落实标准化建设的具体措施。

接下来，对我国的监管框架进行简要分析，指出我国已经从高速发展转为高质量发展，经济环境也将受到诸多因素的制约。在此情况下可能会推动宏观杠杆率的上升，因此更应当注重金融监管，对其进行完善。本章从监管体系、内外部协调治理、风险评估与信息披露机制及金融监管权的合理分配四个方面，提出了对金融监管框架改革与促进的措施。此外，本章还考虑到财政与货币政策的协同问题，基于学者们的观点讨论了二者的动态互补替代关系。在面对不同的宏观经济问题时，二者发挥着不同的作用，也就自然表现出差异化的关系，并对二者之间的协同机制提出了完善措施，助其良好配合，实现作用最大化。

为更好地监管金融市场的风险状况，对英国、美国、中国的压力测试机制的发展和完善进行了分析和总结，研究了各国用于压力测试的模型。虽说压力测试主要分为两种，一是模拟冲击情景，研究金融体系受到的影响，二是对多市场多维度指标进行合成，但模拟情景和加权方式的不同使得压力测试方法多样化。每种方法都各有优劣，其中 CISS 方法建立了动态的测度模型，对新增数据进行递归处理，并根据市场关联度及波动性大小对指标进行赋权，最终合成效果良好。

最后，从混业监管、稳定金融、地方政府绩效及金融机构服务社会的角度，对如何更好地发展和稳定金融市场，让金融市场在宏观经济中发挥积极正向的作用提出政策建议，希望未来我国监管机构可以精准把控风险点，制止系统性金融风险，以免给宏观经济造成负面影响。

第 9 章　结论与展望

9.1　主 要 结 论

本书以软科学的研究视角，从驱动因素本质维度解析系统性金融风险形成的内在根源（第一维），从责任分担维度探讨系统性金融风险防控的有效手段（第二维），从政策协同维度分析系统性金融风险防控的保障体系（第三维）。进而通过“三维”系统分析为我国系统性金融风险防控提供一些视角、方法和政策层面的借鉴，主要研究结论有以下几个方面。

1）有关中国系统性金融风险总体水平测度及变迁趋势研究

本书首先对我国系统性金融的总体状况进行了分析，在对我国系统性金融风险的演化机理推演的基础上，分析了我国系统性金融风险不断积累的重点领域，并针对当前易触发系统性金融风险的领域进行了重点分析。然后运用主成分分析法构造金融压力指数 FSI，进而对我国系统性金融风险总体水平进行测度，并对未来变迁趋势进行了分析。

实证研究的主要结论如下：我国系统性金融风险不断积累的重点领域包括宏观经济领域、金融体系内部及国际金融外部风险等领域。宏观领域涉及地方政府债务、房地产价格泡沫、非金融机构的高杠杆等风险，金融体系内部主要有银行流动性危机、影子银行风险、金融工具创新的风险，从外部风险溢出来看，主要有短期资本流动及人民币贬值风险、金融市场的国内外交叉传染。从金融压力指数 FSI 波动趋势看，我国系统性金融风险总体可控，但受到疫情及地缘政治、军事冲突等外部系统性因素的干扰，目前我国系统性金融风险正在向以下领域集中，具体包括：房地产企业的债务危机、地方城投债的违约、国内资本市场做空风险及投资者信心严重不足等。

2）有关中国系统性金融风险关键驱动因素的研究

对系统性金融风险关键驱动因素的研究是系统性金融风险责任分担和政策协同的基石。本书通过对国内外文献的梳理和总结，从宏观经济环境风险、金融体系内部风险积累和利益相关群体非理性行为三个维度分析系统性金融风险的驱动因素，构建了包括 10 个二级指标，共 29 个三级指标的系统性金融风险测度指标体系，并详细地分析了 10 个二级指标对系统性金融风险的传染机制。然后采用主成分分析法，选择样本 2007~2021 年的区间季度数据，基于选取的 29 个指标，选取少数主成分来代表多数指标所包含的信息，分别衡量三个层面的风险综合指数，并绘制出各自的时间序列图。

实证研究的主要结论如下：主成分分析法合成的各维度综合指数和系统性金融风险的综合指数能较好地反映 2007~2021 年各维度的风险情况及系统性金融风险的变化情况，与实际的宏观经济状况和金融风险积累相符合。但是我国系统性金融风险的驱动因素在不同时间段的影响程度并不完全相同，总体看来，影响程度依次为宏观经济环境 > 金融体系内部风险积累 > 利益相关群体非理性行为，宏观经济环境对系统性金融风险的影响最大。

3）有关中国系统性金融风险防控责任分担的研究

本书基于金融分权理论框架，从我国地方政府行为的视角研究我国区域性金融风险的生成机制。通过对我国经济金融实际运行情况的分析，指出我国区域性金融风险的生成具有特殊性，即我国地方政府行为是导致区域性金融风险生成的重要力量。然后构建 SFRII 来判断风险所处等级，并根据 SFRII 所处范围，把系统性金融风险的状态分为四个等级，分别是安全、低风险、中风险、高风险。最后通过对我国不同地区的系统性金融风险进行测度，划分相应的风险等级，并分析不同责任防控区的风险来源。

实证研究的主要结论如下：样本期内我国平均 SFRII 均小于 1，我国金融体系总体上是比较稳健的。从风险等级在空间上的分布来看，我国中风险省级区域在逐渐增加，数量最多，还出现 3~4 个高风险省级区域，这说明我国近几年系统性金融风险在逐渐增大。根据测算结果，2017~2021 年的风险较高，因此依据这五年的平均 SFRII 来划分系统性金融风险防控责任区。长三角地区，东北三省和部分中西部地区湖南、湖北、重庆、新疆、江西等属于中低风险区，是防范系统性金融风险的次要责任区。北京及东部地区的安徽、福建、广东、山东、河北和中部地区的河南、山西、陕西、四川为低风险区，属于防范系统性金融风险的一般责任区。

4）有关中国系统性金融风险防控政策的协同效应分析

政策协同可以缓解政策冲突，提升政策效能，最大化公共利益。本书基于协同学理论，以某三角洲地区为例，对 2011~2021 年我国系统性金融风险防控政策进行了统计和量化分析，随后运用复合系统协同度模型对各级各类金融风险防控政策的协同效应进行了评价研究。

实证研究的主要结论如下：该三角洲地区系统性金融风险防控政策的地方制

定主体联合发布的政策极少，主体间的协同程度较低，而国家层面的防控政策制定主体联合发布的政策较多，联系较为密切，协同程度较高。防控政策的年度发布数量总体上随着时间不断增加，防控政策体系正在不断地扩充，也在不断调整和完善。从政策区域和政策内容的类型两个角度分析，该三角洲地区系统性金融风险防控政策的协同效应在2011~2021年总体上都是波动的，全国与地方、地方与地方之间的政策协同并不良好，但区域内意见指导性政策和规范措施性政策之间的协同发展的表现和未来预期是积极乐观的。

5）有关系统性金融风险防控的全球案例比较

无论是2008年次贷危机、2009年欧债危机还是1997年的亚洲金融危机，发展初期皆为流动性危机，此后的资产负债表衰退以及债务—通缩循环则是金融危机向经济危机传递和转化的重要表征。从本质上来看，金融危机皆源自货币超发、金融自由化、监管缺位、金融信贷失控及资本市场的持续做空。

通过对近年来国际主要金融危机事件及其系统性金融风险防控失效原因的分析，可以得出如下结论：第一，高财务杠杆是每次重大危机爆发的首要驱动因素。这三次的国际危机也都是由于本国企业或者金融机构存在着严重期限错配的高杠杆债务，叠加监管部门主动或被动地放松监管，听任其发展。这些导致该国严重的资产泡沫，以至于危机爆发时政府财政政策干预的空间有限甚至财政政策无能为力。第二，对于风险爆发是否会最终演化成系统性金融风险或者经济危机的判断存在较大难度。政府各部门之间的信息并非完全共享，相关监管部门对金融市场的情况不完全明了，叠加决策层对风险传染机制缺乏详尽的理解，这些都会导致判断失误，进而导致危机干预的失误或者失败。第三，存在规模较大的不良资产未被及时识别。危机爆发前的金融市场具有很多的相似特征，一般都存在着规模巨大的不良资产和坏账。例如，美国的房地产及其对应的住房信贷资产证券化产品、欧洲的主权债务、东南亚各国的房地产资产和主权债务等。这些巨额的不良资产都直接或者间接地与金融机构特别是商业银行的表内或表外的高杠杆债务操作密不可分。第四，危机爆发初期的政府部门往往在政策应对方面存在着明显的预判和失误。例如，美联储和美国财政部当时都认为次贷风波引发的债务违约不会超过3 000亿美元；欧盟则认为希腊债务危机问题的影响及危害不大；东南亚金融危机起初被认为是一个“小瑕疵”，并且大多数政府在初期都未能准确地预测危机的演变趋势，因此耽误了早期干预的最佳机会，最终导致危机的蔓延和深化，乃至对系统性金融风险走向的防控失效。第五，国际信用评级机构的评级调整行为可能助推危机恶化。例如，次贷危机中的三大评级机构对美国保险集团等重要金融机构的信用等级的反复下调、欧债危机中三大评级机构对欧元区各成员国主权信用等级的反复下调，这些行为都成了危机爆发或深化的重要助推剂。

6）有关系统性金融风险防控制度安排与对策建议

本书在我国金融审慎监管和货币政策的“双支柱”决策下，梳理了我国金融标准建设的进程，阐释了我国金融市场的数字化发展方向，以及逐步建立和完善金融标准化体系的必要性和重要性。从监管体系、内外部协调治理、风险评估与信息披露机制及金融监管权的合理分配四个方面，提出了对金融监管框架改革与促进的具体措施。接着，还就监管政策与货币政策的协同问题，对二者的动态互补替代关系进行了讨论，对完善压力测试机制以应对潜在金融风险提出建议。最后，针对系统性金融风险的防控，主要从强化监管和监测机制、加强资本充足性和风险管理及改进金融机构监管和激励机制三个方面给出对策建议，这些对策建议旨在提高金融市场的稳定性和抗风险能力，确保金融市场在宏观经济中发挥积极正向的作用。同时，这些对策建议需要监管机构、金融机构和政府部门的共同努力来实施和落实。

9.2　政 策 启 示

目前中国的金融监管体系尚处于分业监管体系向综合监管体系过渡的时期，国家金融监督管理总局与证监会监管的分业监管体系的特点是监管部门各自专注于某一块业务或某一两类金融机构和领域，因此，对金融监管当局的整体要求尚不太高。然而，随着金融工具创新的发展，金融业务日益复杂，即便是在当前分业经营的法律框架体系下，依然存在金融行业混业的可能性，金融机构之间可以通过业务或者资本的纽带进行相互渗透，此时分业监管体系所带来的监管真空就会呈现越来越多的趋势，综合金融监管的需求就越来越强烈。在中国当前的金融监管体系下，仍然可以通过以下措施不断完善中国的金融综合监管体系。

第一，金融机构信息报告系统。当前中国分业金融监管体系存在两大问题：一是监管真空；二是多头管理。前者指的是在分业监管体系下，一些金融创新业务会因为监管划分不清而成为金融监管的真空地带，这将使一些潜藏风险的金融业务或金融机构游离在监管者视线之外；后者让同一家机构同时面对数个金融监管部门，报送不同类型但实质内容相近的报表，造成资源的浪费。如果将所有金融机构都纳入一个规范、统一的信息报告系统作为金融监管部门的信息共享系统，将解决当前中国金融监管体系存在的上述两大问题。

第二，金融监管部门间的联合监管。联合监管机制即用制度明确各监管部门的合作义务与责任，建立监管协调委员会，定期召开监管信息交流研讨会，建立金融危机应急监管指挥中心，这个中心可以是独立的部门，也可以与监管协调委员会重合，即一班人马两种职责。监管合作的制度化可以避免各监管机构之间相互推脱监管义务或者是在问题出现后推脱自己的监管责任。建立监管协调委员会，定期召开监管信息交流研讨会，能够方便各金融监管部门的交流与合作。金融危机应急监管指挥中心有利于对危机事件的快速响应。

第三，监管人员综合素养提升。监管人员的业务素质是金融监管效力发挥的基础。中国金融业务复杂程度在提高，对金融监管人员业务素质的要求也更高。例如，银行业的监管人员如果不懂证券业、保险业金融机构的运行机制与风险形成机制，那么他们也就没有能力对银行业实施全面监管，而且在金融监管协调工作中也缺乏合作的知识基础。同样，保险业、证券业的监管者如果不懂其他金融子行业，结果也一样。

中国经济面临着国内外问题。解决内部结构、制度和管理问题是规避外部风险的有效途径。通过中短期宏观政策稳定国内经济趋势，抵御外部经济和贸易冲击的负面影响。中美贸易摩擦表明，虽然相关禀赋资源有限，但经济体面临来自不断变化的金融市场和投资者信心的贸易摩擦压力，既阻碍了国家金融监管政策的改革，也导致国内民营企业不清晰的定位政策。事实证明，我们在把握主要矛盾的同时，必须以高度开放的方式推动金融和经济改革的深化，以金融和经济的高质量发展抵御外部冲击。

本书以促进我国系统性金融风险防控政策的协同发展为目标，政策建议方面包括加强政策制定主体间的相互协调、联系和合作。我国各地区内部的各个政策制定主体要加强协同，如某三角洲地区三省一市之间的政策制定主体的协同，以及该三角洲地区地方的政策制定主体与国家层面政策制定主体的协同。中央与地方之间、地方与地方之间政策制定部门联系加强，有助于联合决策，在系统性金融风险防控政策的制定上更具科学性、合理性、一致性。同时要进一步加强系统性金融风险防控政策内容制定的协同。防控政策的协同，需要增加全国和地方政策在指定内容上的针对性和有序性。防控政策针对的风险问题和施策方面能够相互协调配合，使整体防控政策系统更加完善和全面。防控系统性金融风险的意见指导与规范措施能够进一步相互匹配、对应。同时，地方性政策尤其要“因地制宜”,这也需要政策制定过程中对区域内部存在的系统性金融风险隐患有充分的关注和研究，从而“精准拆弹”，促进地方性防控政策子系统内部的进一步优化。

9.3　研究展望

9.3.1　研究不足

首先，本书在研究方法方面采用金融压力指数，能够度量系统性金融风险的大小，该指标可以直观地反映系统性金融风险的变化趋势，以及用于比较地区之间系统性金融风险的相对大小。但是金融压力指数并不能告诉我们当指数值多大时会引发巨大损失，或者爆发金融危机。为此，本书创新性地构建了系统性金融风险识别指数，该指数虽然克服了金融压力指数的缺陷，但并未考虑国际金融环境的变化，事实上由于国际外部冲击对整个国家产生影响，汇率、国际贸易等相关数据仍然会对此系统性金融风险产生较大影响。

其次，在研究系统性金融风险产生的内在驱动因素时，这些因素既是后续防控责任分担考虑的重要约束，也是制定防控政策措施的重要导向，在这方面本书仅在空间上对导致区域性金融风险差异的动因进行横向分解（空间分解），缺乏在时间上对系统性金融风险进行纵向分解（时序分解），虽然总体上明晰系统性金融风险产生的本质动因及其贡献度，但考虑到区域间金融机构风险转移的情况，如果能结合"时序分解"和"空间分解"及风险关联情况，开展"综合分解"分析，得出的结果将更加系统和全面。

再次，在系统性金融风险防控责任分担的研究中，还可以结合系统重要性金融机构的风险特征，基于公平性、效率性和可行性原则，对我国系统重要性金融机构风险依据不良贷款率、杠杆率、流动性比率等指标进行测度，并对系统重要性金融机构风险的安全边际进行界定，然后依照区域系统性金融风险的等级将防控目标在空间上分配给各区域系统重要性金融机构（空间责任分担）；接着各区域结合自身经济发展、结构调整等规划，将本区域一段时间内的风险控制目标在时间顺序上进行分配（时序责任分担）；最终能结合国家和区域经济发展与系统性金融风险防控的多情景规划对责任分担进行模拟和比较。

最后，在对系统性金融风险防控政策协同度进行研究时，仅选取了 16 个较为主要的国家和地方层面的政策主体制定的政策，在政策制定颁布主体的考察方面不够全面，这间接导致相关类型政策的搜集和整理没有囊括到实际时间内所有的地区系统性金融风险防控政策。另外，采用政策内容分析法，建立政策量化指标评价标准并请研究人员评分，仍较为主观，得到的政策数据存在一定程度的人为主观性质的误差。因此，希望未来的系统性金融风险防控政策协同效应研究可以在政策量化评价方法进步的基础上，选取更全面的政策制定颁布参与主体，进行更完善和准确的协同效应实证分析。

9.3.2 未来展望

截至目前，虽然中国并未发生真正意义上的全局性金融危机，但这并不意味着中国不存在系统性金融风险。本书在回顾国内外相关文献和方法的基础上，构建了能够实时衡量中国金融体系风险的金融压力指数。该指标的构建可以作为我国金融监管机构监测金融体系风险的参考工具，也可以为进一步研究我国金融风险预警体系的构建提供有益的参考。针对系统性金融风险的测度而言，后续可以通过动态的测试方法持续追踪金融机构的压力指数。

为应对当前日益复杂化、国际化的金融体系，金融监管改革趋势已然变为金融综合监管。在此形势下，美国、德国、英国和日本已经采取了综合监管模式。在综合监管的模式下，美国是将美联储的综合监管和其他监管机构的专业监管相结合，其他国家则为独立于央行的综合监管机构与央行合作进行监管，分业监管的法国正在考虑向综合监管转变。美国金融危机发生后，美国的金融监管改革进一步强化了综合监管，以努力克服监管真空和监管重复。国际上化解与控制金融危机和防范系统性金融风险的经验，为我国系统性金融风险防控提供了借鉴。

在当前形势下，我国应建立完善的金融风险防控体系。建立金融风险度量和预警指标体系和经济结构监管体系，逐步改革开放金融市场；完善金融风险防范体系、规范统一的金融机构信息报告体系和金融业统一监管机制。综上，在结合中国金融、经济发展特点、中国系统性金融风险的传导特征和中国系统性金融风险的现实状况，借鉴系统性金融风险防控全球经验的基础上，未来中国系统性金融风险防控总体会往更好的方向发展。

参 考 文 献

[1] 张影. 我国四部门金融杠杆对系统性金融风险的影响——基于空间溢出视角[J]. 财经理论与实践，2022，43（4）：18-25.

[2] 江红莉，蒋鹏程. 实体经济部门杠杆的溢出效应及对系统性金融风险的传导研究[J]. 金融监管研究，2019，（6）：103-114.

[3] 陈建青，王擎，许韶辉. 金融行业间的系统性金融风险溢出效应研究[J]. 数量经济技术经济研究，2015，32（9）：89-100.

[4] 陈云，陈浪南，林鲁东. 人民币汇率与股票市场波动溢出效应研究[J]. 管理科学，2009，22（3）：104-112.

[5] 刘超，刘彬彬. 金融机构尾部风险溢出效应——基于改进非对称 CoVaR 模型的研究[J]. 统计研究，2020，37（12）：58-74.

[6] Zhang P，Xiong Y，Xiong Z，et al. Designing contracts for a closed-loop supply chain under information asymmetry[J]. Operations Research Letters，2014，42（2）：150-155.

[7] Damjanovic T，Ulph D. Tax progressivity，income distribution and tax non-compliance[J]. European Economic Review，2010，54（4）：594-607.

[8] Charkham J. Corporate governance：lessons from abroad[J]. European Business Journal，1992，4（2）：8-17.

[9] Freeman R E. Strategic Management：A Stakeholder Approach[M]. Boston：Pitman，1984.

[10] 贾生华，陈宏辉. 利益相关者的界定方法述评[J]. 外国经济与管理，2002，（5）：13-18.

[11] Tufano P. Financial innovation[C]//Constaintinides G M，Harris M，Stulz R M. Handbook of the Economics of Finance. North Holland Publisher，2003：307-335.

[12] Kaufman G G，Scott K E. What is systemic risk，and do bank regulators retard or contribute to it[J]. The Independent Review，2003，7（3）：371-391.

[13] Minsky H. The financial instability hypothesis[R]. The Levy Economics Institute Working Paper，1992，74：1-8.

[14] FSB，International Monetary Fund，Bank for International Settlements. Guidance to assess the systemic importance of financial institutions，markets and instruments：initial considerations-background paper[R]. Report to the G20 Finance Ministers and Central Bank Governors，2009.

[15] 贾清显，陈妍. 商业银行金融创新与金融风险内部控制——基于雷曼的案例分析[J]. 生产力研究，2010，(3)：85-87.

[16] Benoit S，Colliard J E，Hurlin C，et al. Where the risks lie：a survey on systemic risk[J]. Review of Finance，2017，21(1)：109-152.

[17] Oet M V，Dooley J M，Ong S J. The financial stress index：identification of systemic risk conditions[J]. Risks，2015，3(3)：420-444.

[18] Acharya V V，Pedersen L H，Philippon T，et al. Measuring systemic risk[J]. The Review of Financial Studies，2017，30(1)：2-47.

[19] 张宗新. 金融创新、监管协同与系统性风险控制[J]. 浙江工商大学学报，2010，(6)：44-50.

[20] 陈映希. 小微金融产品创新与信用风险管理[J]. 中小企业管理与科技(下旬刊)，2016，(7)：31-35.

[21] 牛华勇，闵德寅. 互联网金融对商业银行的影响机制研究——基于新实证产业组织视角[J]. 河北经贸大学学报，2015，36(3)：66-71.

[22] 陈飞跃. 系统性金融风险的测度及其应用[J]. 市场周刊，2020，(6)：145-146.

[23] 曹晓飞，赵芬芬，万月亮. 房地产价格波动与系统性金融风险[J]. 技术经济与管理研究，2020，(2)：71-76.

[24] 李红权，何敏园，严定容. 国际金融风险传导的微观经济基础研究：基于公司数据角度[J]. 金融评论，2017，9(5)：58-72，125.

[25] 王策. 银行柜面操作风险的成因与控制措施分析[J]. 大众投资指南，2019，(10)：261.

[26] 仲文娜，朱保华. 中国金融体系压力指数构建及有效性检验[J]. 上海金融，2018，(9)：15-22.

[27] 何青，钱宗鑫，刘伟. 中国系统性金融风险的度量——基于实体经济的视角[J]. 金融研究，2018，(4)：53-70.

[28] 徐国祥，王莹. 中国上市银行系统重要性指数构建及评估[J]. 经济管理，2018，40(3)：40-56.

[29] 梁斯. 中国金融风险的量化与测度——基于货币结构的视角[J]. 金融经济学研究，2016，31(5)：3-12.

[30] 李政，梁琪，方意. 中国金融部门间系统性风险溢出的监测预警研究——基于下行和上行ΔCoES 指标的实现与优化[J]. 金融研究，2019，(2)：40-58.

[31] 郭娜，祁帆，李金胜. 中国系统性金融风险度量与货币政策影响机制分析[J]. 金融论坛，2020，25(4)：49-60.

[32] 戴淑庚，余博. 资本账户开放会加剧我国的系统性金融风险吗——基于 TVP-FAVAR 和 SV-TVP-VAR 模型的实证研究[J]. 国际贸易问题，2020，(1)：159-174.

[33] Masciandaro D，Passarelli F. Financial systemic risk：taxation or regulation?[J]. Journal of Banking & Finance，2013，37：587-596.

[34] Iqbal J，Strobl S，Vähämaa S. Corporate governance and the systemic risk of financial institutions[J]. Journal of Economics and Business，2015，82：42-61.

[35] Arnold B，Borio C，Ellis L，et al. Systemic risk，macroprudential policy frameworks，monitoring financial systems and the evolution of capital adequacy[J]. Journal of Banking and Finance，2012，36（12）：3125-3132.

[36] 王嵩青，田芸，沈霞. 征信视角下 P2P 网贷模式的信用风险探析[J]. 征信，2014，32（12）：49-52.

[37] 刘著，袁艺芮. 我国系统性金融风险的分析与防控——基于杠杆作用[J]. 今日财富（中国知识产权），2021，（9）：61-63.

[38] 姚星垣，郭福春. 构建浙江省区域金融风险预警体系研究[J]. 浙江金融，2008，（5）：17-19.

[39] 纪阳. 对我国区域金融风险成因及防范的研究[J]. 经济研究导刊，2011，（8）：117-119.

[40] 吴诗伟，朱业. 互联网金融创新与区域金融风险的实证研究[J]. 金融与经济，2015，（10）：53-58.

[41] 石润，潘焕学. 我国区域金融风险的防范与化解策略研究[J]. 区域金融研究，2014，（11）：4-7.

[42] WeiB G N F，Bostandzic D，Neumann S. What factors drive systemic risk during international financial crises?[J]. Journal of Banking & Finance，2014，41：78-96.

[43] Castiglionesi F，Eboli M. Liquidity flows in interbank networks[J]. Review of Finance，2018，22（4）：1291-1334.

[44] Christophers B，Leyshon A，Mann G. Money and Finance after the Crisis：Critical Thinking for Uncertain Times[M]. Bridgewater：John Wiley & Sons，2017.

[45] 时璐. 中国互联网金融监管创新研究[D]. 河南大学硕士学位论文，2015.

[46] 封佩锋. 大数据时代互联网金融风险防控方法略谈[J]. 现代营销（下旬刊），2017，（8）：161-162.

[47] 彭芳春，宋扬. 基于金融创新的我国金融风险管理[J]. 中外企业家，2017，（21）：68-70.

[48] 叶思晖，樊明太. 宏观审慎监管、货币政策和经济效果评价[J]. 金融理论与实践，2019，（11）：66-74.

[49] 杨祖艳，靳睿，彭丽丽. 全球金融治理体系改革研究——基于金融周期视角[J]. 金融理论与实践，2019，（12）：104-110.

[50] 吴婷婷，项如意. 系统性金融风险防控：国别经验与政策启示[J]. 金融理论与实践，2020，（11）：36-44.

[51] 苗文龙，闫娟娟. 系统性金融风险研究述评——基于宏观审慎监管视角[J]. 金融监管研究，2020，（2）：85-101.

[52] 何剑，祝林，郑智勇. 结构性货币政策与金融机构风险——基于 TVP-VAR 模型的实证研究[J]. 金融发展研究，2020，(9)：3-12.
[53] 王营，曹廷求. 中国区域性金融风险的空间关联及其传染效应——基于社会网络分析法[J]. 金融经济学研究，2017，32(3)：46-55.
[54] 马天禄，陈双，胡丕吉. 区域银行业压力与金融风险预警研究——以湖南为例[J]. 金融发展评论，2014，(2)：85-100.
[55] 冶晓东. 系统性金融风险防控及对策——以青海省玉树州为例[J]. 青海金融，2021，(2)：62-64.
[56] 巴塞尔银行监管委员会. 巴塞尔协议Ⅲ[M]. 中国银行业监督管理委员会译. 北京：中国金融出版社，2011.
[57] 王春丽，胡玲. 基于马尔科夫区制转移模型的中国金融风险预警研究[J]. 金融研究，2014，(9)：99-114.
[58] 唐旭，张伟. 论建立中国金融危机预警系统[J]. 经济学动态，2002，(6)：7-12.
[59] 徐道宣，石璋铭. 一种改进的 KLR 信号分析法应用研究[J]. 数量经济技术经济研究，2007，(11)：124-132.
[60] 郑振龙. 构建金融危机预警系统[J]. 金融研究，1998，(8)：29-33.
[61] 刘志强. 金融危机预警指标体系研究[J]. 世界经济，1999，(4)：17-23.
[62] 张元萍，孙刚. 金融危机预警系统的理论透析与实证分析[J]. 国际金融研究，2003，(10)：32-38.
[63] 陈守东，杨莹，马辉. 中国金融风险预警研究[J]. 数量经济技术经济研究，2006，(7)：36-48.
[64] 安辉，李竹薇，付丹雅. 基于银行体系稳健性的监管独立性研究[J]. 数量经济研究，2013，4(2)：89-101.
[65] Adrian T，Brunnermeier M K. CoVaR[R]. National Bureau of Economic Research，2011.
[66] Girardi G，Tolga Ergün A. Systemic risk measurement：multivariate GARCH estimation of CoVaR[J]. Journal of Banking & Finance，2013，37(8)：3169-3180.
[67] 李志辉，樊莉. 中国商业银行系统性风险溢价实证研究[J]. 当代经济科学，2011，33(6)：13-20，122.
[68] Artzner P. Application of coherent risk measures to capital requirements in insurance[J]. North American Actuarial Journal，1999，3(2)：11-25.
[69] Adrian T，Boyarchenko N，Giannone D. Vulnerabilities in the U.S. financial system：measurement and mitigation[J]. Journal of Monetary Economics，2016，83：47-70.
[70] 史道济，孙炳堃. 嵌套 Logistic 模型的矩估计[J]. 系统工程理论与实践，2001，(1)：53-60.
[71] 陈守东，孔繁利，胡铮洋. 基于极值分布理论的 VaR 与 ES 度量[J]. 数量经济技术经济研究，2007，(3)：118-124，133.

[72] Lehar A. Measuring systemic risk：a risk management approach[J]. Journal of Banking and Finance，2005，29（10）：2577-2603.

[73] Gray S，Felman J，Carvajal A，et al. Developing ASEAN-5 bond markets：what needs to be done?[J]. Asian-Pacific Economic Literature，2014，28（1）：76-95.

[74] 马骏. 金融危机的预警、传染与政策干预[J]. 新金融评论，2018，（6）：69-97.

[75] Ekwall K，Nimmo E R，Javerzat J P，et al. Mutations in the fission yeast silencing factors clr4+ and rik1+ disrupt the localisation of the chromo domain protein Swi6p and impair centromere function[J]. Journal of Cell Science，1996，109（11）：2637-2648.

[76] Ibrahim M H，Salim K，Abojeib M，et al. Structural changes，competition and bank stability in Malaysia's dual banking system[J]. Economic Systems，2019，43（1）：111-129.

[77] Zhu B，Li L，Zhou Y，et al. How does information disclosure affect bank systemic risk in the presence of a deposit insurance system?[J]. Emerging Markets Finance and Trade，2019，55（11）：2497-2522.

[78] Pagratis S，Topaloglou N，Tsionas M. System stress testing of bank liquidity risk[J]. Journal of International Money and Finance，2017，73：22-40.

[79] 卜林，王雪杰，刘志强. 全球股票市场系统性风险传递网络研究[J]. 国际金融研究，2020，（3）：87-96.

[80] Konings M. Governing the system：risk，finance，and neoliberal reason[J]. European Journal of International Relations，2016，22（2）：268-288.

[81] 刘春航，朱元倩. 银行业系统性风险度量框架的研究[J]. 金融研究，2011，（12）：85-99.

[82] Anand K，van Lelyveld I，Banai Á，et al. The missing links：a global study on uncovering financial network structures from partial data[J]. Journal of Financial Stability，2018，35：107-119.

[83] Lee T K，Cho J H，Kwon D S，et al. Global stock market investment strategies based on financial network indicators using machine learning techniques[J]. Expert Systems with Applications，2019，117：228-242.

[84] Acemoglu D，Ozdaglar A，Tahbaz-Salehi A. Systemic risk and stability in financial networks[J]. American Economic Review，2015，105（2）：564-608.

[85] 黄玮强，范铭杰，庄新田. 基于借贷关联网络的我国银行间市场风险传染研究[J]. 系统管理学报，2019，28（4）：789.

[86] 巴曙松，金玲玲，等. 巴塞尔资本协议Ⅲ的实施：基于金融结构的视角[M]. 北京：中国人民大学出版社，2014.

[87] 邓向荣，曹红. 系统性风险、网络传染与金融机构系统重要性评估[J]. 中央财经大学学报，2016，（3）：52-60.

[88] 方意. 系统性风险的传染渠道与度量研究——兼论宏观审慎政策实施[J]. 管理世界，2016，（8）：32-57，187.

[89] Nier E，Yang J，Yorulmazer T，et al. Network models and financial stability[J]. Journal of Economic Dynamics and Control，2007，31（6）：2033-2060.

[90] Gao R，Yao K. Importance index of components in uncertain random systems[J]. Knowledge Based Systems，2016，109：208-217.

[91] 陈湘鹏，周皓，金涛，等. 微观层面系统性金融风险指标的比较与适用性分析——基于中国金融系统的研究[J]. 金融研究，2019，（5）：17-36.

[92] 李政，涂晓枫，卜林. 金融机构系统性风险：重要性与脆弱性[J]. 财经研究，2019，45（2）：100-112，152.

[93] Döring B，Wewel C N，Hartmann-Wendels T. Systemic risk measures and their viability for banking supervision[J]. Econometric Modeling：Capital Markets-Risk eJournal，2016.

[94] Nucera F，Schwaab B，Koopman S J，et al. The information in systemic risk rankings[J]. Journal of Empirical Finance，2016，38：461-475.

[95] 陆静，胡晓红. 基于条件在险价值法的商业银行系统性风险研究[J]. 中国软科学，2014，（4）：25-42.

[96] 马麟. 我国商业银行系统性风险及溢出效应研究[J]. 宏观经济研究，2017，（11）：30-37，114.

[97] 王培辉，尹成远，袁薇. 我国保险业系统性风险溢出效应研究——基于时变 Copula-CoVaR 模型[J]. 南方金融，2017，（2）：14-24.

[98] Brownlees C，Engle R F. SRISK：a conditional capital shortfall measure of systemic risk[J]. The Review of Financial Studies，2017，30（1）：48-79.

[99] Homar T，Kick H，Salleo C. Making sense of the EU wide stress test：a comparison with the SRISK approach[J]. SSRN Electronic Journal，2016.

[100] Grinderslev O J，Kristiansen K L. Systemic risk in Danish banks：implementing SRISK in a Danish context[R]. Danmarks Nationalbank Working Papers，2016.

[101] Laeven L，Ratnovski L，Tong H. Bank size，capital，and systemic risk：some international evidence[J]. Journal of Banking & Finance，2016，69：S25-S34.

[102] Nucera F，Lucas A，Schaumburg J，et al. Do negative interest rates make banks less safe?[J]. Economics Letters，2017，159：112-115.

[103] 张琳，汤薇，林晓婕，等. 基于 SVM-SRISK 的非上市保险公司系统性风险度量[J]. 保险研究，2018，（6）：3-15.

[104] 马亚芳，蒋达. 中国上市银行系统性风险贡献及其影响因素研究——基于 MES-SRISK 方法[J]. 浙江金融，2017，（10）：34-41.

[105] Huang X，Zhou H，Zhu H. A framework for assessing the systemic risk of major financial institutions[J]. Journal of Banking & Finance，2009，33（11）：2036-2049.

[106] Beccalli E，Anolli M，Borello G. Are European banks too big? Evidence on economies of scale[J]. Journal of Banking & Finance，2015，58：232-246.

[107] Varotto S，Zhao L. Systemic risk and bank size[J]. Journal of International Money and Finance，2018，82：45-70.

[108] 吴振宇，唐朝. “十四五”时期金融风险防控面临的挑战与应对[J]. 改革，2021，（6）：49-58.

[109] 刘凤根，王一丁，张敏，等. 纳入宏观经济因素的中国系统性金融风险预警研究——基于马尔科夫区制转移模型[J]. 商学研究，2021，28（5）：59-69.

[110] 沈悦，郭培利，李巍军. 房价冲击如何生成系统性金融风险[J]. 财贸研究，2015，26（3）：120-127.

[111] 江红莉，刘丽娟. 企业杠杆率、宏观经济景气指数与系统性金融风险[J]. 金融监管研究，2020，（1）：66-83.

[112] 宋凌峰，叶永刚. 中国区域金融风险部门间传递研究[J]. 管理世界，2011，（9）：172-173.

[113] 李优树，张敏. 金融开放对中国系统性金融风险的影响研究[J]. 暨南学报（哲学社会科学版），2021，43（11）：36-50.

[114] 杨雪峰. 从流动性过剩到流动性危机[J]. 世界经济研究，2014，（5）：16-19，26，87.

[115] 王文清. 不良资产对商业银行稳定性的影响——基于中国大型商业银行面板数据的研究[J]. 技术经济与管理研究，2021，（6）：73-77.

[116] 谭劲松，简宇寅，陈颖. 政府干预与不良贷款——以某国有商业银行 1988~2005 年的数据为例[J]. 管理世界，2012，（7）：29-43，187.

[117] 宋玉臣，黄杉. 股票市场系统性金融风险积聚与释放的非对称特征[J]. 内蒙古社会科学，2020，41（4）：109-115，213.

[118] 陈睿，窦鹏娟. 债券违约常态化下违约事件处理的困境与应对[J]. 海南开放大学学报，2022，23（1）：56-64.

[119] 贾丽娜，扈文秀. 投资者情绪对基金羊群效应的影响研究[J]. 运筹与管理，2013，22（6）：191-199.

[120] Fischhoff B，Bostrom A，Quadrel M J. Risk perception and communication[J]. Annual Review of Public Health，1993，14：183-203.

[121] 尹海员，吴兴颖. 投资者日度情绪、订单流不均衡与股票流动性[J]. 中国管理科学，2021：1-11.

[122] Blendon R J，Benson J M，Desroches C M，et al. The public’s response to severe acute respiratory syndrome in Toronto and the United States[J]. Clinical Infectious Diseases，2004，38（7）：925-931.

[123] 田新民，夏诗园. 中国家庭债务、消费与经济增长的实证研究[J]. 宏观经济研究，2016，（1）：121-129.

[124] 蔡萌浙. 居民杠杆率攀升之隐忧[J]. 中国金融，2018，（20）：63-64.

[125] 方森华，李朝辉，欧远帆. 预算软约束、货币政策与去杠杆路径分析——以 DSGE 模型研究为视角[J]. 区域金融研究，2019，（2）：32-37.

[126] Zhang D，Hu M，Ji Q. Financial markets under the global pandemic of COVID-19[J]. Finance Research Letters，2020，（36）：101528.

[127] Rizwan M S，Ahmad G，Ashraf D. Systemic risk：the impact of COVID-19[J]. Finance Research Letters，2020，36：101682.

[128] Ouyang Z，Chen S，Lai Y，et al. The correlations among COVID-19，the effect of public opinion，and the systemic risks of China's financial industries[J]. Physica A：Statistical Mechanics and Its Applications，2022，600：127518.

[129] 吴光磊，吴小太，王斌. 新冠肺炎疫情对我国系统性金融风险的影响分析——基于金融压力指数与组合模型[J]. 管理现代化，2021，41（2）：103-107.

[130] Chen Q，Filardo A，He D，et al. Financial crisis，US unconventional monetary policy and international spillovers [J]. Journal of International Money and Finance，2016，67：62-81.

[131] 王箐，王钟黎，李士雪，等. "新冠肺炎"疫情对中国股市价格波动的短期影响[J]. 经济与管理评论，2020，36（6）：16-27.

[132] 王绍光. 健全的制度设计：正确处理中央与地方合作关系的关键[J]. 国际经济评论，1997，（Z1）：32-35.

[133] 马勇，陈雨露. 经济开放度与货币政策有效性：微观基础与实证分析[J]. 经济研究，2014，49（3）：35-46.

[134] 杨光. 后金融危机时代域外金融监管体制的变革及启示[J]. 国际经济合作，2014，（6）：39-45.

[135] Alesina A，Tabellini G. Bureaucrats or politicians? Part Ⅱ：multiple policy tasks[J]. Journal of Public Economics，2008，92（3/4）：426-447.

[136] 谈儒勇. 中国金融发展和经济增长关系的实证研究[J]. 经济研究，1999，（10）：53-61.

[137] 王志强，孙刚. 中国金融发展规模、结构、效率与经济增长关系的经验分析[J]. 管理世界，2003，（7）：13-20.

[138] 范学俊，伦辛克 R，雅克伯 J. 鸡还是蛋：中国金融发展与经济增长之关系（1992—2004 年）[J]. 华东师范大学学报（哲学社会科学版），2006，（2）：102-107.

[139] 陈邦强，傅蕴英，张宗益. 金融市场化进程中的金融结构、政府行为、金融开放与经济增长间的影响研究——基于中国经验（1978—2005 年）的实证[J]. 金融研究，2007，（10）：1-14.

[140] 戴金平，张成祥. 我国渐进式金融改革：发展与修正[J]. 南开学报（哲学社会科学版），2014，（5）：49-57.

[141] Minsky H P. Financial markets and economic instability，1965-81[J]. Nebraska Journal of Economics & Business，1981，20（4）：5-16.

[142] Diamond D W，Dybvig P H. Bank runs，deposit insurance，and liquidity[J]. Federal Reserve Bank of Minneapolis Quarterly Review，2000，24（1）：14-23.

[143] Oet M V，Bianco T，Gramlich D，et al. SAFE：an early warning system for systemic banking risk[J]. Journal of Banking & Finance，2013，37（11）：4510-4533.

[144] Goldfajn I，Valdés R O. Are currency crises predictable?[J]. European Economic Review，1998，42（3/5）：873-885.

[145] Kodres L E，Pritsker M. A rational expectations model of financial contagion[J]. The Journal of Finance，2002，57（2）：769-799.

[146] 林玉婷，陈创练，刘悦吟. 基于国际资本多重动机的全球系统性风险传染路径识别[J]. 统计研究，2021，38（12）：42-60.

[147] Kaminsky G L，Reinhart C M. On crises，contagion，and confusion[J]. Journal of International Economics，2000，51（1）：145-168.

[148] 李刚. 国际金融危机的根源、影响及中国的对策[J]. 世界经济研究，2009，（9）：28-33，88.

[149] 盖拉赫 H，倪瑞明. 现代制造加工中的生产物流[J]. 物流技术与应用，1996，（1）：16-18.

[150] 高国华，潘英丽. 基于资产负债表关联的银行系统性风险研究[J]. 管理工程学报，2012，26（4）：162-168.

[151] Brunnermeier M K，Pedersen L H. Market liquidity and funding liquidity[J]. The Review of Financial Studies，2009，22（6）：2201-2238.

[152] González-Hermosillo B. Banking sector fragility and systemic sources of fragility[R]. IMF Working Papers，1996.

[153] 苟文均，袁鹰，漆鑫. 债务杠杆与系统性风险传染机制——基于 CCA 模型的分析[J]. 金融研究，2016，（3）：74-91.

[154] 郑立君，黄友逵. 债务杠杆与部门间风险传染机制的研究——基于国家资产负债表的未定权益分析（CCA）[J]. 上海金融，2020，（7）：45-55.

[155] 宫小琳，卞江. 中国宏观金融中的国民经济部门间传染机制[J]. 经济研究，2010，45（7）：79-90.

[156] 武晋，李元. 政府干预、财政分权与信贷资源配置[J]. 改革，2021，（7）：107-119.

[157] 徐业坤，钱先航，李维安. 政治不确定性、政治关联与民营企业投资——来自市委书记更替的证据[J]. 管理世界，2013，（5）：116-130.

[158] Acemoglu D, Ozdaglar A, Tahbaz-Salehi A. Systemic risk and stability in financial networks[J]. American Economic Review，2015，105（2）：564-608.

[159] 荣梦杰，李刚. 区域金融风险的空间关联、传染效应与风险来源[J]. 统计与决策，2020，36（24）：119-124.

[160] 张帅. 基于 VARX 模型的我国区域金融风险传染效应分析[J]. 金融发展研究，2020，(10)：29-35.

[161] 包全永. 银行系统性风险的传染模型研究[J]. 金融研究，2005，(8)：72-84.

[162] 方意，刘江龙. 银行关联性与系统性金融风险：传染还是分担？[J]. 2023，(6)：57-74.

[163] 赵林海，陈名智. 金融机构系统性风险溢出和系统性风险贡献——基于滚动窗口动态 Copula 模型双时变相依视角[J]. 中国管理科学，2021，29（7）：71-83.

[164] Coase R H. The problem of social cost[J]. Journal of Law and Economics，1960，3：1-44.

[165] Goodhart C A E. The two concepts of money：implications for the analysis of optimal currency areas[J]. European Journal of Political Economy，1998，14（3）：407-432.

[166] Goodhart C A E. The regulatory response to the financial crisis[J]. Journal of Financial Stability，2008，4（4）：351-358.

[167] Basel Committee on Banking Supervision，International Organization of Securities Commissions，International Association of Insurance Supervisors，et al. Operational Risk Transfer Across Financial Sectors[C]. 2003.

[168] 徐龙华. 注册会计师在银行监管体系中的作用[J]. 上海金融，2001，(7)：25-26.

[169] Gomez-Mejia L R，Nunez-Nickel M，Gutierrez I. The role of family ties in agency contracts[J]. Academy of management Journal，2001，44（1）：81-95.

[170] Hoenig T M. Financial Modernization Implication for the Safety Net[C]. Conference on Deposit Insurance，Session on Deposit lnsurance and Financial Modernization，Federal Deposit Insurance Corporation，Washington，D. C.，1998.

[171] Pelgrin F，Schich S. International capital mobility：what do national saving-investment dynamics tell us?[J]. Journal of International Money & Finance，2008，27（3）：331-344.

[172] 周小川. 金融危机中关于救助问题的争论[J]. 金融研究，2012，(9)：1-19.

[173] 周强，杨柳勇. 论中国系统重要性银行识别——市场模型法还是指标法[J]. 国际金融研究，2014，(9)：70-79.

[174] 王营，曹廷求. 中国区域性金融风险的空间关联及其传染效应——基于社会网络分析法[J]. 金融经济学研究，2017，32（3）：46-55.

[175] Zhao S，Chen X，Zhang J. The systemic risk of China's stock market during the crashesin 2008 and 2015[J]. Physica A：Statistical Mechanics and Its Applications，2019，520（1）：161-177.

[176] 郭永刚. 坚决打赢防范化解金融风险攻坚战[N]. 中国银行保险报，2019-12-16（002）.

[177] 李源. 实施协调发展战略，推动长三角金融风险防控联动机制建设[J]. 中国信用卡，2019，（7）：74-76.
[178] 郭渐强，杜金穗. 整体政府视角下公共服务协同供给研究[J]. 求索，2013，（7）：232-234.
[179] 郑佳. 中国基本公共服务均等化政策协同研究[D]. 吉林大学博士学位论文，2010.
[180] 左伟，朱元倩，巴曙松. 金融监管、流动性约束与货币政策效果——基于 DSGE 模型的实证研究[J]. 金融论坛，2018，23（4）：12-26.
[181] 张鹏，罗建钢，鄢晓发，等. 治理系统性金融风险的财政政策研究[J]. 财政科学，2019，（3）：19-30.
[182] 刘梅. 我国系统性金融风险：防范思路与政策框架[J]. 西南民族大学学报（人文社会科学版），2018，39（10）：116-121.
[183] 叶思晖，樊明太. 宏观审慎监管、货币政策和经济效果评价[J]. 金融理论与实践，2019，（11）：66-74.
[184] 张圆圆. 财政在防范系统性金融风险中的作用机制研究[J]. 西南金融，2019，（7）：68-77.
[185] 张优. 京津冀地区节能减排政策协同效应研究[D]. 华北电力大学（北京）硕士学位论文，2018.
[186] 关溪媛. 辽宁沿海经济带经济协同度评价及对策研究——基于复合系统协同度模型[J]. 经济论坛，2020，（2）：26-32.
[187] 田野. 全球金融危机后美国产业结构的调整与变化[D]. 吉林大学博士学位论文，2020.
[188] 程雪军，赵畅，李正雨. 论消费金融资产证券化的风险防范：从美国次贷危机切入[J]. 西南金融，2023，（6）：56-68.
[189] 胡塬炜. 美国次贷危机的成因及对中国的警示[J]. 商展经济，2021，（13）：73-76.
[190] 王杰. 美国次贷危机的成因及对我国现金贷市场监管的启示[J]. 对外经贸，2020，（6）：109-110，145.
[191] 张鸿燕. 次贷危机对我国金融监管体制的影响[J]. 湖北开放职业学院学报，2020，33（18）：120-121，124.
[192] 贺之杲. 区域治理视角下的欧债危机：结构、进程和影响[J]. 拉丁美洲研究，2023，45（2）：70-92，155-156.
[193] 余元堂. 新冠疫情下新一轮欧债危机爆发风险评估及对中欧经贸影响[J]. 国际贸易，2020，（11）：61-69，84.
[194] 周皓，沙楠，赵靖. 政策灵活纠偏与风险有序出清——2021 年度中国系统性金融风险报告[J]. 清华金融评论，2022，（2）：57-62.
[195] Lagergren J，Bergström R，Lindgren A，et al. Symptomatic gastroesophageal reflux as a risk factor for esophageal adenocarcinoma[J]. New England Journal of Medicine，1999，340（11）：825-831.
[196] 唐玮婕. 沈联涛：金融危机的亚洲视角[N]. 文汇报，2009-11-11.

[197] 徐家祭，包顿，郑娇艳，等. 货币政策、金融稳定与实体经济发展[J]. 商业经济研究，2020，（9）：169-171.

[198] Aikman D，Bridges J，Burgess S，et al. Measuring risks to UK financial stability[J]. SSRN Electronic Journal，2018.

[199] Illing M，Liu Y. Measuring financial stress developed country：an application to Canada[J]. Journal of Financial Stability，2006，2（3）：243-265.

[200] Cardarelli R，Elekdag S，Lall S. Financial stress and economic contractions[J]. Journal of Financial Stability，2011，7（2）：78-97.

[201] Kliesen K L，Smith D C. Measuring financial market stress[C]//Economic Synopses，2010.

[202] van Roye B. Financial stress and economic activity in Germany and the Euro Area[R]. Kiel Working Paper，2011.

[203] 许涤龙，陈双莲. 基于金融压力指数的系统性金融风险测度研究[J]. 经济学动态，2015，（4）：69-78.

[204] Nelson W R，Perli R. Selected indicators of financial stability[J]. Risk Measurement and Systemic Risk，2007，4：343-372.

[205] Grimaldi B M. Interpreting financial stress in the Euro Area[R]. ECB Working Paper，2021.

[206] Girardi G，Ergün A T. Systemic risk measurement：multivariate GARCHE estimation of CoVaR[J]. Journal of Banking and Finance，2013，37（8）：3169-3180.

[207] Hollo D，Kremer M，Lo Duca M. CISS-A composite indicator of systemic stress in the financial system[R]. ECB Working Paper No. 1426，2012.

[208] 陶玲，朱迎. 系统性金融风险的监测和度量——基于中国金融体系的研究[J]. 金融研究，2016，（6）：18-36.

[209] 清华大学国家金融研究院金融与发展研究中心课题组. 中国系统性金融压力的监测[J]. 国际金融研究，2019，（12）：3-12.

[210] 刘瑞娜. 对新时期我国金融服务实体经济发展的思考[J]. 河南工业大学学报（社会科学版），2020，36（5）：26-29.

[211] 蔡则祥，武学强. 金融资源与实体经济优化配置研究[J]. 经济问题，2016，（5）：16-25.

[212] 姜少涛. 金融服务实体经济对策与建议[J]. 现代商业，2022，（7）：119-121.

[213] 纪崴. 中国压力测试获得重要进展[J]. 中国金融，2021，（7）：59-61.

[214] 潘海峰，程文，张定胜. 金融支持实体经济发展的效率测度及其空间效应分析[J]. 统计与决策，2022，38（8）：139-143.

附　　录

附录 A　系统性金融风险防控的部分相关政策文件一览

1）国家层面

时间	相关机构	文件	具体内容
2017 年 4 月 10 日	银监会	《中国银监会关于银行业风险防控工作的指导意见》	要求重点防控债券波动风险、交叉金融产品风险、互联网金融风险、外部冲击风险等非传统领域风险
2021 年 12 月 31 日	中国人民银行	《宏观审慎政策指引（试行）》	明确了建立健全我国宏观审慎政策框架的要素，阐述了我国开展宏观审慎管理的思路、原则及框架
2018 年 11 月 27 日	中国人民银行、银保监会、证监会	《关于完善系统重要性金融机构监管的指导意见》	明确系统重要性金融机构的定义、范围，规定系统重要性金融机构的评估流程和总体方法，合理认定对金融体系具有系统性影响的金融机构
2020 年 12 月 4 日	中国人民银行、银保监会	《系统重要性银行评估办法》	我国系统重要性银行认定的依据
2021 年 9 月 30 日	中国人民银行、银保监会	《系统重要性银行附加监管规定（试行）》	明确系统重要性银行附加监管要求
2022 年 7 月 8 日	中国人民银行、银保监会	《系统重要性保险公司评估办法（征求意见稿）》	明确了我国系统重要性保险公司的评估范围、流程与方法、门槛标准，将主要保险公司纳入宏观审慎管理和金融业综合统计
2020 年 9 月 11 日	国务院	《国务院关于实施金融控股公司准入管理的决定》	首次从制度上明确将具备设立情形的、控多类金融的企业依法纳入金融控股公司监管
2020 年 9 月 11 日	中国人民银行	《金融控股公司监督管理试行办法》	国务院金融稳定发展委员会牵头，压实各方责任，形成全链条制度安排，强调处置风险要减少对公共资金依赖
2022 年 4 月 7 日	中国人民银行	《中华人民共和国金融稳定法（草案征求意见稿）》	建立“中央+地方”分工明确的风险防范化解处置机制
2021 年 10 月 27 日	中国人民银行、银保监会、财政部	《全球系统重要性银行总损失吸收能力管理办法》	对我国全球系统重要性银行提出了 TLAC（total loss-absorbing capacity，总损失吸收能力）监管要求，构建了全面的 TLAC 监管框架

续表

时间	相关机构	文件	具体内容
2022 年 4 月 29 日	中国人民银行、银保监会	《关于全球系统重要性银行发行总损失吸收能力非资本债券有关事项的通知》	在我国正式推出 TLAC 非资本债券这一创新型工具，进一步拓宽了我国全球系统重要性银行的 TLAC 补充渠道
2021 年 12 月 2 日	中国人民银行、银保监会	《关于做好当前金融支持房地产市场平稳健康发展工作的通知》	鼓励银行稳妥有序开展并购贷款业务，重点支持优质的房地产企业兼并收购出险和困难的大型房地产企业的优质项目
……			

2）地方层面

时间	相关机构	文件	具体内容
2014 年 9 月 21 日	国务院	《关于加强地方政府性债务管理的意见》	赋予地方政府依法适度举债融资权限，坚决制止地方政府违法违规举债
2018 年 3 月 28 日	财政部	《关于规范金融企业对地方政府和国有企业投融资行为有关问题的通知》	规范金融企业对地方政府和国有企业的投融资行为，与地方政府债务管理等政策形成合力
2021 年 12 月 31 日	中国人民银行	《地方金融监督管理条例（草案征求意见稿）》公开征求意见	明确地方监管职责、监管规则及地方四类机构的监管要求，赋予地方金融监管部门相对应的监管权力及履职手段
2021 年 7 月 12 日	银保监会	《银行保险机构进一步做好地方政府隐性债务风险防范化解工作的指导意见》	全面压降隐性债务，确保隐性债务最终清零
……			

附录 B　近百年来部分金融危机一览

时间	事件	经过
1907 年	美国银行业危机	1907 年，美国银行业投机盛行。收购失利，引发了华尔街的大恐慌和关于尼克伯克即将破产的传言，导致该银行客户疯狂挤兑，并引发华尔街金融危机。美国政府动用 3 500 万美元资金参加救市。随后，市场恢复正常，1914 年诞生美联储
20 世纪 30 年代初	美国“大萧条”	“柯立芝繁荣”的背后，美国经济不平衡问题日益突出。生产过剩、货币宽松、监管缺失，信贷快速扩张，为大萧条埋下了隐患。货币政策的骤然紧缩刺破泡沫，1929~1933 年，美国经济陷入持续的大萧条，并通过金本位、贸易战和银行业倒闭潮升级至全球经济金融危机，并对国际政治经济军事秩序产生了深远影响
1987 年	黑色星期一	1987 年 10 月 19 日星期一美国股市出现惊人下跌并引发世界其他国家股票市场跟风下跌。道琼斯工业股票平均指数骤跌 508 点，下跌幅度 22%，一天内跌去的股票价值总额是 1929 年华尔街大崩溃时跌去价值总额的两倍

续表

时间	事件	经过
20 世纪 80 年代	拉美债务危机	以 1982 年 8 月墨西哥宣布无力偿还外债为标志，拉美债务危机爆发，随后巴西、委内瑞拉、阿根廷、秘鲁和智利等国也相继发生还债困难。债务危机使拉美经济陷入“失去的十年”和“中等收入陷阱”
20 世纪 90 年代初	日本资产价格泡沫破灭	金融自由化、货币宽松，杠杆高企、资产价格泡沫，货币政策收紧，房地产及土地市场严厉管制，导致资产价格泡沫破灭。“失去的二十年”，陷入长期的资产负债表衰退，经济复苏之路遥遥无期
1997 年	亚洲金融危机	在金融自由化和亚洲地区高利率环境下，大量国际资本流入催生资本市场泡沫。随后由于美联储加息、美元升值、国际资本流出，固定汇率制崩盘和货币贬值，亚洲金融风暴爆发。此后，除韩国等转型成功外，大多数东南亚国家停滞在中等收入阶段，落入“中等收入陷阱”
2008 年	美国次贷危机	流动性过剩、购房政策刺激、金融创新等多方力量催生了 2001~2007 年美国房地产、股市、金融产品等各类资产泡沫。随着货币政策收紧，2008 年美国次贷危机爆发，破坏程度“百年一遇”
2008 年	国际金融危机	2008 年美国次贷危机全面爆发并迅速发展成金融危机、经济危机，波及了包括银行、对冲基金、保险公司、养老基金、政府信用支持的金融企业等在内的几乎所有金融机构，使整个金融体系受到严重打击。同时这次危机的资产缩水程度超过历次危机
2020 年	美国流动性危机	长期货币超发下的经济金融社会脆弱性。2020 年 3 月 9 日开始，美国金融市场出现显著的流动性危机。股票、债券、黄金同步大幅下跌，市场恐慌性追逐流动性，美元指数快速上涨，流动性危机爆发
2023 年	美国银行业危机	2023 年美国银行业危机是指美国地区性银行的突然崩溃，对全球银行业造成了严重影响，尽管这种崩溃在一定程度上是可以预料的，但一系列银行的倒闭产生了多米诺骨牌效应，这导致在 2023 年，美国的银行大约每 90 天就发生一次崩溃。这次危机的根源在于美国区域性的和规模较小的银行机构受到根深蒂固的脆弱性、监管失误、市场不稳定、风险管理失败及其他因素的冲击。由此造成了区域性和全球金融市场的混乱